독자의 **1초**를 아껴주는 정성!

세상이 아무리 바쁘게 돌아가더라도

책까지 아무렇게나 빨리 만들 수는 없습니다.

인스턴트 식품 같은 책보다는

오래 익힌 술이나 장맛이 밴 책을 만들고 싶습니다.

길벗이지톡은 독자여러분이 우리를 믿는다고 할 때 가장 행복합니다.

나를 아껴주는 어학도서, 길벗이지톡의 책을 만나보십시오.

독자의 1초를 아껴주는 정성을 만나보십시오.

미리 책을 읽고 따라해본 2만 베타테스터 여러분과 무따기 체험단, 길벗스쿨 엄마 2% 기획단,

시나공 평가단, 토익 배틀, 대학생 기자단까지!

믿을 수 있는 책을 함께 만들어주신 독자 여러분께 감사드립니다.

홈페이지의 '독자마당'에 오시면 책을 함께 만들 수 있습니다.

(주)도서출판 길벗 www.gilbut.co.kr

길벗 이지톡 www.eztok.co.kr

길벗 스쿨 www.gilbutschool.co.kr

	말하기 & 듣기	읽기 & 쓰기	발음 & 단어
첫걸음			
초급	    		
비즈니스			

: QR 코드로 음성 자료 듣는 법 :

1

스마트 폰에서 'QR 코드 스캔' 애플리케이션을 다운받아 실행합니다.
[앱스토어나 구글 플레이 스토어에서 'QR 코드'로 검색하세요]

2

애플리케이션의 화면과 도서 각 unit 시작 페이지에 있는 QR 코드를 맞춰 스캔합니다.

3

스캔이 되면 '음성 강의 듣기', '예문 mp3 듣기' 선택 화면이 뜹니다.

스티븐 씨와 통화할 수 있을까요?

음성 강의 듣기 ▶
예문 mp3 듣기 ▶
휴대용 워크북 ▶

4

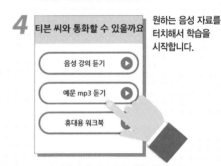

티븐 씨와 통화할 수 있을까요

음성 강의 듣기 ▶
예문 mp3 듣기 ▶
휴대용 워크북 ▶

원하는 음성 자료를 터치해서 학습을 시작합니다.

: 길벗이지톡 홈페이지에서 자료 받는 법 :

1

길벗이지톡 홈페이지(www.eztok.co.kr) 검색창에서 《비즈니스 영어회화 무작정 따라하기》를 검색합니다.
[자료에 따라 로그인이 필요할 수 있습니다]

2

검색 후 나오는 화면에서 해당 도서를 클릭합니다.

3

해당 도서 페이지에서 '부록/학습자료'를 클릭합니다.

4

다운로드 아이콘을 클릭해 자료를 받습니다.

학 습 스 케 줄

〈비즈니스 영어회화 무작정 따라하기〉는 학습자가 하루 1시간을 집중하여 공부하는 것을 기준으로 구성했습니다. 하루에 한 Unit씩 60일 동안 공부하면 알맞습니다. '스스로 진단'에는 학습을 마치고 어려웠던 점이나 궁금한 점을 적어두세요. 성공적인 비즈니스 커뮤니케이션을 위해 보강해야 할 것이 무엇인지 한눈에 확인할 수 있습니다.

비즈니스 영어회화 무작정 따라하기

이지윤 지음

길벗
이지:톡

비즈니스 영어회화 무작정 따라하기

The Cakewalk Series : English Business Speaking

초판 1쇄 발행 · 2016년 6월 10일
초판 8쇄 발행 · 2022년 9월 30일

지은이 · 이지윤
발행인 · 이종원
발행처 · (주)도서출판 길벗
브랜드 · 길벗이지톡
출판사 등록일 · 1990년 12월 24일
주소 · 서울시 마포구 월드컵로 10길 56(서교동)
대표 전화 · 02)332-0931 | **팩스** · 02)323-0586
홈페이지 · www.gilbut.co.kr | **이메일** · eztok@gilbut.co.kr

기획 및 책임편집 · 임명진(jinny4u@gilbut.co.kr) | **디자인** · 박수연
제작 · 이준호, 손일순, 이진혁 | **마케팅** · 이수미, 장봉석, 최소영
영업관리 · 김명자, 심선숙 | **독자지원** · 송혜란

편집진행 및 교정교열 · 김현정 | **표지 디자이너** · 삼식이 | **전산편집** · 엘림
녹음 및 편집 · 와이알미디어 | **CTP 출력 및 인쇄** · 예림인쇄 | **제본** · 예림바인딩

ISBN 979-11-5924-036-2 03740 (길벗도서번호 300864)
© 이지윤, 2016

정가 16,000원

독자의 1초까지 아껴주는 길벗출판사

(주)도서출판 길벗 | IT교육서, IT단행본, 경제경영서, 어학&실용서, 인문교양서, 자녀교육서 www.gilbut.co.kr
길벗스쿨 | 국어학습, 수학학습, 어린이교양, 주니어 어학학습, 학습단행본 www.gilbutschool.co.kr

페이스북 · www.facebook.com/gilbuteztok
네이버 포스트 · http://post.naver.com/gilbuteztok
유튜브 · https://www.youtube.com/gilbuteztok

김남호 | 41세, 교육콘텐츠 회사 대표

신입사원들에게 추천해주고 싶은 영어 필독서!

직원교육과 관련해 기업 임원이나 인사담당자를 만나면 요즘 신입사원들이 높은 어학 점수에 비해서 영어 실무능력은 실망스럽다는 이야기를 자주 듣습니다. 자기계발을 위해 영어공부를 하는 직장인이 많은데, 기본적인 비즈니스 영어나 매너는 취업 전에 미리 갖춰야 할 스펙입니다. 회사가 여러분에게 원하는 비즈니스 영어의 정수가 궁금하다면 이 책을 꼭 읽어보세요.

이상호 | 38세, 외국계 회사

현장에서 통하는 리얼 비즈니스 영어!

외국계 회사에 다녀서 업무상 영어를 사용할 일이 적지 않습니다. 일반적인 의사소통에는 문제가 없지만, 중요한 이메일을 작성하거나 프레젠테이션 · 출장을 앞둘 때는 긴장이 됩니다. 시중에 영어책은 많지만 정작 실무에서 쓰는 영어를 담은 책은 찾기 어려운데, 이 책은 커뮤니케이션 전문가가 쓴 책답게 100% 현장에서 통하는 영어가 담겨 있습니다. 영어로 의사소통을 해야 하는 모든 직장인에게 일독을 권합니다.

신혜선 | 32세, 광고회사

급할 때 힘이 되는 비즈니스 영어 바이블!

학습서와 표현사전이 한 권으로 되어 있어서 요긴합니다. 첫째 마당에서는 유용한 비즈니스 표현과 Tip을 배울 수 있고, 표현사전인 둘째 마당은 책장에 꽂아두고 영어가 막히는 순간 필요한 표현을 바로 찾아볼 수 있어 편리합니다. 글로벌 커뮤니케이션 전문가인 저자의 강의도 들을 수 있어 더할 나위 없네요. 직장인들의 영어 바이블로 강력 추천합니다!

임거인 | 36세, 해외 근무

공부할 시간도 부족한 직장인에게 딱!

사내 영어 공용화로 영어에 대한 부담이 큽니다. 영어 공부야 늘 마음먹지만, 바쁜 업무에 시달리다 보면 정작 실천은 어려웠죠. 이 책은 학습 분량이 부담 없고 학습 스케줄도 있어서 매일 체계적으로 진도를 나갈 수 있습니다. 예문과 저자 강의가 수록된 mp3파일과 휴대용 책도 있어서 출퇴근 시간을 요긴히 활용할 수 있어 좋습니다. 저처럼 시간 제약이 많은 직장인을 위한 맞춤형 비즈니스 영어책입니다.

베타테스터로 참여해주신 모든 분께 감사드립니다.
이 책을 만드는 동안 베타테스터 활동을 해주시고 아낌없는 조언과
소중한 의견을 주셨던 박은희, 김소연, 김경진 님께 감사드립니다.

성공하는 비즈니스를 위한 영어회화는 따로 있다!

대한민국 직장인들의 고민 1순위, 영어회화!

"사무실에서 전화를 받았는데 상대편이 영어로 말하니까 당황해서 말문이 턱 막혔어요."
"한 달 뒤 해외 출장을 떠나게 됐어요. 어설픈 영어 실력이 들통 나면 어쩌죠?"
"중요한 바이어 미팅을 앞두고 있는데 영어로 얘기하다가 실수할까 봐 두렵습니다."

직장인들의 가장 큰 관심인 동시에 걱정거리가 바로 업무상 이뤄지는 영어회화일 겁니다. 국내시장의 포화로 인한 해외사업의 증가로 기업 내에서 해외 담당자 및 외국인 임직원들과 직접적으로 업무적인 대화를 나누는 상황이 빈번해지고 있습니다. 예전에는 해외무역업 종사자나 기업의 해외업무부처럼 특정 직군에만 필요했던 비즈니스 영어회화 능력이 이제 업종과 분야를 막론하고 필수가 되어가고 있습니다.

회화 실력이 아닌 '글로벌 커뮤니케이션 능력'이 중요!

커뮤니케이션 전문가로서 20여 년간 비즈니스와 글로벌 커뮤니케이션 관련 강연 및 집필을 해오면서 수많은 기업의 임직원들과 영어 학습자들을 만났습니다. 저는 늘 그분들에게 영어를 언어로만 대할 것이 아니라 업무와 생활에서의 커뮤니케이션 도구로 여기라고 강조해 왔습니다. 업무상의 영어회화 실력은 비즈니스에서 요구되는 정확하고 간결한 표현으로 신속하게 의사소통할 수 있는 커뮤니케이션 능력을 의미하기 때문입니다.

제가 만난 분들은 그동안 영어를 꽤 오래 공부했고 기본적인 대화도 어느 정도 할 수 있는 분들이 대부분입니다. 그럼에도 불구하고 여전히 영어로 소통하는 것을 부담스러워하고 영어 업무에 소극적입니다. 그 이유는 바로 '완벽한 영어를 구사해야 한다'는 부담감 때문입니다. '발음이 틀리면 어쩌지?', '단어가 콩글리시라서 못 알아듣겠지?'라며 본인의 능력을 의심하는 것은 비즈니스 커뮤니케이션에 있어 큰 장애요소임을 기억하세요. 짧은 표현이라도 정확하게 습득하여 직접 말해보는 당당함이야말로 글로벌 커뮤니케이션의 기본입니다.

비즈니스 현장에서 통하는 영어회화는 따로 있다!

『비즈니스 영어회화 무작정 따라하기』는 지난 20여 년간 제가 비즈니스 현장에서 강연과 코칭을 하면서 얻은 경험과 사례, 자료를 바탕으로 집필되었습니다. 비즈니스 회화는 일상 회화와 다르게 격식을 갖추거나 주의해야 하는 표현들이 적지 않습니다. 여러분이 무심코 내뱉은 한 마디가 여러분의 업무능력, 나아가 회사의 이미지에 영향을 미칠 수 있습니다.

이 책에는 여러분이 업무를 전문적이고 성공적으로 수행하기 위해서 반드시 알아야 할 격식 있는 비즈니스 영어회화 표현들과 세련된 비즈니스 매너들이 수록되어 있습니다. 비즈니스 커뮤니케이션 실력 향상을 목표로 전화, 회의, 협상, 출장, 접대 등 대표적인 5가지 비즈니스 상황에 완벽 대처할 수 있는 핵심 표현과 노하우를 상세한 설명과 함께 정리했습니다. 시간이 부족한 직장인 여러분들을 위해 들고 다니면서 공부할 수 있는 휴대용 워크북과 음성강의도 마련했습니다.

인터넷보다 빠르고 동료보다 친절한 비즈니스 회화 바이블!

오기로 한 영어 전화가 있어서 긴장하고 있나요? 외국 바이어와의 미팅에서 주눅 들지 않고 영어로 상대를 설득해낼 수 있을지 걱정된다고요? 그렇다고 동료에게 도움을 구하기에는 자존심이 상하고, 인터넷에서 검색한 표현들을 그대로 믿고 쓰기는 내키지 않지요. 이제 걱정하지 마세요. 이 책은 영어 학습서 뿐 아니라 적재적소에 필요한 표현을 바로 찾을 수 있는 비즈니스 영어회화 표현사전의 기능도 겸하고 있습니다. 인사, 거래처 방문 같은 기본적인 업무부터 회의, 협상, 해외출장 등의 전문적인 업무까지 비즈니스 상황에 필요한 1,700여 문장들을 35개 주제로 분류하여 원하는 표현을 3초 안에 찾을 수 있습니다. 실전에 부딪치기 전에 필요한 부분을 찾아서 잠깐만 복습한다면, 누구든지 실전 상황에 효과적으로 대응할 수 있을 것입니다.

갓 입사한 신입사원부터 경력 수십 년의 임원직까지 이 책으로 비즈니스 영어회화에 도전하세요. 업무상 영어 의사소통에 필수적인 표현과 노하우를 알차게 담은 이 책이 여러분의 책상 위에서, 치열한 업무현장 속에서 누구보다 든든한 파트너가 되리라 확신합니다.

All the best!

영어 커뮤니케이션 전문가 이지윤 Jules Lee

500만 명의 독자가 선택한 〈무작정 따라하기〉 시리즈는 모든 원고를 독자의 눈에 맞춰 자세하고 친절한 해설로 풀어냈습니다. 또한 저자 음성강의, 예문 mp3파일 무료 다운로드, '무작정 따라하기' 어플리케이션, 홈페이지 AS팀 운영 등 더 편하고 쉽게 공부할 수 있도록 아낌없는 서비스를 제공합니다.

1 음성강의

첫째 마당에 저자 음성 강의를 넣었습니다. QR 코드를 스캔해 핵심 내용을 먼저 들어보세요.

2 본 책

쉽고 편하게 배울 수 있도록 단계별로 구성했으며 자세하고 친절한 설명으로 풀어냈습니다.

7 동영상 강의

효과적인 학습을 돕는 동영상 강의도 준비했습니다. 혼자서 공부하기 힘들면 동영상 강의를 이용해 보세요. (유료 서비스 예정)

3 예문 mp3

홈페이지에서 mp3파일을 무료로 다운 받을 수 있습니다. 듣고 따라 하다 보면 저절로 말을 할 수 있게 됩니다.

6 홈페이지

공부를 하다가 궁금한 점이 생기면 언제든지 홈페이지에 질문을 올리세요. 저자와 길벗 AS팀이 신속하게 답변해 드립니다.

4 소책자

출퇴근 시간에 지하철이나 버스에서 편하게 공부할 수 있도록 훈련용 소책자를 준비했습니다.

5 어플리케이션

〈무작정 따라하기〉 시리즈의 모든 자료를 담았습니다. 어디서나 쉽게 저자 음성강의와 예문, 텍스트 파일까지 볼 수 있어요. (추후 서비스 예정)

책을 펼치긴 했는데 어떻게 공부를 시작해야 할지 막막하다고요? 그래서 준비했습니다. 무료로 들을 수 있는 저자의 친절한 음성강의와 베테랑 원어민 성우가 녹음한 mp3파일이 있으면 혼자 공부해도 어렵지 않습니다.

음성강의 / 예문 mp3파일 활용법

첫째 마당의 모든 Unit에서는 배울 내용을 워밍업하고 어떻게 공부해야 하는지 조언도 들을 수 있는 저자 음성 강의와 원어민 녹음 mp3파일을 제공합니다. 음성강의와 mp3파일은 본 책의 QR코드를 스캔하거나 홈페이지에서 무료로 다운로드 받을 수 있습니다.

❶ QR코드로 확인하기

스마트폰에 QR코드 스캐너 어플을 설치한 후, 각 과 상단의 QR코드를 스캔해 주세요. 저자의 음성강의와 mp3파일을 골라서 바로 들을 수 있습니다.

❷ 홈페이지에서 다운로드 받기

음성강의와 예문 mp3파일을 항상 가지고 다니며 듣고 싶다면 홈페이지에서 파일을 다운로드 받으세요. 이지톡 홈페이지(www.eztok.co.kr)에 접속한 후, 자료실에 '비즈니스 영어회화 무작정 따라하기'를 검색하세요.

mp3파일 두 배로 활용하기

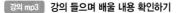

강의 mp3 강의 들으며 배울 내용 확인하기

업무상 영어로 의사소통하는 일이 부담스러운 분을 위해 저자가 준비한 특급 오리엔테이션! 첫째 마당의 Unit마다 주요 표현과 노하우를 요점만 쏙쏙 정리했습니다. 본격적인 학습을 시작하기 전에 강의를 들으며 배울 내용에 대한 감을 잡아 보세요.

예문 mp3 예문 반복해서 따라 말하기

책에 수록된 모든 예문과 대화는 원어민의 음성으로 녹음되어 있습니다. 공부할 때는 눈으로만 읽고 끝내지 말고 반드시 mp3파일을 듣고 입으로 따라 말하면서 훈련합니다. 어떤 상황에서 어떤 말들이 오가는지 확인하고, 자신의 상황이라면 어떻게 대답할지 생각하면서 말해 보세요.

부록 mp3 언제 어디서나 훈련하기

휴대용 워크북을 들고 다니면서 자투리 시간이 날 때마다 틈틈이 훈련하세요. 하루 5분의 짧은 훈련만으로도 여러분의 회화 실력은 분명 달라집니다.

전체 마당

준비 마당(비즈니스 영어 커뮤니케이션의 7가지 법칙) → 첫째 마당(가장 대표적인 5가지 업무 상황별로 정리한 비즈니스 영어회화 핵심패턴) → 둘째 마당(약 1,700표현이 수록된 비즈니스 영어회화 표현사전) 등 총 3개의 마당으로 나뉘어 있습니다.

저자 강의 듣기
본격 학습에 들어가기 전 저자의 강의를 들어보세요. 내용을 보다 효과적으로 이해할 수 있습니다.

준비단계 패턴 미리보기

해당 Unit에서 학습할 가장 대표적인 비즈니스 영어회화 패턴들이 정리되어 있습니다. 눈에 익히며 학습할 포인트를 미리 점검해 보세요.

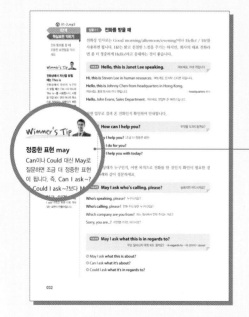

1단계 핵심표현 익히기

전화, 회의, 계약·협상, 출장, 접대 시 다양한 비즈니스 상황에서 쓸 수 있는 대표 패턴과 핵심 문장들이 정리되어 있습니다. 쉽고 간단하면서도 비즈니스에서 여러분의 품격을 지켜줄 유용한 표현들을 익혀보세요.

Winner's Tip
글로벌 비즈니스는 늘 실수의 위험과 예상 밖의 변수가 존재합니다. 커뮤니케이션 전문가가 직접 전수하는 비즈니스 꿀팁! 여러분의 비즈니스를 성공으로 이끌어줄 알찬 정보를 놓치지 마세요.

첫째마당은 〈패턴 미리보기 → 핵심표현 익히기 → 문장 만들기 → 실전 대화 연습하기〉의 체계적인 4단계 훈련으로 여러분의 비즈니스 영어회화 자신감을 충전해 드립니다. 둘째 마당은 표현확장 및 업무상 영어가 급할 때 찾는 사전으로 요긴하게 활용해 주세요.

2단계 문장 만들기

1단계에서 배웠던 패턴과 예문을 활용해 비즈니스에서 자주 쓰이는 말을 영어로 직접 만들어 보세요. 문제를 풀고 정답을 확인한 후 mp3파일을 들으며 소리 내어 연습하세요.

모범 영작
하단에서 모범 답안을 바로 확인하세요.

3단계 실전 대화 연습하기

이제 실전 비즈니스 회화에 도전할 차례입니다. 배운 표현이 실제로 비즈니스 대화의 현장에서 어떻게 활용되는지 한눈에 확인해 볼 수 있습니다.

훈련용 소책자

비쁜 직장인과 학생들이 지하철이나 버스 안에서도 편하게 공부할 수 있도록 훈련용 소책자를 준비했습니다.

본 책에 있는 주요 표현과 대화문을 집중 훈련할 수 있도록 만든 워크북입니다. 배운 내용을 바탕으로 총 25개의 실전 회화 미션을 해결해가다 보면 소책자만으로도 비즈니스 영어회화 학습이 가능합니다. 눈으로만 보고 넘어가지 말고 mp3파일을 함께 활용하고 입으로 직접 따라 해보면서 적극적으로 훈련하세요.

둘째마당 : **급할 때 바로바로 베껴 쓰는 비즈니스 표현사전**

비즈니스 영어 커뮤니케이션의 법칙 Best 7

비즈니스 때문에 만난 사람들과의 대화는 친구들과의 대화보다 조심스러울 수밖에 없습니다. 나의 말 한마디로 수천 만 달러의 계약이 날아갈 수도 있으니까요. 너무 격의 없는 표현으로 상대방을 불쾌하게 할 수도 있고, Sorry를 남발하여 법적인 책임을 질 수도 있습니다. 상대방의 시선을 마주보지 못하고 눈길을 피하면 뭔가 숨기는 게 있거나 자신 없는 사람으로 오해 받을 수도 있고요. 문화가 다른 사람들과 의사소통하고 중요한 업무를 진행해야 하는 해외 비즈니스 회화에서 꼭 지켜야 하는 7가지 법칙을 소개합니다.

영어에는 존댓말이 없다고 생각하는 사람들이 많지만 영어에도 엄연히 존댓말이 있습니다. 어떤 단어를 사용하는지, 또 어떤 조동사를 넣는지 등을 통해 격의 없는 표현과 정중한 표현으로 나누어집니다. 비즈니스 영어에서 사용하면 좋은 정중한 표현은 다음과 같습니다.

> I **want to** do this project with the marketing team.
> 이 프로젝트를 마케팅팀과 하고 싶어요.
> ❌ want to는 가까운 사람에게 내가 원하는 것을 직접적으로 말하는 격의 없는 표현입니다.

* **추천 표현**

  ⇒ I **would like to** do this project with the marketing team.
    이 프로젝트를 마케팅팀과 했으면 합니다.
    ◎ want to보다 정중한 어감을 주어 비즈니스 상황에서 적절한 표현입니다.

  ⇒ I **wish to** do this project with the marketing team.
    이 프로젝트를 마케팅팀과 하기를 바랍니다.
    ◎ want to보다는 간접적으로 희망이나 기대를 나타내는 표현입니다.

  ⇒ I **prefer** doing this project with the marketing team.
    이 프로젝트를 마케팅팀과 하기를 선호합니다.
    ◎ want to보다는 선호를 보여주는 표현입니다.

> **Can you** email the file to me? 저한테 그 파일을 이메일로 보내줄래요?
> ❌ Can you ~?는 가볍게 부탁하는 뉘앙스를 주므로 손아랫사람이나 동료에게 말할 때, 상점에서 물건을 구매하면서 점원에게 말할 때 적절한 표현입니다.

* **추천 표현**

  ⇒ **Could you** email the file to me?
    저에게 그 파일을 이메일로 보내주실 수 있을까요?
    ◎ can 대신 could를 넣으면 더 정중한 표현이 되므로, 직급·나이에 상관없이 누군가에게 부탁할 때 모두 사용할 수 있습니다. 의지보다는 가능성을 묻는 뉘앙스를 갖습니다.

➤ **Would you** email the file to me?
저에게 그 파일을 이메일로 보내주시겠어요?

◉ would는 will보다 정중한 표현으로서 가능성보다는 '의지'에 대한 질문입니다. '~할 의향이 있는지' 물을 때 대상에 상관없이 쓸 수 있습니다.

➤ **Is it possible that** you email the file to me?
저에게 그 파일을 이메일로 보내주실 수 있을까요?

◉ '~하는 게 가능할까요?'라는 의미로 can보다 '가능성'을 더 강조하며 묻는 질문입니다. 상대방이 내 부탁을 실행하는 것이 힘들 수도 있기에 조심스럽게 묻는 느낌을 줍니다.

➤ **Would you mind** email**ing** the file to me?
저에게 그 파일을 이메일로 보내주셔도 괜찮으실까요?

◉ Would you mind -ing?는 부탁하는 행위가 상대에게 불편을 끼칠 수도 있어서 약간 노심초사하면서 묻는 느낌이 강합니다. 따라서 윗사람에게 부탁을 해야 할 때, 동료나 손아랫사람이지만 어려운 부탁을 해야 할 때 '(불편하시겠지만) ~해주셔도 될까요?'라는 의미로 쓰입니다. 이 질문에 동의할 때는 No.(불편하지 않아요.)라고 해야지 부탁에 동의하는 답변이 됩니다.

➤ **Could you please** email the file to me?
부탁인데 저에게 그 파일을 이메일로 보내주실 수 있을까요?

◉ Can you~?나 Could you~?보다 '제발 부탁한다'라는 절실함이 묻어나는 표현입니다. '(부탁인데 제발) ~해 주시겠어요?'라고 해석하면 비슷한 뉘앙스가 전달됩니다.

부정적인 표현보다는 긍정적인 표현

한국인들은 No. 하고 거절하는 것을 힘들어 하는 경향이 있는 반면, 문장 구조를 부정적인 시각으로 나열하는 성향은 무척 뚜렷합니다. 하지만 부정적으로 이야기를 풀다 보면 비협조적이고 무관심한 것처럼 들릴 수 있기 때문에 가능하면 긍정적인 표현을 쓰도록 하세요.

부정적인 표현 ✕	긍정적인 표현 ◎
It is impossible to repair your laptop today. 오늘 당신 노트북을 수리하는 것은 불가능해요.	➜ Your computer can be ready by Tuesday. Would you like a loaner until then? 노트북이 화요일까지 준비될 것 같은데요. 그때까지 대체품을 빌려드릴까요?
We wasted $300,000 advertising in that magazine. 그 잡지에 광고하는 데 30만 불을 낭비했어요.	➜ Our $300,000 advertising investment did not pay off. Let's analyze the experience and apply the insights to future campaigns. 우리의 30만 불 광고 투자는 성과를 내지 못했어요. 이 경험을 분석하여 미래의 캠페인에 식견을 응용합시다.
You failed to provide all the necessary information in your order. 귀하는 주문에 필요한 모든 정보를 제공하지 않으셨군요.	➜ Please review the items, so that we can process your order as quickly as possible. 항목들을 점검해 주시면 가능한 빨리 주문을 처리해 드리겠습니다.
I am tired of seeing so many errors in your report. 당신 보고서에서 이 많은 오류를 보는 것에 아주 넌더리가 나네요.	➜ Proofreading your report will help you avoid embarrassing mistakes and communicate more clearly. 보고서를 교정 보는 것은 황당한 실수를 피하고 더 명확하게 의사소통하는 것을 도와줍니다.
Your request doesn't make any sense. 귀하의 요구사항은 이해가 안 되는군요.	➜ Please clarify your request. 요구사항을 명확하게 해 주세요.
I was shocked to learn that you're unhappy. 만족하지 못하셨다는 것을 전해 듣고 놀랐습니다.	➜ Thank you for sharing your concerns about your shopping experience. 고객님의 상품구매 경험에 대한 우려를 공유해 주셔서 감사드립니다.
Unfortunately, we haven't received it. 안타깝게도 저희는 아직 그걸 못 받았습니다.	➜ The item hasn't arrived yet. 상품이 아직 도착하지 않았습니다.

애매한 표현보다는 정확한 표현

애매모호한 표현이나 너무 약한 표현, 다양한 의미를 전할 수 있는 표현은 가능한 피하는 것이 좋습니다. 대신 같은 내용을 효과적으로 전달할 수 있는 정확하고 강한 느낌의 동의어로 변경하도록 합니다.

약하고 모호한 표현 ⓧ	강하고 정확한 표현 ◎	
increase 증가하다 ❗ 경우에 따라 모호한 느낌이 들 수 있습니다.	➜ **accelerate** 속도를 내다 **enlarge** 크기를 크게 하다 **expand** 확장하다 **multiply** 숫자를 늘리다 **soar** 치솟다	**amplify** 소리를 크게 하다 **escalate** 정도를 심각하게 하다 **extend** 연장하다 **magnify** 크기·정도를 크게 하다 **swell** 부풀리다
	❗ 단순히 '증가한다'는 뜻만 전하는 increase보다 더 구체적인 뜻을 표현하므로 상황에 따라 적절히 사용하면 보다 정확한 느낌을 전달할 수 있습니다.	
good 좋은 ❗ 모호한 느낌을 주어, 정확한 상황 설명으로 적절하지 않습니다.	➜ **admirable** 감탄할 만한 **desirable** 바람직한 **sound** 건전한	**beneficial** 이득이 있는 **pleasant** 유쾌한 **superior** 우수한
	❗ 단순히 '좋은'이라는 뜻만 전하는 good보다 더 구체적인 뜻을 표현하므로 상황에 따라 적절히 사용하면 보다 정확한 느낌을 전달할 수 있습니다.	

04 능동태와 수동태 효과적으로 사용하기

대부분의 경우 비즈니스적인 표현에서는 능동태를 사용하라고 권합니다. 능동태란 주어의 주체가 동사의 동작을 이행하는 문장을 말합니다. 반면 수동태는 주체가 모호할 때 목적어 자리의 대상을 주어로 넣은 문장을 말합니다. 사람과 사람의 관계를 중시하는 비즈니스 상황에서 너무 잦은 수동태의 남발은 자칫 말투나 글이 기계적이고 간접적으로 들리게 되므로 주의해야 합니다.

아래의 경우 수동태보다는 능동태 문장이 더 적절합니다.

수동태 (간접적·기계적 표현)	능동태 (직접적·동적인 표현)
The new procedure was developed by the operations team. 새로운 절차는 운영팀에 의해 개발되었습니다. ❗ 새로운 절차를 강조하는 느낌이 들기는 하지만 그 절차를 만든 운영팀이 주체가 아니어서 다소 진부하고 간접적인 느낌을 줍니다.	➔ The operations team developed the new procedure. 운영팀이 새로운 절차를 개발하였습니다. ❗ 새로운 절차를 개발한 운영팀이 주어 자리에 있어서 좀 더 정확하고 직접적인 설명을 하는 느낌을 줍니다.
Legal problems are created by this contract. 법적인 문제가 이 계약서로부터 생깁니다. ❗ 법적인 문제를 일으키는 주체인 계약서가 주어에 오지 않아서 법적인 문제가 더 강조되는 느낌이 듭니다. 전략적으로 계약서를 강조하지 말아야 하는 상황에는 유리한 표현이지만, 계약서를 강조해야 하는 경우라면 간접적으로 들려서 어색합니다.	➔ This contract creates legal problems. 이 계약서는 법적인 문제를 일으킵니다. ❗ 계약서 자체가 법적인 문제를 일으킬 수 있다는 여지를 직접적으로 잘 설명하는 문장이 됩니다.

하지만 경우에 따라 수동태 문장을 쓰는 것이 더 '전략적'인 경우가 있습니다. 바로 그 행위의 주체를 밝히지 않는 것이 더 바람직한 경우입니다.

능동태 (남을 탓하는 표현)	수동태 (전략적·외교적 표현)
You lost the shipment. 당신이 배송물품을 잃어버렸어요. ❗ 주어 자리에 주체인 you를 넣어 상대를 탓하는 느낌을 주므로 이것은 피하는 것이 좋습니다.	➧ **Your shipment was lost.** 귀사의 배송물품이 분실되었습니다. ❗ 누가 분실했는지 언급하지 않음으로써 상대를 탓하는 느낌을 주지 않는 전략적인 표현이 됩니다.
I recruited seven engineers last month. 지난 달 제가 7명의 엔지니어를 고용했어요. ❗ 회사의 CEO라 할지언정 고용 행위의 주체를 본인에게 두면 모든 것이 자신의 권한에서 오는 것처럼 들려서 다소 권위적으로 들릴 수 있습니다.	➧ **Seven engineers were recruited last month.** 지난 달 7명의 엔지니어가 고용되었습니다. ❗ 누가 채용했는지는 언급하지 않았기 때문에 채용된 7명의 엔지니어에게 좀 더 집중이 됩니다.

Sorry는 정말 미안할 때만 사용하기

한국인들이 유독 습관적으로 많이 쓰는 영어 표현이 I'm sorry가 아닐까 합니다. 이메일 답장을 늦게 보내거나 누군가를 기다리게 한 것처럼 소소한 상황에서뿐만 아니라, 회의나 협상처럼 본인과 회사의 입장을 밝혀야 하는 상황에서까지 I'm sorry를 남발하는 경향이 있습니다. 하지만 무심코 던진 I'm sorry가 본인뿐만 아니라 회사에게 부정적인 결과를 초래할 수 있다는 것을 명심해야 합니다.

다음과 같은 상황에서 '유감스럽다'라는 의미를 전할 때는 I'm sorry를 사용하는 것이 적절합니다.

I'm sorry to hear that.
그 소식을 듣게 되어 유감입니다.

I'm sorry that you couldn't join the party.
그 파티에 참석을 못하셔서 아쉽네요.

I'm sorry about your loss.
삼가 고인의 명복을 빕니다.

뭔가를 '거절'하면서 약간 미안한 느낌으로 유감을 나타낼 때는 I'm sorry보다 I'm afraid가 적절합니다.

I'm sorry that we had to reject your offer.
당신의 제안을 거절할 수 밖에 없어서 미안합니다.

❗ 이렇게 표현하면 말하는 사람이 개인적으로 뭔가를 잘못한 뉘앙스를 줄 수 있습니다. 이 경우에는 I'm sorry보다는 I'm afraid를 쓰는 것이 좋습니다.

➡ **I'm afraid** that we had to reject your offer.
유감스럽게도 귀사의 제안을 거절하게 되었습니다.

I'm sorry I can't finish this by tomorrow.
내일까지 이것을 끝내지 못해서 미안합니다.

❗ 내일까지 끝내지 못한 잘못이 본인에게 있는 것처럼 해석될 수 있습니다. 이럴 때도 I'm sorry보다는 I'm afraid를 쓰는 것이 좋습니다.

➡ **I'm afraid** I can't finish this by tomorrow.
유감스럽지만 내일까지 이것을 끝내지 못할 것 같습니다.

특히 이메일의 답장이 늦었거나 협상에서 거절해야 하는 경우라면 전략적으로 I'm sorry를 피하는 것이 좋습니다.

I'm sorry it took so long to write you back.
답장을 드리는 데 너무 많은 시간이 걸려서 미안합니다.

❶ 본인한테 잘못이 있음을 인정하는 문장이 되므로 비즈니스 상황에서는 피하는 것이 좋습니다. 개인의 잘못이 아니라 회사의 행정 등의 이유로 답장이 지연된 것처럼 전달하기 위해서는 다음과 같이 표현하는 것이 좋습니다. 개인적인 잘못을 인정할 필요가 없습니다.

➡ **Thank you for your patience in receiving our reply.**
인내를 갖고 저희 답장을 기다려주셔서 감사합니다.

회사의 입장에서 공식적인 사과문을 전달할 때는 sorry를 사용하되 I'm sorry라고 하면 담당자 개인의 잘못으로 인식될 수 있기 때문에, 이 경우에는 회사의 입장을 밝히기 위해 We are sorry ~를 쓰거나 혹은 더 정중한 표현으로 We apologize that ~을 사용합니다. 이 역시 공식적인 사과문이 아닌 경우 신중할 필요가 있습니다. 북미 지역 등에서는 I'm sorry라고 하면 법적으로도 개인의 잘못을 인정한 것으로 종종 해석되기 때문입니다.

토익책이나 오래된 문법책에서 봤을 법한 영어 표현을 굉장히 멋진 고급 영어라고 생각하고 남발하는 사람들이 종종 있습니다. 비즈니스에서 시간은 돈이므로 의사소통을 할 때도 불필요한 표현은 삭제하고 정확한 표현을 사용하려고 노력하는 것이 좋습니다.

구식 표현 ✗	현대식 표현 ◎
We are in receipt of ~ 우리는 ~을 받았습니다	➜ We received ~ 우리는 ~을 받았습니다
Please find attached ~ 부디 첨부한 ~을 봐 주세요	➜ I/We have attached ~ ~을 첨부했습니다
Kindly advise~ ~을 친절하게 알려주세요	➜ Please let me/us know ~ ~을 알려주세요
It has come to my attention ~ 저는 ~을 알게 되었습니다	➜ I have just learned ~ (Someone) has just informed me ~ ~에 대해 들었습니다
We wish to inform you that ~ ~을 알려드리고자 합니다	➜ 삭제하고 바로 전달할 내용 언급
Please be advised that ~ ~을 알아주셨으면 합니다	➜ 삭제하고 바로 전달할 내용 언급
Permit me to say that ~ 죄송한 말씀입니다만 ~	➜ 삭제하고 바로 전달할 내용 언급
The undersigned ~ 서명자는 ~	➜ 삭제하고 바로 전달할 내용 언급
in due course ~ 적절한 때에	➜ 삭제하고 바로 전달할 내용 언급
Pursuant to ~ ~에 의하면	➜ 삭제하고 바로 전달할 내용 언급

07 글로벌 보디랭귀지와 목소리

의사소통을 할 때 가장 중요한 점은 무엇일까요? '메라비언의 법칙'에 따르면 인간이 다른 인간에게 메시지를 전달할 때 내용은 겨우 7%밖에 차지하지 않는다고 합니다. 그럼 나머지 93%는 어디에서 올까요? 표정(35%)과 태도(20%) 등 '보디랭귀지'가 55%를 차지하고, 목소리가 38%를 차지한다고 합니다. 이는 보디랭귀지와 목소리에서 오는 이미지가 매우 중요하다는 점을 시사하고 있습니다.

❶ 시선 처리(Eye Contact)

- **시선 마주치기:** 프랑스, 이탈리아, 남미 지역의 경우 시선 마주치기를 5초 정도로 가장 길게 합니다. 대부분의 영미권 국가에서는 2~3초 정도의 시선 마주치기를 하고, 아시아권에서는 1초 미만을 하거나 혹은 시선 마주치기가 익숙하지 않다고 합니다. 무조건 상대를 뚫어지게 쳐다보는 것도 문제가 되지만, 시선을 피하는 행위도 진정성을 보여주기 힘듭니다. 눈을 마주치기 힘들다면, 상대의 눈썹 사이나 콧등을 보는 것도 방법입니다. 그러면 상대방은 본인에게 시선을 주고 있다고 느끼게 되니까요.
- **잘못된 시선 처리:** 지나치게 노려보는 것은 금물입니다. 땅을 보거나 너무 아래쪽을 보거나, 아예 시선을 주지 않는 것도 오해의 여지가 있습니다. 자신이 없거나 기분이 안 좋은 것처럼 보이기 때문이지요. 지나치게 눈을 깜박거리는 행위도 피하는 것이 좋습니다.

❷ 얼굴 표정

- **밝은 표정 짓기:** '웃는 얼굴에 침 못 뱉는다'라는 말이 있지요? 사실 이것은 문화, 지역, 언어를 넘어서는 진리입니다. 어느 국가에 가서 누구를 만나든 웃는 모습으로 상대를 대하면 다소 언어 실력이 부족하더라도 긍정적인 반응과 분위기를 만들어 낼 수 있습니다. 통역을 통해 대화를 나눌 때도 가능하면 상대방을 보고 웃음으로 대하도록 합니다.

❸ 신체

- 신체적인 움직임도 말하는 이의 열정을 보여줍니다. 손가락을 상대에게 향하며 말하는 것은 좋지 않은 습관이지만, 손가락으로 위를 가리키거나 설득력 있는 다양한 움직임을 주며 얘기하는 것은 도움이 됩니다. 동의할 때는 고개를 끄덕이며 상대를 쳐다봅니다. 몸을 앞쪽으로 굽히면 내가 경청하고 있음을 알리게 됩니다.

- 반면, 피해야 할 제스처도 있습니다. 손으로 얼굴을 가리거나 몸을 감싸는 자세, 팔짱을 끼는 등의 닫힌 움직임은 피하는 것이 좋습니다.

❹ 손

- 습관적으로 삿대질을 하듯 말하는 사람들이 종종 있습니다. 글로벌 에티켓에 어긋나는 행위이므로 이는 피해야 합니다. 이런 행위가 습관적을 나온다면 차라리 한 손에 펜을 쥐고 중요한 내용을 메모하며 경청하는 분위기를 연출하는 것이 좋습니다.

- 갑자기 펜 뚜껑을 덮거나 손으로 펜을 굴리는 분들이 있습니다. 대화가 끝났거나 불안하다는 느낌을 줄 수 있으므로 이는 피하는 것이 좋습니다. 손가락 깍지를 꽉 끼거나 손가락으로 탁자를 두드리는 행위는 조바심과 욕구불만으로 비쳐질 수도 있습니다.

❺ 접촉

- 악수는 상대와의 첫 접촉입니다. 손에 땀이 나서 축축하거나 반지와 같은 장신구가 있으면 방해가 되므로 악수하는 오른손 상태를 미리 확인합니다. 또한 악수할 때 힘없이 잡는 것은 금물입니다. 손에 힘이 없으면 '이 사람은 자신이 없구나' 하고 오해하게 됩니다. 협상 후 좋은 기분으로 악수할 때는 다소 꽉 쥐도록 하고, 이때는 두어 번 정도 흔들어 줍니다.

- 손윗사람이라고 해도 통상 두 손으로 악수하지는 않습니다. 악수는 손윗사람 혹은 여성이 먼저 청할 때 받아야 합니다.

- 지나친 신체 접촉은 위협적일 수 있습니다. 조금 친해졌다고 해도 상대의 어깨에 팔을 두르는 행위, 등을 치는 행위, 머리칼을 쓰다듬는 행위는 위협적인 행위로 오해 받을 수 있으므로 반드시 삼가합니다.

❻ 공간과 거리

- **Comfort Zone(안전구역):** 다른 사람의 침입을 거부하는 120cm의 공간을 의미합니다. 즉, 상대와의 공간을 1.2m 이내의 범위로 좁히면 상대가 불편해 합니다. 동서양을 불문하고 대부분의 비즈니스에서는 안전구역 안으로 거리를 좁히지 않는 것이 좋습니다.

- 안전구역은 친밀한 공간으로서 가족들이나 친구에게 허용되는 개인적인 공간이며, 두 걸음에서 네 걸음 정도 위치는 비즈니스에서 사용하는 사회적 공간이고, 네 걸음 이상은 무대에서 발표하거나 무엇인가를 가르칠 경우에 사용됩니다.

❼ 복장

- 비즈니스 복장은 깔끔하고 단정한 모습이 좋습니다. 물론 잘 알고 지내는 사이라면 세미정장도 무난합니다. 하지만 잘 아는 사람들 사이라도 공식적인 자리에서는 그 자리에 맞는 복장이 필수입니다.

- 특정 유명브랜드의 로고나 이미지가 새겨진 복장과 가방 등은 가능하면 피하는 것이 좋습니다. 화장이나 향수도 너무 진하게 사용하지 않도록 합니다.

- 무엇보다도 불결한 외모나 복장은 좋지 않은 인상을 줄 수 있으니 조심하도록 합니다.

❽ 목소리

- 메라비언의 법칙에 따르면 의사소통에서 목소리가 차지하는 비율이 38%라고 합니다. 따라서 무슨 말을 하든지 목소리가 좋으면 메시지 전달의 3분의 1 이상을 성공한 셈이라고 할 수 있습니다.

- 비즈니스에서는 상황에 따라 낮은 톤, 중간 톤, 높은 톤을 사용합니다. 일대일 미팅이나 협상, 전문적인 설명을 하는 상황, 전문성을 보여주면서도 편하게 다가가야 하는 상황에서는 낮은 톤의 목소리가 신뢰감을 줍니다. 5명 이상의 청중에게 발표를 하거나 회의를 진행하는 경우에는 안정적인 목소리의 중간 톤이 적절합니다. 50명 이상의 청중을 상대로 흥미나 설득 위주의 발표를 진행할 때는 높은 톤의 목소리가 주의를 집중시킵니다.

- 너무 어려운 단어를 사용하기보다는 본인이 말하고 발음하기 쉬우면서 정확한 메시지를 전달하는 단어를 사용합니다. 또 짧은 단어로 이루어진 문장으로 간결하게 말합니다. 모든 단어를 같은 속도로 발음하기보다는 핵심적인 단어를 다른 단어보다 조금 더 천천히 정확하게 발음하면서 전체적으로 리듬감을 주면 보다 주의를 집중시킬 수 있습니다.

- 너무 긴 문장은 피하고 중간중간 적절하게 끊어주면서 상대방이 내용을 잘 이해하고 있는지 확인하는 것이 중요합니다. 중간에 Is everything all right so far?(지금까지 잘 이해하셨나요?), Any questions so far?(지금까지 말씀 드린 내용 중 질문 있으세요?) 같은 질문을 던지는 것도 좋습니다.

요리조리 단어만
바꿔 말하는
비즈니스 대표 패턴

사무실에 걸려온 전화벨 소리에 가슴이 철렁하고, 회의 때마다 눈에 띄게 과묵해지며, 협상 때마다 설득은커녕 질질 끌려 다니는 호구가 되고, 출장길이 저승길처럼 두려운 당신에게 꼭 필요한 비즈니스 영어의 핵심 표현들이 여기 다 있습니다.

전화벨 소리가
두렵지 않다

전화 영어

이메일, 회의, 프레젠테이션보다 어려운 영어 커뮤니케이션으로 '전화 영어'를 꼽는 이들이 많습니다. 상대방의 표정이나 입 모양을 볼 수 없고, 통화 음질 같은 문제 때문에 상대방의 말을 제대로 알아듣기 어렵기 때문이지요. 직접 만나서 얼굴을 맞대고 말하거나 문서로 전달할 때보다 오해의 소지가 많기도 합니다. 하지만 매번 같은 표현으로 대화가 가능한 부분이기도 합니다. 이번 과에서는 전화 걸고 받는 것부터 부재 시 메시지 남기기, 자동 응답까지 비즈니스 전화통화에서 필요한 영어 패턴들을 배워 봅시다.

01 전화 걸고 받기

스티븐 씨와 통화할 수 있을까요?

강의 및 예문듣기

영어 전화만 걸려 오면 서로 눈치 보고 미루느라 사무실 분위기가 순간 썰렁해지지는 않나요? 전화를 걸고, 걸려온 전화를 받고, 다른 사람에게 온 전화를 바꿔주는 데 필요한 영어 표현들은 생각보다 간단합니다. 이번 Unit에 나오는 패턴만 제대로 알아두면 이제 영어로 걸려오는 전화가 두렵지 않을 겁니다.

🎧 01-1.mp3

준비 단계
패턴 미리보기

전화 걸고 받을 때 꼭 필요한 패턴

* 여보세요, 자넷 리입니다.
  Hello, this is Janet Lee speaking.

* 경리부의 스티븐 박과 통화할 수 있을까요?
  May I speak to Steven Park in the finance department?

* 당신의 서울 방문에 관하여 전화 드렸습니다.
  I am calling about your visit to Seoul.

* 전화를 연결해 드리겠습니다. 끊지 말고 기다려 주세요.
  I will transfer your call to him. Please stay on the line.

전화 통화를 할 때
유용한 표현들을 익히
세요.

Wimmer's Tip

**전화상에서 자신을 밝힐
때는 This is**

전화상에서 자신이 누구인
지 밝힐 때는 I'm~이 아니라
This is~를 사용합니다. 사람
을 직접 보는 것이 아니라 목소
리로 전달하는 상황이기 때문
이지요. 전화 건 사람이 전화를
제대로 걸었는지 확인하고 싶
을 때는 Is this ~?(거기 ~맞
나요?)라고 하면 됩니다.
Is this the Sales
Department?
거기 영업부 맞나요?

Wimmer's Tip

정중한 표현 may

Can이나 Could 대신 May로
질문하면 조금 더 정중한 표현
이 됩니다. 즉, Can I ask~?
나 Could I ask~?보다 May
I ask ~?라고 하면 더욱 격식
있는 표현이 만들어집니다.

상황 01 **전화를 받을 때**

전화상 인사로는 Good morning/afternoon/evening!이나 Hello! / Hi!를
사용하면 됩니다. Hi!는 밝고 친절한 느낌을 주기는 하지만, 회사의 대표 전화라
면 좀 더 정중하게 Hello!라고 응대하는 것이 좋습니다.

대표표현 **Hello, this is Janet Lee speaking.** 여보세요, 자넷 리입니다.

Hi, this is Steven Lee in human resources. 여보세요, 인사부 스티븐 리입니다.

Hello, this is Johnny Chen from headquarters in Hong Kong.
여보세요, 홍콩 본사의 자니 첸입니다.
· headquarters 본사

Hello, John Evans, Sales Department. 여보세요, 영업부 존 에반스입니다.

어떤 업무로 걸려 온 전화인지 확인하여 안내합니다.

대표표현 **How can I help you?** 무엇을 도와드릴까요?

⊜ **How may I help you?** (조금 더 정중한 표현)

⊜ **What can I do for you?**

⊜ **What can I help you with today?**

전화를 건 상대가 누구인지, 어떤 목적으로 전화를 한 것인지 확인이 필요한 경
우라면 아래와 같이 질문하세요.

대표표현 **May I ask who's calling, please?** 실례지만 어디시지요?

Who's speaking, please? 누구시지요?

Who's calling, please? 전화 주신 분은 누구시지요?

Which company are you from? 어느 회사에서 연락 주시는 거죠?

Sorry, you are...? 미안합니다만, 어디시죠?

대표표현 **May I ask what this is in regards to?**
무슨 일이신지 여쭤 봐도 될까요? · in regards to ~에 관하여(= about)

⊜ May I ask **what this is about?**

⊜ Can I ask **what it's about?**

⊜ Could I ask **what it's in regards to?**

What is this about? 무슨 일이신지요?

🔵 **To what is this pertaining?**

• pertain to ~와 관련되다

상황 02 ▶ 전화를 걸 때

전화를 걸 때는 본인이 누구인지, 어떤 목적으로 전화를 했는지 명확하게 전달합니다. 통화를 원하는 직원의 이름과 부서명을 밝히고 안내를 요청하세요.

Wimmer's Tip

담당자를 찾는 경우

자신이 통화하고자 하는 사람의 이름을 모를 경우에는 담당자가 누구인지 물어봐야 합니다. '담당자'는 the right person, the responsible person, a person in charge 등으로 표현하면 됩니다.

대표표현 May I speak to Steven Park in the finance department?　　　　경리부의 스티븐 박과 통화할 수 있을까요?

Could I speak to Susan Kim **in the marketing department?**
마케팅부의 수잔 김과 통화할 수 있을까요?

Could I speak with John Evans, please? 존 에반스 좀 바꿔 주시겠어요?

Is Steven there? 스티븐 있나요?

🔵 **Is Steven in?**

다시 전화를 거는 경우라면 좀 전에 전화했던 사람이라는 것을 밝힙니다.

대표표현 Excuse me, this is the person who was just on the phone.　　　　실례합니다만, 방금 전화했던 사람입니다.

I was **just on the phone** with you. 방금 전에 통화했었는데요.

I **just called** a minute ago. 조금 전에 전화 드렸었는데요.

I've tried to get in touch with you several times. 통화하려고 여러 번 전화했었어요.

누군가의 소개로, 혹은 다른 사람 대신 전화를 거는 경우에는 다음과 같이 말하면 됩니다.

He referred me to you. 그분 소개로 전화 드려요.

• refer to ~에게 알아보도록 하다

I'm calling on behalf of Mr. Lim. 미스터 임을 대신해서 전화 드립니다.

전화를 건 목적을 설명할 때는 I am calling about ~(~에 관해 전화 드립니다)을 이용하면 편리합니다.

대표표현 I am calling about your visit to Seoul.
당신의 서울 방문에 관하여 전화 드렸습니다.

I am calling about the joint venture we discussed last week.
지난 주에 논의했던 합작 투자에 대해 전화 드렸습니다.

I am calling about the recommendation letter you asked for.
요청하셨던 추천서에 관하여 전화 드렸습니다.

I am calling about your inquiry. 문의하신 것에 관하여 전화 드렸습니다.

I am calling about a sales presentation scheduled for Friday.
금요일에 열릴 제품 소개에 관해 전화 드렸습니다. · sales presentation 제품 소개

It's about the teleconference schedule. 전화 회의 일정에 관한 것입니다.

상황 03 **전화를 연결할 때**

전화를 연결할 때는 transfer, put through와 같은 동사 표현을 사용합니다.
잠시 기다리라고 할 때는 hold on, stay 등을 사용하세요.

> **대표표현 I will transfer your call to him. Please stay on the line.**
> 전화를 연결해 드리겠습니다. 끊지 말고 기다려 주세요.
> · transfer (전화를) 연결해 주다 · stay on the line 수화기를 들고 기다리다(= hold on)

One moment while I **transfer your call**. 전화를 연결해 드릴 테니 잠깐만요.

Please hold while I **transfer you**. 전화를 연결해 드릴 테니 끊지 마세요.

Can you please hold while I **transfer your call**?
연결해 드리는 동안 전화를 끊지 말아주시겠어요?

Please stay on the line and I will **transfer you to** Mr. Lee's desk.
끊지 마시고 기다려 주세요. 미스터 리 자리로 전화를 연결해 드리겠습니다.

I'm **putting you through** now, please hold.
전화를 연결해 드리니 기다려주세요. · put ~ through (전화를) 연결해 주다

> **대표표현 I'm sorry, he's not available right now.**
> 죄송합니다만, 지금 자리에 안 계십니다.

⊖ I'm sorry, he's **not at his desk** right now.
⊖ I'm sorry, he's **not in the office** right now.

Sorry, **she's away from the office** this week. 죄송합니다만, 이번 주에는 회사에 안 계십니다.

I'm sorry, she's in a meeting. 죄송합니다만, 회의 중이십니다.

Sorry, you just missed her. 죄송합니다만, 막 나가셨습니다.

I'm sorry, he is in Milan on business. 죄송합니다만, 출장차 밀라노에 가셨습니다.

2단계

문장 만들기

핵심 표현을 활용해
문장을 만들어 보세요.

① 죄송합니다만, 지금 자리에 안 계십니다.   available, right now

🎙 _____

② 전화를 연결해 드리겠습니다. 끊지 말고 기다려 주세요.   transfer, stay on the line

🎙 _____

③ 당신의 서울 방문에 관하여 전화 드렸습니다.   call about, your visit

🎙 _____

④ 경리부의 스티븐 박과 통화할 수 있을까요?   may, Steven Park, finance

🎙 _____

⑤ 실례합니다만, 방금 전화했던 사람입니다.   person, on the phone

🎙 _____

⑥ 실례지만 어디시지요?   ask, who

🎙 _____

⑦ 여보세요, 영업부 존 에반스입니다.   John Evans, sales

🎙 _____

모범 영작

① I'm sorry, he's[she's] not available right now.

② I will transfer your call to him[her]. Please stay on the line.

③ I am calling about your visit to Seoul.

④ May I speak to Steven Park in the finance department?

⑤ Excuse me, this is the person who was just on the phone.

⑥ May I ask who's calling, please?

⑦ Hello, this is John Evans in Sales Department.

여러분이 주인공이 되어
다음 대화를 영어로
완성하세요.

Speak! 📢))

John
여보세요. 영업부 존 에반스입니다. 무엇을 도와드릴까요?
❶ _____

Lisa
회의 담당 부서 직원과 통화할 수 있을까요?
❷ _____

John
무슨 일이신지 여쭤 봐도 될까요?
❸ _____

Lisa
금요일에 열릴 제품 소개에 관해 전화 드렸습니다.
❹ _____

John
지금 톰에게 연결해 드릴 테니 기다려 주세요.
❺ _____

Lisa
감사합니다.
❻ _____

John
천만에요.
❼ _____

모범 영작

John	❶	Hello, John Evans, Sales Department. How can I help you?
Lisa	❷	Can I speak with a conference team representative, please?
John	❸	May I ask what this is about?
Lisa	❹	I'm calling about a sales presentation scheduled for Friday.
John	❺	I'm putting you through to Tom now, please hold.
Lisa	❻	Thank you.
John	❼	You're always welcome.

02 **메시지 남기기**

제가 전화했다고 전해 주시겠어요?

강의 및 예문듣기

통화하고 싶은 사람이 아니라 다른 직원이 전화를 받은 경우 당황하여 전화를 끊어 버리지는 않았나요? 국내에 사무실이 있는 경우 업무상 통화도 핸드폰으로 주고받는 경우가 많아 메시지를 남길 일이 거의 없지만, 해외 고객이나 바이어들은 회사 전화로 주고받는 경우가 많기 때문에 담당자가 자리에 없는 경우 메시지를 남겨야 합니다. 이때 주고받는 표현들을 살펴봐요.

🎧 02-1.mp3

준비 단계

패턴 미리보기

메시지를 남길 때 꼭 필요한 패턴 📡

* 메시지를 남길 수 있을까요?
  May I leave a message for her?

* 메시지 남기시겠어요?
  May I take a message?

* 제가 5분 후에 다시 전화하겠다고 전해 주시겠어요?
  Can you tell him that I'll call him back in five minutes?

* 잠시만요. 성함이 어떻게 되신다고 했죠?
  Hold on a minute. What was your name again?

전화 통화를 할 때
유용한 표현들을 익히
세요.

상황 01 **자리에 없다고 말할 때**

직장동료가 잠깐 자리를 비워서 대신 전화를 받을 경우, step out(나가다)이나 be away(자리에 없다) 등을 이용해서 자리에 없다고 말해 주세요.

대표표현 **She just stepped out for lunch.** 점심 식사 하러 잠깐 나가셨어요.

⊖ She is **out for** lunch.

He just **stepped out for** a meeting. 회의 하러 잠깐 나가셨습니다.

He is at the meeting now. 지금 회의 중이십니다.

He is away on business. 업무차 자리를 비우셨어요.

She is on a business trip. 출장 중이십니다.

부재중인 직원이 언제 돌아올지 알려주려면 be back(돌아오다) 뒤에 시간을 붙여서 표현합니다.

대표표현 **He will be back in an hour.** 한 시간 후에 돌아올 겁니다.

He **will be back** in an hour or so. 한 시간쯤 후에 오실 겁니다.

He **will be back** soon. 곧 돌아오실 겁니다.

She **is out of the office** all day today. 오늘 하루 종일 외근이십니다.

상황 02 **메시지를 남길 때**

메시지를 남기는 것은 leave a message라고 하고, 메시지를 받는 것은 take a message라고 합니다. 나중에 다시 전화를 걸겠다고 할 때는 call back이나 return the call을 사용합니다.

대표표현 **May I leave a message for her?** 메시지를 남길 수 있을까요?

Could I **leave a message**? 메시지를 남길 수 있을까요?

Would you tell him I called? 제가 전화했다고 전해 주시겠어요?

Could you please ask him to call me back? 저한테 전화 좀 해달라고 해주시겠어요?

Wimmer's Tip

찾는 사람이 퇴사한 경우

퇴사했다는 것을 알리는 표현은 다음과 같습니다. 자진해서 그만두었는지, 해고를 당했는지는 굳이 설명하지 않아도 됩니다.
I'm sorry, but he quit.
He no longer works here.
I'm sorry, he's no longer with us.
죄송합니다만, 그분은 퇴사하셨습니다.

Wimmer's Tip

통화 중일 때

찾는 사람이 자리를 비운 게 아니라 통화 중인 경우도 있지요. 그럴 때는 끊지 말고 기다리라는 의미로 hold를 사용합니다.
He's on another line. Can you hold?
그분은 지금 통화 중인데 기다리시겠어요?
The line is busy. Would you like to hold?
통화 중인데 기다리시겠어요?

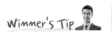
대표표현 **May I take a message?** 메시지 남기시겠어요?

⊖ Can I **take a message**, please?

⊖ Would you like to **leave a message**?

I'll make sure she gets the message as soon as she gets here.
돌아오시는 대로 메시지 전해 드리겠습니다.

If you'd like to **leave a message**, I'll make sure he gets it as soon as he's back in the office. 메시지 남겨주시면 사무실에 돌아오시는 대로 즉시 전해 드리겠습니다.

대표표현 **Can you tell him that I'll call him back in five minutes?**
제가 5분 후에 다시 전화하겠다고 전해 주시겠어요?

I will **call him back** in five minutes. 5분 후에 다시 전화 드리지요.

I will **call her back** then. 그럼 다시 전화 드리겠습니다.

If he happens to call you, would you have him phone me?
혹시 그에게 전화가 오면, 제게 전화 좀 하라고 해 주시겠어요?

이름을 불러주는 경우 상대가 발음을 잘못 알아들을 수 있으므로 철자를 하나씩 불러주는 것이 좋습니다.

대표표현 **It's Dal-su Oh. My first name is spelled D-A-L-S-U. And there is a hyphen between the L and S. And my last name is spelled O-H.**
오달수입니다. 이름은 철자가 D-A-L-S-U이고, L과 S 사이에 하이픈이 들어가요. 그리고 제 성은 철자가 O-H예요.

My name is Gi Na. "G" as in girl, "i," then leave a space, now capital "N," and lower case "a."
제 이름은 지나입니다. girl의 G랑 i, 그런 다음 한 칸 띄우고 대문자 N, 소문자 a죠.

❗ 철자만 불러서 헷갈리는 경우, 철자를 정확히 전달하기 위해 다른 단어의 철자를 예로 들어가며 설명합니다.

My e-mail address is "T," "S," lim at Hong Kong Securities dot "C," "O" dot "K," "R."
제 이메일 주소는 tslim@hongkongsecurities.co.kr입니다.

My number is area code nine one eight, five five seven, oh one oh oh.
제 전화번호는 지역번호 918-557-0100입니다.

❗ 전화번호를 말할 때 숫자 0은 zero 혹은 oh라고 읽습니다.

전화상으로 이름이나 전화번호를 듣고 받아적는 경우, 발음이나 철자 등에 오류가 생길 수 있으니 재확인하도록 하세요.

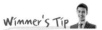

Wimmer's Tip

통화하려는 사람이 내 번호를 알고 있는 경우

상대방이 전화번호를 물었는데 '그분이 제 번호를 알고 있어요.'라고 대답할 때가 있지요. 그럴 때는 이렇게 말합니다.
He has my number.
She knows my number.
그분이 제 번호를 알고 있습니다.

대표표현 Hold on a minute. What was your name again?

잠시만요. 성함이 어떻게 되신다고 했죠?

How do you spell your name? 성함의 철자가 어떻게 되나요?

Could you spell that for me, please? 철자를 불러주시겠어요?

Is your name spelled B-A-K? 성함의 철자가 B, A, K인가요?

대표표현 Let me just confirm it. That's Jayeong Lee at nine one eight, five five seven, oh one oh oh?

다시 확인하겠습니다. 이자영 님, 연락처는 918-557-0100번 맞으시죠?

Okay, that's David Chen with Discount Airlines Incorporated.
네, 디스카운트 항공사의 데이빗 첸이시군요.

Okay, **let me make sure** I have all your information correct. You are Sangwoo Kim, and your e-mail address is sangwoo dot kim at "A," "A," "A" life dot com?
네, 받은 정보가 모두 맞는지 확인하겠습니다. 김상우 씨고, 이메일 주소는 sangwoo.kim@AAAlife.com 맞죠?

잘못 알아들었거나 확실하지 않아서 다시 말해달라고 할 때는 Could you repeat ~?(~을 다시 말해 주시겠어요?)라고 부탁하세요.

Wimmer's Tip

누구를 찾는 건지 불명확할 때

I don't know who you're talking about.
어느 분을 말씀하시는지 모르겠네요.

Are you sure this name is correct?
이 이름이 정확한가요?

대표표현 I'm sorry, could you repeat that last sentence for me again?

죄송합니다만, 마지막 문장을 다시 말씀해 주시겠습니까?

I'm sorry, I didn't catch your name.
죄송합니다만, 성함을 못 알아들었어요.

Where did you say you were calling from?
어디서 전화 주시는 거라고 하셨지요?

Excuse me, but with whom do you wish to speak?
죄송합니다만, 어느 분과 통화하고 싶다고요?

2단계

문장 만들기

핵심 표현을 활용해
문장을 만들어 보세요.

1 메시지를 남길 수 있을까요?　may, leave, her

🎤 _____

2 제가 5분 후에 다시 전화하겠다고 전해 주시겠어요?　tell, call him back

🎤 _____

3 메시지 남기시겠어요?　may, take

🎤 _____

4 점심 식사 하러 잠깐 나가셨어요.　she, step out

🎤 _____

5 그는 한 시간 후에 돌아올 겁니다.　he, back, hour

🎤 _____

6 잠시만요. 성함이 어떻게 되신다고 했죠?　hold, again

🎤 _____

7 다시 확인하겠습니다. 이자영님, 연락처는 918-557-0100번 맞으시죠?

　let, confirm

🎤 _____

모범 영작

❶ May I leave a message for her?

❷ Can you tell him that I'll call him back in five minutes?

❸ May I take a message?

❹ She just stepped out for lunch.

❺ He will be back in an hour.

❻ Hold on a minute. What was your name again?

❼ Let me just confirm it. That's Jayeong Lee at nine one eight, five five seven, oh one oh oh?

여러분이 주인공이 되어 다음 대화를 영어로 완성하세요.

Speak! 🔊

James 안녕하세요? 안영희 씨와 통화할 수 있을까요?
① _____

Anna 점심 식사 하러 잠깐 나가셨어요. 한 시간 후에 돌아오십니다.
② _____

James 메시지를 남길 수 있을까요?
③ _____

Anna 네, 그러시죠.
④ _____

James 제가 견적서를 이메일로 보냈다고 전해 주시겠어요?
⑤ _____

Anna 잠시만요. 성함이 어떻게 되신다고 했죠?
⑥ _____

James 저는 델타 로지스틱스의 제임스 왓트입니다.
⑦ _____

Anna 감사합니다. 메시지 전해 드릴게요.
⑧ _____

모범 영작

James ① Hello. May I speak to Ms. Young-hi Ahn?

Anna ② She just stepped out for lunch. She will be back in an hour.

James ③ May I leave a message for her?

Anna ④ Sure, go ahead.

James ⑤ Can you tell her that I emailed her the quotation?

Anna ⑥ Hold on a minute. What was your name again?

James ⑦ This is James Watt from Delta Logistics.

Anna ⑧ Thanks. I will tell her your message.

강의 및 예문듣기

03 전화로 약속 잡기

부장님과 약속을 잡고 싶은데요.

전화로 약속을 잡는 경우 언제, 누구와, 어디에서, 어떤 목적으로 만나는지를 확인하도록 합니다. 약속 날짜를 잡을 때는 가능한 한 상대방을 배려하도록 하고, 부득이하게 약속 날짜를 변경해야 하는 경우 새로운 일정을 제시해 주세요.

🎧 03-1.mp3

준비 단계
패턴 미리보기

전화로 약속을 잡을 때 꼭 필요한 패턴

* 부장님과 회의를 잡을 수 있을까요?
  Could I set up a meeting with the General Manager?

* 언제가 가장 좋으세요?
  What is the most convenient time for you?

* 제 약속을 3시로 변경해도 될까요?
  Could you change my appointment to 3 o'clock?

* 죄송합니다만 월요일은 안 되겠네요. 화요일 괜찮으실까요?
  I'm afraid I can't make it on Monday. Would Tuesday be okay?

전화 통화를 할 때
유용한 표현들을 익히
세요.

상황 01 **약속을 정할 때**

'약속을 잡다'는 뜻으로 가장 많이 쓰이는 표현은 set up an appointment입니다. 만나서 주로 회의를 하므로 set up a meeting도 자주 쓰입니다.

대표표현 **Could I set up a meeting with the General Manager?**

부장님과 회의를 잡을 수 있을까요?

I'd like to **arrange a meeting with** the sales staff if possible.
가능하다면 영업부 직원과 약속을 잡고 싶은데요.

I need to **request a meeting with** all personnel as soon as possible.
가능한 빨리 전 직원과 회의를 잡고 싶은데요. • personnel 직원들, 인사과

Shall we **make an appointment** to meet?
만날 약속을 정할까요?

약속 날짜 등 어떤 얘기를 꺼낼 때 in fact, as a matter of fact, actually 등으로 문장을 시작하면 좋습니다. 모두 '실은', '그렇지 않아도' 정도의 뜻입니다.

대표표현 **As a matter of fact, I was about to get in touch with you about the meeting.**

그렇지 않아도 회의 때문에 연락을 드리려던 참이었어요.

Actually, I was wondering if you would be free anytime this week.
사실, 이번 주에 시간이 되시는지 궁금해서요.

As a matter of fact, I wanted to discuss the matter in person with you first.
실은 이 건은 먼저 만나 뵙고 논의하고 싶었습니다. • in person 직접 만나서

대표표현 **What is the most convenient time for you?**

언제가 가장 좋으세요?

Do you prefer mornings or afternoons?
오전이 좋으세요, 오후가 좋으세요?

What's a good time for you? 몇 시가 좋으세요?

Would next week be possible? 다음 주 가능하시겠어요?

Let's set up a time at your convenience.
그쪽이 편하신 시간으로 잡지요.

• at one's convenience ~가 편한 시간으로, ~가 편리한 때에

Wimmer's Tip

**상대가 원하는 장소를
물을 때**
약속 장소를 정할 때는 상대에
게 먼저 원하는 곳을 물어봅니
다.
Where would be
convenient for you?
어디가 편하시겠어요?

Wimmer's Tip

**약속 시간·장소를
제안할 때**
내가 먼저 약속 날짜나 시간, 장
소를 제안하면서 상대에게 괜
찮은지 물어볼 수도 있습니다.
Is 날짜/시간/장소 all right
with you?
Is 날짜/시간/장소 okay with
you?
Is 날짜/시간/장소 good for
you?

대표표현 **I'm sorry, I'm busy then.**   죄송한데 그때는 바빠요.

I can't make it on Monday. 월요일엔 안 돼요.

Next week is no good; I'll be out of the office. How about the following week?
다음 주는 안 돼요. 외근이 있어서요. 그 다음 주는 어떠세요?

Can we leave it open, and I'll contact you when I figure out my schedule?
일단 정하지 말고, 제 스케줄 좀 알아본 후 연락 드려도 될까요?

상황 02 **약속을 확인할 때**

상대에게 약속날짜를 상기시켜 주거나 확인할 때는 reconfirm(재확인하다)이나
remind(상기시켜 주다), check(확인하다)를 사용합니다.

대표표현 **I'm calling to reconfirm our meeting schedule.**
우리 회의 일정을 확인하려고 전화 드렸습니다.

I'm calling to reconfirm the conference date.
회의 날짜를 재확인하려고 전화 드렸습니다.

I'm calling to check whether there is any change in your schedule.
일정에 변경이 없으신지 확인 차 전화 드렸습니다.

I'm calling to remind you of our meeting on September 20th.
9월 20일 회의를 상기시켜 드리려고 전화 드렸습니다.   • remind A of B A에게 B를 상기시키다

대표표현 **You haven't forgotten about our meeting, have you?**
우리 회의 잊지 않으셨지요?

Wimmer's Tip

일정을 확인할 때

I will mark my calendar.
달력에 표시해 두겠습니다.

I will confirm the
schedule once more with
you in two weeks.
2주 후에 일정을 한 번 더 확인해
드리겠습니다.

Let me know if
something comes up.
혹시 무슨 일 생기면 알려 주세요.

Let me just confirm that; our meeting is scheduled for December 18th at 1
p.m., right? 확인해 드리지요. 우리 회의는 12월 18일 오후 1시로 잡혀 있어요. 맞지요?

Good, so I'll see you next week on Friday, then.
좋아요, 그럼 다음 주 금요일에 봅시다.

Okay, so everything is set for next Monday at 3 o'clock?
좋아요, 그럼 다음 주 월요일 3시로 정한 거죠?

약속시간을 변경할 때는 change(바꾸다)를 가장 많이 쓰지만, meet earlier(더 일찍 만나다)나 put it off until(~까지 미루다) 같은 표현도 사용할 수 있습니다.

대표표현 **Could you change my appointment to 3 o'clock?**

제 약속을 3시로 변경해도 될까요?

Can we **meet a little earlier**? Say at about 2 p.m.
좀 더 일찍 만날 수 있을까요? 한 2시쯤으로요.

Can we **put it off until** this afternoon? 오늘 오후로 미뤄도 될까요?

We're going to have to **change** our appointment on the 18th.
우리 18일 약속을 변경해야겠어요.

약속을 변경하거나 취소하면서 너무 당당하게 말하면 곤란하겠죠. 미안한 마음을 I'm afraid(죄송합니다만), I'm sorry, but(미안한데)에 담아서 표현해 보세요.

Wimmer's Tip

급하게 약속을 취소할 때

I have an emergency to deal with.
처리해야 할 급한 일이 생겼어요.

We may have to take care of it over the phone.
전화상으로 처리해야 할 것 같아요.

대표표현 **I'm afraid I can't make it on Monday. Would Tuesday be okay?**

죄송합니다만 월요일은 안 되겠네요. 화요일 괜찮으실까요?

I'm afraid it will take a bit more time.
죄송합니다만 시간이 좀 더 걸리겠는데요.

I'm sorry, but I can't visit you in person today.
죄송합니다만, 오늘은 직접 방문할 수 없을 것 같네요.

I'm sorry, something has come up, and I'm going to have to reschedule our meeting.
죄송해요. 일이 생겨서 우리 미팅 일정을 다시 잡아야겠어요.

대표표현 **Once again, I'm sorry for the inconvenience.**

다시 한 번 불편을 끼쳐 드려 죄송합니다.

I'm sorry for having to bother you like this.
이렇게 귀찮게 해 드려 죄송합니다.

I apologize for any inconvenience created by this schedule change.
이번 스케줄 변경으로 불편을 끼쳐 드려 죄송합니다.

I hope you understand.
이해해 주시길 바랍니다.

1 부장님과 약속을 잡을 수 있을까요?　a meeting, the General Manager

🎤 _____

2 사실, 이번 주에 시간이 되시는지 궁금해서요.　actually, wonder if, anytime

🎤 _____

3 언제가 가장 좋으세요?　most convenient, for

🎤 _____

4 우리 회의 잊지 않으셨지요?　haven't forgotten

🎤 _____

5 제 약속을 3시로 변경해도 될까요?　could, appointment

🎤 _____

6 죄송합니다만 월요일은 안 되겠네요. 화요일 괜찮으실까요?　afraid, make, okay

🎤 _____

7 이해해 주시길 바랍니다.　hope, understand

🎤 _____

모범 영작

❶ Could I set up a meeting with the General Manager?

❷ Actually, I was wondering if you would be free anytime this week.

❸ What is the most convenient time for you?

❹ You haven't forgotten about our meeting, have you?

❺ Could you change my appointment to 3 o'clock?

❻ I'm afraid I can't make it on Monday. Would Tuesday be okay?

❼ I hope you understand.

여러분이 주인공이 되어
다음 대화를 영어로
완성하세요.

Speak! 🔊

John 약속을 잡고 싶은데요.

❶ ....

Lisa 그렇지 않아도 회의 때문에 연락을 드리려던 참이었어요.

❷ ....

John 언제가 가장 좋으세요?

❸ ....

Lisa 일단 정하지 말고, 제 스케줄 좀 알아본 후 연락 드려도 될까요?

❹ ....

John 우리 회의 일정을 확인하려고 전화 드렸습니다.

❺ ....

Lisa 확인해 드리지요. 우리 회의는 12월 18일 오후 1시로 잡혀 있어요.

❻ ....

John 좀 더 일찍 만날 수 있을까요? 한 오전 11시쯤으로요.

❼ ....

Lisa 죄송합니다만, 저는 오후 1시 이후에만 시간이 돼요.

❽ ....

모범 영작

John ❶ Could I set up a meeting with you?

Lisa ❷ As a matter of fact, I was about to get in touch with you about the meeting.

John ❸ What is the most convenient time for you?

Lisa ❹ Can we leave it open, and I'll contact you when I figure out my schedule?

John ❺ I'm calling to reconfirm our meeting schedule.

Lisa ❻ Let me just confirm that; our meeting is scheduled for December 18th at 1 p.m.

John ❼ Can we meet a little earlier? Say at about 11 a.m.

Lisa ❽ I'm sorry, but I am only available after 1 p.m.

04

전화 관련 문제 해결하기

죄송합니다. 전화를 잘못 걸었네요.

강의 및 예문듣기

전화를 잘못 걸었을 때, 통화하기 곤란해서 다시 연락한다고 할 때, 전화 연결 상태가 좋지 않아서 상대방 목소리가 잘 들리지 않을 때 등 전화 통화를 하다가 문제 상황이 발생할 경우 어떻게 해결하면 되는지 살펴봅시다.

🎧 04-1.mp3

준비 단계

패턴 미리보기

전화 관련 문제를 해결할 때 꼭 필요한 패턴

* 지금 통화 괜찮으세요?
Is this a good time to call?

* 다음에 다시 전화 드릴까요?
Should I call you back at another time?

* 조금 크게 말씀해 주시겠어요?
Would you speak up, please?

* 끊고 다시 걸어 주시겠어요?
Would you please hang up and call me back?

전화 통화를 할 때 유용한 표현들을 익히세요.

상황 01 **전화를 잘못 걸었을 때**

전화를 잘못 걸었을 때는 wrong number를 이용해서 말하세요. wrong number는 '틀린 전화번호', 즉 '잘못 걸린 전화'를 뜻합니다.

대표표현 **Sorry, wrong number.**　　　　　죄송합니다. 잘못 걸었네요.

I'm sorry. I seem to have reached the wrong number. Is this 447-5523?
미안합니다. 제가 잘못 걸은 것 같네요. 447-5523번 맞습니까?

Sorry, but I'm not the person in charge of that.
죄송합니다만, 저는 그 업무 담당자가 아닙니다.

찾는 사람이 없거나 동명이인이 있는 경우 이런 표현도 쓸 수 있어요.

There's no such person called Sandra Block.
산드라 블록이라는 사람은 없는데요.

I'm sorry, but there are too many Johns. Do you know his last name?
죄송합니다만 '존'이란 분이 너무 많아서요. 그 분의 성을 아시나요?

상황 02 **통화 가능한지 묻고 답할 때**

지금 통화가 가능한지 궁금할 때는 Is this a good time to call?이라고 물어보세요. 지금 바빠서 통화할 수 없다며 나중에 다시 전화하겠다고 할 때는 call back(다시 전화하다)이라는 표현을 이용합니다.

대표표현 **Is this a good time to call?**　　　　지금 통화 괜찮으세요?

When is a good time for you?　언제가 통화하기 좋으세요?

I was wondering if this is the right time to call.　통화하기 괜찮은 시간인지 모르겠네요.

Am I interrupting anything?　제가 방해가 된 건 아닌지요?

Should I call you back at another time?　다음에 다시 전화 드릴까요?

대표표현 **We're quite busy here.**　　　　　지금 좀 바쁩니다.

I can't really talk right now.　지금은 통화가 어려워요.

Please try to keep it short.　간단히 말씀해 주세요.

It's hard to explain it over the telephone. I will email the details to you.
전화상으로 설명하기 어렵네요. 세부사항을 이메일로 보낼게요.

대표표현 **Can I call you back?** 제가 다시 전화 드려도 될까요?

Can I call you right back? I'm on another line.
제가 바로 전화 드려도 될까요? 지금 통화 중이어서요.

Is it okay if I call you back next week?
다음 주에 다시 전화 드려도 될까요?

상황 03 **통화하기 힘들 때**

전화를 여러 번 걸었지만 좀처럼 통화하기 어려운 사람이 있지요. 통화하기가 어렵다는 표현을 It's so hard to get a hold of you.라고 합니다.

대표표현 **It's so hard to get a hold of you.** 통화 한 번 하기 정말 어렵네요.
• get a hold of ~와 연락[통화]하다

I tried to get a hold of you yesterday. 어제 계속 전화 드렸어요.

What took you so long? 왜 이렇게 전화를 늦게 받아요?

Why was your line busy for such a long time?
왜 그렇게 오래 통화 중이었어요?

상황 04 **연결 상태가 좋지 않을 때**

전화 상대방 목소리가 잘 안 들릴 경우 목소리를 크게 해달라고(speak up) 부탁하거나 천천히 이야기하라고(slow down) 부탁하세요.

대표표현 **Would you speak up, please?** 크게 말씀해 주시겠어요?

Hello? Would you speak a little louder?
여보세요? 좀 더 크게 말씀해 주시겠어요?

Can you hear me? 들리세요?

Can you hear me better now? 지금은 잘 들립니까?

Could you slow down a bit? 좀 천천히 말씀해 주실래요?

Would you repeat that once more, please?
다시 한 번 말씀해 주시겠어요?

Wimmer's Tip

**휴대폰 배터리가
떨어져갈 때**

My battery's low.
My battery's almost
dead.
배터리가 별로 없어요.
My battery's running out.
My battery's dying.
배터리가 다 되어 가요.

대표표현 I can't hear you well. 잘 안 들려요.

I can't hear because of the loud background noise.
주변이 시끄러워서 잘 안 들려요.

Well, it's still not clear. 여전히 잘 안 들리네요.

The connection is pretty bad. 연결 상태가 너무 안 좋네요.

You are coming in all right. 잘 들려요.

전화연결 상태가 좋지 않은 경우 '혼선'은 interference, 지지직거리는 '잡음'은 static이라는 단어를 활용하세요.

대표표현 There's interference on the line. 혼선이 되었나 봐요.
• interference 혼선

There's too much static. 잡음이 너무 심해요. • static (수신기의) 잡음

You are breaking up. 들렸다 안 들렸다 해요.

I hear someone else talking on the same line.
다른 사람 목소리도 들려요.

My phone is not working properly.
제 전화기가 제대로 작동하지 않네요.

Wimmer's Tip

전화가 끊겼을 때

의도적으로 끊은 게 아니라 혼
선이나 잡음, 또는 실수로 전화
가 끊겼을 때 be cut off라는
표현을 씁니다.
Sorry, your line was cut
off. 죄송해요. 전화가 끊겼네요.
I think the line has been
cut off.
전화가 끊겼던 것 같네요.

대표표현 Would you please hang up and call me back?
끊고 다시 걸어 주시겠어요?

Please hang up, and I'll call you back.
끊으시면 제가 다시 전화 드릴게요.

What number can you be reached at in case we are disconnected?
전화가 끊어지면 어느 번호로 통화 가능하세요?

• disconnect 연결을 끊다

핵심 표현을 활용해
문장을 만들어 보세요.

1 죄송합니다. 잘못 걸었네요.   wrong

🎤 ....

2 지금 통화 괜찮으세요?   this, good time

🎤 ....

3 다음에 다시 전화 드릴까요?   call back, another time

🎤 ....

4 통화 한 번 하기 정말 어렵네요.   hard, get a hold of

🎤 ....

5 크게 말씀해 주시겠어요?   speak up

🎤 ....

6 잘 안 들려요.   hear, well

🎤 ....

7 끊고 다시 걸어 주시겠어요?   hang up, call back

🎤 ....

모범 영작

❶ Sorry, wrong number.

❷ Is this a good time to call?

❸ Should I call you back at another time?

❹ It's so hard to get a hold of you.

❺ Would you speak up, please?

❻ I can't hear you well.

❼ Would you please hang up and call me back?

여러분이 주인공이 되어
다음 대화를 영어로
완성하세요.

Speak! 🔊

Anna 여보세요? 미안한데 잘 안 들려요. 좀 더 크게 말씀해 주시겠어요?
❶ _____

James 미안합니다. 잘못 걸은 것 같네요. 447-5523번 맞습니까?
❷ _____

Anna 네. 맞습니다만 잡음이 너무 심하네요.
❸ _____

James 끊으시면 제가 다시 전화 드릴게요.
❹ _____

James 안녕하세요, Anna 씨? 지금 통화 괜찮으세요?
❺ _____

Anna 지금은 통화가 어려워요.
❻ _____

James 다음에 다시 전화 드릴까요?
❼ _____

Anna 네. 오후 4시 이후에 전화 주세요.
❽ _____

모범 영작

Anna ❶ Hello? I am sorry, but I can't hear you well. Would you speak a little louder?

James ❷ I'm sorry, I seem to have reached the wrong number. Is this 447-5523?

Anna ❸ Yes, it is. But there's too much static.

James ❹ Please hang up, and I'll call you back.

James ❺ Hello, Anna. Is this a good time to call?

Anna ❻ I can't really talk right now.

James ❼ Should I call you back at another time?

Anna ❽ Sure. Please call me after 4 p.m.

05

전화로 불만사항 알리기

배송에 오류가 있었던 것 같아요.

강의 및 예문듣기

불만족스러운 서비스, 제때 도착하지 않은 물품, 답장 지연 등은 업무상 일어날 수 있는 흔한 문제 상황입니다. 고객센터나 관련 담당자에게 전화해서 문제나 불만사항을 토로하고 도움이나 해결을 요구하는 표현을 살펴봅시다.

🎧 05-1.mp3

준비 단계
패턴 미리보기

전화로 불만사항을 알릴 때 꼭 필요한 패턴 📞

* 여보세요, 저를 도와주실 수 있는 분과 통화하고 싶은데요.
  Hello, I need to speak with someone that can help me.

* 고객서비스 담당 직원과 지금 바로 통화하고 싶은데요.
  I need to speak to a customer service representative immediately.

* 네, 그렇게 하면 문제가 해결되겠군요.
  Yes, I think that would solve the problem.

* 죄송합니다만, 그걸로 안 되겠습니다.
  I'm sorry, but that just won't do.

상황 01 **문제를 제기할 때**

전화로 문제 상황을 명확하게 설명하고 도움이나 해결을 요구하는 표현을 알아두세요.

> **대표표현** **Hello, I need to speak with someone that can help me.**
>
> 여보세요, 저를 도와주실 수 있는 분과 통화하고 싶은데요.

○ Hello, I'm having a problem that I hope you can help me with.

Hello, I need to make a formal complaint.
여보세요. 정식 항의를 하고자 합니다.

전화를 건 목적을 설명할 때처럼 I'm calling to(~하려고 전화 드립니다)를 이용하면 편리합니다.

> **대표표현** **Hello, I'm calling to report an incomplete delivery I received last week.**
>
> 안녕하세요. 지난주에 받은 배송품이 제대로 안 되어 있는 것을 알려 드리려고 전화 드립니다.

Hi, **I'm calling to** complain about the unsatisfactory service I had at one of your branches.
안녕하세요. 귀사의 지점 중 한 곳에서 불만족스러운 서비스를 받아 불만사항을 전하려고 전화했습니다.

Hi, **I'm calling in regards to** order number 33821. It seems that we didn't receive everything in the order.
안녕하세요. 주문 번호 33821에 관해 전화 드렸습니다. 주문한 물건이 다 오지 않은 것 같아서요.

Hi, I'm sorry to bother you, but last month we ordered some supplies and we still haven't received anything.
안녕하세요. 번거롭게 해드려 죄송하지만, 지난달에 물품을 주문했는데 아직 아무것도 받지 못했어요.

부정적인 내용을 상대방에게 고지할 때는 I regret to inform you that ~을 자주 사용합니다. 이것은 '~를 알려 드리게 되어 유감입니다', 즉 '유감스럽게도 ~를 알려 드립니다'라는 뜻입니다.

> **대표표현** **I regret to inform you that we still have not received your payment.**
>
> 유감스럽게도 귀하로부터 아직 지불을 받지 못했다는 것을 알려 드립니다.

I regret to inform you that there was a mistake in the shipment.
유감스럽게도 배송에 오류가 있었다는 것을 알려 드립니다.

I'm sorry, but the equipment just doesn't work as advertised.
죄송합니다만, 이 용품이 광고처럼 작동하지 않습니다.

I apologize, but the specifications are not what we agreed upon.
죄송합니다만, 세부사항이 우리가 합의한 것과 다릅니다.

상황 02 급한 사항을 전할 때

급한 상황임을 전달할 때는 immediately(즉시), right away(바로), this minute(바로 지금) 등의 표현을 적절하게 사용하세요. A requires immediate attention. 하면 'A는 즉시 해결해야 할 중대한 사항이다'라는 뜻입니다.

> 대표표현 **I need to speak to a customer service representative immediately.**
> 고객서비스 담당 직원과 지금 바로 통화하고 싶은데요.
> • representative 판매 대리인, 대표자

I have an urgent matter and need to speak to Mr. Kim right away.
급한 일이 있어서 미스터 김과 즉시 통화해야 합니다.

I'm sorry, but this is an emergency. Get me an engineer this minute.
죄송합니다만, 급한 사항입니다. 엔지니어와 즉시 통화하게 해 주세요.

We have a serious problem here that requires immediate attention.
즉시 해결해야 할 중대한 문제가 있습니다.

상황 03 불만사항을 상세히 물을 때

불만 전화를 받으면 당황하지 말고 무슨 상황인지 차분하게 설명해 달라고 요구합니다. 화를 내거나 목소리를 높이지 말고 침착하게 응대하도록 합니다.

> 대표표현 **Could you tell me what happened?**
> 무슨 일인지 말해 주시겠어요?

What exactly is the problem?
정확히 무슨 문제이시죠?

Let me check your order with your order number.
고객님 주문번호로 확인해 드리지요.

I'm very sorry that you are dissatisfied with our services. Can I document an official complaint?
저희 서비스가 불만족스러우셨다니 무척 죄송합니다. 정식으로 불만 처리를 해드릴까요?

• dissatisfy 불만을 느끼게 하다 • document 상세히 기록하다

해결방안을 제시할 때

불만 전화를 받은 상황이라면 담당자와 직접 통화할 수 있도록 연결해 주거나, 상황 파악을 한 후 나중에 다시 연락해 주겠다고 응대하세요. 이때 get back to you(다시 연락하다)라는 표현을 사용합니다.

> **대표표현 May I contact Mr. Kim for you directly?**
>
> 미스터 김에게 직접 연결해 드릴까요?

Can we do some investigating and get back to you?
저희가 몇 가지 조사를 해 보고 다시 연락 드려도 될까요?

I'd like to handle your complaint personally.
불만사항을 제가 직접 처리해 드리고 싶네요.

Can I offer a solution?
해결방안을 제안해 드려도 될까요?

확인 후 바로 처리 가능한 사안인 경우 시간을 끌지 말고 즉시 해결 방안을 안내해 주도록 합니다.

> **대표표현 I'll tell you that we can send you a brand new printer tomorrow.**
>
> 이렇게 하시죠. 새로운 프린터를 내일 바로 보내드릴 수 있습니다.

I will fix the document per your suggestions and resend it to you as soon as possible.
제안하신 대로 서류를 수정해서 가능한 한 빨리 다시 보내드리겠습니다.

I'll send a team to assess the problem first thing tomorrow morning.
내일 아침 제일 먼저 그 문제를 알아보도록 팀을 보내겠습니다.

* assess 평가하다, 가능하다

제안을 승낙하거나 거절할 때

불만사항을 해결하기 위한 제안을 듣고 승낙하거나 거절할 때 쓰는 표현들입니다. 제안에 동의하는 경우에는 It sounds good.(좋네요.)이나 We can agree on that.(동의할 만하군요.) 등의 표현을 사용하고, 거절하는 경우에는 I'm sorry but ~(미안하지만)으로 말을 시작합니다.

> **대표표현 That sounds good.**
>
> 그거 좋군요.

Okay, I think we can agree on that.
좋습니다. 거기에 대해 합의할 수 있을 것 같아요.

Yes, I think that would solve the problem.
네, 그렇게 하면 문제가 해결되겠군요.

대표표현 **I'm sorry, but that just won't do.** 죄송합니다만, 그걸로 안 되겠습니다.

Sorry, but that will not fix the problem.
미안합니다만, 그걸로는 문제가 해결되지 않습니다.

I'm sorry, but it can't wait. We need this fixed now.
죄송합니다만, 기다릴 수가 없습니다. 지금 수리를 받아야 해요.

 *Winner's* Expression

제안을 승낙하는 표현

It makes sense. 일리가 있군요.

I can take that. 그렇게 하면 괜찮겠군요.

It will do. 그렇게 하면 되겠네요.

제안을 거절하는 표현

It won't do. 그걸로는 안 됩니다.

I can't accept that. 그건 받아들일 수 없어요.

It makes no sense. 그건 말이 안 돼요.

That's not enough. 그건 충분하지 않아요.

① 여보세요, 저를 도와주실 수 있는 분과 통화하고 싶은데요. speak with someone

🎤 ....

② 안녕하세요. 지난주에 받은 배송물품이 제대로 안 되어 있는 것을 알려 드리려고 전화 드립니다. report, incomplete delivery, receive

🎤 ....

③ 유감스럽게도 귀하로부터 아직 지불을 받지 못했다는 것을 알려 드립니다.
regret, inform, receive, payment

🎤 ....

④ 고객서비스 담당 직원과 바로 통화하고 싶은데요. representative, immediately

🎤 ....

⑤ 무슨 일인지 말해 주시겠어요? could, happen

🎤 ....

⑥ 네, 그렇게 하면 문제가 해결되겠군요. think, solve

🎤 ....

⑦ 죄송합니다만, 그걸로 안 되겠습니다. just, do

🎤 ....

모범 영작

① Hello, I need to speak with someone that can help me.

② Hello, I'm calling to report an incomplete delivery I received last week.

③ I regret to inform you that we still have not received your payment.

④ I need to speak to a customer service representative immediately.

⑤ Could you tell me what happened?

⑥ Yes, I think that would solve the problem.

⑦ I'm sorry, but that just won't do.

여러분이 주인공이 되어
다음 대화를 영어로
완성하세요.

Speak! 📢))

John
여보세요, 저를 도와주실 수 있는 분과 통화하고 싶은데요.
❶ ....

Anna
어떻게 도와드릴까요?
❷ ....

John
주문번호 33821에 관해 전화 드렸는데요.
❸ ....

주문한 물건이 다 오지 않은 것 같습니다.
❹ ....

Anna
고객님 주문번호로 확인해 드릴게요.
❺ ....

John
어떻게 된 일인지 말해 주시겠어요?
❻ ....

Anna
유감스럽게도 배송에 오류가 있었던 것 같습니다.
❼ ....

John
기다릴 수가 없어요. 그 부품들이 최대한 빨리 필요해요.
❽ ....

Anna
내일 아침에 특급 배송으로 나머지 물품을 보내드리겠습니다.
❾ ....

모범 영작

John ❶ Hello, I need to speak with someone that can help me.

Anna ❷ How may I help you?

John ❸ I'm calling in regards to order number 33821.
❹ It seems that we didn't receive everything in the order.

Anna ❺ Let me check your order with your order number.

John ❻ Could you tell me what happened?

Anna ❼ I regret to inform you that there was a mistake in the shipment.

John ❽ It can't wait. I need the parts ASAP.

Anna ❾ We will send the remaining products tomorrow morning via express delivery.

둘째 마디

회의 때마다 과묵한
나를 위한

회의 영어

'영어회의' 하면 공식적인 국제회의나 연설을 생각하는 직
장인들이 많습니다. 하지만 영어로 회의하는 것은 더 이상
일부 고위급들만의 업무가 아닙니다. 많은 회사들이 외국
인 임직원들과 함께 부서회의나 총괄회의를 진행하고 있
습니다. 이제 영어회의가 선택사항이 아닌 필수사항이 된
것이지요. 또한 영어회의 능력은 해외에 진출하고자 하는
모든 회사들이 미리 준비해야 할 사항입니다. 일상적인 업
무 속에서 소소하게 발생하는 회의부터 공식적인 부서회
의까지 유용하게 쓸 수 있는 표현들을 학습해 봅시다.

06 회의 시작하기

회의에 참석해 주셔서 감사드립니다.

강의 및 예문듣기

회의를 시작하기 전에 참석자들이 서로 안부를 묻고 인사하는 시간을 갖습니다. 또 회의 진행에 필요한 사항을 공지해 줍니다. 캐주얼한 회의라면 자기소개나 환영사는 생략할 수 있습니다. 하지만 공식적인 회의인 경우에는 시작에 앞서 환영사, 자기소개, 안건소개 등의 시간을 갖도록 합니다.

🎧 06-1.mp3

준비 단계
패턴 미리보기

회의를 시작할 때 꼭 필요한 패턴 🙌

＊ 모두 환영합니다. 앉으시죠.
Welcome everyone. Please have a seat.

＊ 올해의 첫 번째 총회입니다.
This is our first general meeting of this year.

＊ 두 시간짜리 세션이 2개 있고, 첫 번째 세션 후 점심시간 한 시간이 있겠습니다.
There will be two 2-hour sessions with an hour lunch break after the first session.

＊ 질문 있으면 중간에 편히 말씀해 주세요.
Please feel free to interrupt me if you have any questions.

상황 01 **환영인사를 할 때**

회의 참석자들에게 환영의 메시지를 전하며 초반에 밝은 분위기를 조성하는 것이 좋습니다. welcome(환영하다), thank(감사하다), appreciate(감사하다) 등과 같은 환영과 감사의 표현을 사용하세요. appreciate은 thank보다 더 정중한 느낌을 줍니다.

대표표현 **Welcome all.**   모두 환영합니다.

Welcome everyone. Please have a seat.
모두 환영합니다. 앉으시죠.

We have five newcomers attending this meeting today. Please welcome them as well. 오늘 이 회의에 처음 오신 분이 다섯 분 계십니다. 그분들도 환영해 주시죠.

• newcomer 새로 온 사람, 신입, 신참

Let me start with the warmest greetings to you.
따뜻한 환영의 말씀을 드리면서 시작하겠습니다.

대표표현 **We appreciate your visit.**   방문해 주셔서 감사드립니다.

I would like to thank you all for attending this meeting.
이 회의에 참가해 주신 모든 분께 감사의 마음을 전합니다.

Thank you for attending today's emergency meeting.
오늘 긴급회의에 참석해 주셔서 감사합니다.

Thank you for taking the time to be here. Let us start by saying hello to each other. 시간 내서 참석해 주셔서 감사합니다. 서로 인사를 나누면서 시작합시다.

상황 02 **자기소개 하고 회의를 시작할 때**

회의 사회자나 진행자는 간단히 자기소개를 한 다음, 참석자들도 서로 인사 및 자기소개를 할 수 있도록 안내해 주세요. 서로 아는 사이라면 장황한 자기소개는 생략해도 됩니다.

대표표현 **For those of you who have never met me, my name is David Kim. I am the CEO of ICU Inc.**
저를 처음 본 분들이 계실 텐데, 저는 아이씨유 주식회사의 CEO 데이빗 김이라고 합니다.

Let me introduce myself before we go any further.
구체적으로 들어가기 전에 제 소개를 하겠습니다.

As most of you here already know me, I'll be briefly introducing myself.

이 자리에 계신 분들 대부분이 저를 알고 계시기 때문에 제 소개를 간략하게 하도록 하겠습니다.

My name is Kenneth Lee. I'm excited to preside over this meeting today.

제 이름은 케네스 리입니다. 오늘 회의의 진행을 맡게 되어 무척 기쁘게 생각합니다.

• preside over ~의 사회를 보다

Since this is our first gathering, let us start by introducing ourselves.

처음 만나는 자리이니, 자기소개를 하면서 시작합시다.

회의 시작을 알릴 때는 begin, start 외에 get the ball rolling(시작하다)이라는 숙어 표현도 참고해 보세요.

대표표현 **This is our first general meeting of the year.**

올해의 첫 번째 총회입니다. • general meeting 총회

Okay, everyone! Let us begin this meeting. 자, 회의를 시작합시다.

Let us get the ball rolling and start the meeting. 그럼 회의를 시작해 봅시다.

• get the ball rolling 일을 시작하다

I'm sure it will be a good chance to get to know about our company.

저희 회사에 대해 알게 되는 좋은 기회가 될 것이라고 확신합니다.

상황 03 **일정 및 공지사항을 안내할 때**

회의를 본격적으로 시작하면서 회의의 개요 및 안건, 규칙 등을 안내해 주세요. 회의에서 다루게 될 안건은 agenda라고 합니다.

대표표현 **You all have the agenda in front of you. I would like you all to look at that carefully right now.**

여러분 모두 앞에 안건이 있습니다. 지금 그것을 상세히 살펴보셨으면 합니다.

A copy of the agenda is included in your meeting information package.

안건이 여러분의 회의 자료집에 들어 있습니다.

If you open your booklet that is in front of you to the first page, you will be able to see the agenda for the meeting.

여러분 앞에 있는 소책자의 1페이지를 펴시면, 회의 안건이 보이실 겁니다.

Please take note that we will be strictly adhering to the time schedule as seen in front of you.
앞에 보이는 시간계획표대로 정확히 진행될 것이라는 점을 유의해 주십시오.

• take note (~에) 주목하다 • adhere to ~을 고수하다, 충실히 지키다

There will be no deviation from the time schedule, so please be punctual.
시간계획표에서 벗어나는 일은 없을 것이니 시간을 잘 지켜주시기 바랍니다.

• deviation 일탈, 탈선

The agenda is laid out as follows: two 2-hour discussions per speaker and an hour lunch break in between.
의사일정은 다음과 같이 전개됩니다: 발표자 당 두 시간의 토론이 있고 중간에 점심시간이 한 시간 있겠습니다.

First on the agenda is my introduction, followed by the CEO of Zonex for two hours, then lunch, and then the M&A specialist for another two hours.
의사일정의 초반에 제가 서론을 말씀드리고, 이어 조넥스 사 최고경영자께서 두 시간 동안 진행하며, 그리고 점심 식사를 한 후, M&A 전문가가 또 두 2시간 동안 진행합니다.

기타 공지사항이 있는 경우, 회의를 시작할 때나 쉬는 시간 전후에 안내해 주세요. 정확한 시간대를 언급해 주고, 일정이 변경된 경우 착오가 없도록 미리 고지해 줍니다.

The meeting will be finished officially at 3:30 p.m.
회의는 공식적으로 오후 3시 반에 끝납니다.

We are scheduled to end at exactly 3:30 p.m.
정확히 오후 3시 반에 끝나는 것으로 잡혀 있습니다.

We are here for the next hour or so.
앞으로 한 시간 정도 진행됩니다.

Let us spend the first 10 minutes looking at what we have done so far.
처음 10분 동안 우리가 지금까지 해 온 사항에 대해 살펴보도록 하지요.

질의응답 시간 및 기타 공지사항을 안내해 줍니다.

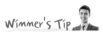
대표표현 **Please feel free to** interrupt me if you have any questions.

질문 있으시면 중간에 편히 말씀해 주세요.

Please feel free to ask questions while I explain the procedures.

제가 절차를 설명하는 동안 편하게 질문해 주세요.

Please ask me if you don't understand.

이해가 안 되면 물어봐 주세요.

Both speakers will only allow questions in the last half hour of their talk. So, please keep your questions until such time.

두 발표자 모두 연설 마지막 30분 동안만 질문을 받도록 하겠습니다. 따라서 질문은 그때 해주시길 바랍니다.

To begin with, I'd like to call your attention to the luncheon which will be held at the Diamond Room right after this meeting.

우선, 이 회의를 마치면 바로 다이아몬드 룸에서 오찬이 있을 예정이오니 이 점 숙지하시기 바랍니다.

❶ 저희 회사에 대해 알게 되는 좋은 기회가 될 것이라고 생각합니다.　sure, chance

🎤 ....

❷ 저를 처음 본 분들이 계실 텐데, 저는 아이씨유 주식회사의 CEO 데이빗 김이라고 합니다.　those of you, never, CEO

🎤 ....

❸ 이 회의에 참가해 주신 모든 분들께 감사의 마음을 전합니다.　would like to, attend

🎤 ....

❹ 의사일정을 엄격히 따를 것이므로 시간을 잘 지켜주시기 바랍니다.
stick, agenda, strictly, on time

🎤 ....

❺ 안건이 여러분의 회의 자료집에 들어 있습니다.　copy, include, package

🎤 ....

❻ 정확히 오후 3시 반에 회의를 종료하겠습니다.　finish, promptly

🎤 ....

❼ 의사일정이 다음과 같이 전개됩니다: 발표자 당 두 시간의 토론이 있고 중간에 점심 시간이 한 시간 있겠습니다.　lay out, as follows, speaker

🎤 ....

모범 영작

❶ I'm sure it will be a good chance to get to know about our company.

❷ For those of you who have never met me, my name is David Kim. I am the CEO of ICU Inc.

❸ I would like to thank you all for attending this meeting.

❹ We will be sticking to the agenda strictly, so please be on time.

❺ A copy of the agenda is included in your meeting information package.

❻ We will be finishing the meeting promptly at 3:30 p.m.

❼ The agenda is laid out as follows: two 2-hour discussions per speaker and an hour lunch break in between.

여러분이 주인공이 되어
다음 대화를 영어로
완성하세요.

Speak! 📢🔊

David

모두 환영합니다. 앉으시죠. 방문해 주셔서 감사드립니다.

① _____

저를 처음 본 분들이 계실 텐데, 저는 Antam 주식회사의 이사, 최동건이라고 합니다.

② _____

올해의 첫 번째 총회입니다.

③ _____

여러분 모두 앞에 안건이 있습니다. 지금 그것을 상세히 살펴보셨으면 합니다.

④ _____

의사일정을 엄격히 따를 것이니 시간을 잘 지켜주시기 바랍니다.

⑤ _____

두 시간짜리 세션이 2개 있고, 첫 번째 세션 후 점심시간 한 시간이 있겠습니다.

⑥ _____

정확히 오후 4시에 회의를 종료하겠습니다.

⑦ _____

질문 있으시면 중간에 편히 말씀해 주세요.

⑧ _____

모범 영작

❶ Welcome everyone. Please have a seat. We appreciate your visit.

❷ For those of you who have never met me, my name is Dong-gun Choi. I am the director of Antam Inc.

❸ This is our first general meeting of the year.

❹ You all have the agenda in front of you. I would like you all to look at that carefully right now.

❺ We will be sticking to the agenda strictly, so please be on time.

❻ There will be two 2-hour sessions with an hour lunch break after the first session.

❼ We will be finishing the meeting promptly at 4 p.m.

❽ Please feel free to interrupt me if you have any questions.

07

회의 진행하기

모두 앞쪽의 스크린을 봐주세요.

강의 및 예문듣기

회의나 발표를 진행할 때는 먼저 주제를 명확하게 밝혀준 다음, 본론으로 들어가 내용을 구체적으로 논의한 후 마무리 짓는 것이 원칙입니다. 다음 안건으로 넘어가기 전에 언급한 내용을 정리해 주는 것도 잊지 마세요.

🎧 07-1.mp3

준비 단계

패턴 미리보기

회의를 진행할 때 꼭 필요한 패턴 👫

* 이 회의는 우리의 신규 사업 계획에 관한 것입니다.
  This meeting is about our new business plans.

* 자, 그럼 본론으로 들어가도록 하죠.
  Alright, let's get down to business, shall we?

* 모두 앞쪽의 스크린을 봐주세요.
  Everyone, please take a look at the screen in front of you.

* 돌아가면서 서로의 의견에 대해 논평하도록 합시다.
  Let's take turns to comment on each other's ideas.

회의할 때 유용한
표현들을 익히세요.

상황 01 주제를 소개할 때

무엇에 대한 회의인지 소개할 때는 about을 써도 되지만, 그 대신 concerning (~에 관한), regarding(~에 관하여) 등을 사용하면 좀 더 공식적인 표현이 됩니다.

대표표현 This meeting is about our new business plans.

이 회의는 우리의 신규 사업 계획에 관한 것입니다.

This meeting was called to look at procedures to be taken during the merger.
이 회의는 합병 중 실행될 절차를 살펴보기 위해 소집된 것입니다.

We've called for today's meeting to report our progress in our new project.
우리의 신규 프로젝트의 진행 상황을 보고하고자 오늘 회의를 소집했습니다.

I've called this meeting to discuss the progress on our Dubai project.
두바이 프로젝트의 진행 상황을 토의하기 위해 이 회의를 소집했습니다.

대표표현 Our main objective is to discuss the merger between Mango and Baba.

우리의 주 목적은 망고 사와 바바 사의 합병에 관해 논의하는 것입니다.

The aim of this meeting is to go over the details of the merger.
이 회의의 목적은 합병에 관한 세부 내용을 검토하는 것입니다.

Another purpose of this meeting is to discuss the problems we've encountered.
이 회의의 또 다른 목적은 우리가 직면한 문제점들에 대해 논의하는 것입니다.

As mentioned in the email, the purpose of today's meeting is to introduce our new project.
이메일에서 언급한 대로, 오늘 회의의 목적은 우리의 신규 프로젝트를 소개하는 것입니다.

Wimmer's Tip

회의의 목적을 밝힐 때
'목적'이라는 뜻을 가진 명사 objective, purpose, aim 을 이용하여 Our objective/ purpose/aim is to~의 구조로 말하면 됩니다. 또는 This meeting is being held to~(이 회의는 ~하기 위해 개최되었습니다)라고 풀어서 설명할 수도 있습니다.

무엇에 관한 것인지 밝힐 때는 as for(~에 대해서 말하자면)를 사용하면 됩니다. 그 외에 with respect to(~에 대하여), as far as ~ is concerned(~에 관한 한) 등을 사용할 수도 있습니다.

대표표현 Let's share ideas and find ways to boost our sales.

모두 생각을 나누어 매출을 증진시킬 방안을 모색해 봅시다.

Instead of our usual weekly agenda, I'd like to discuss something else today.
매 주 하는 보통의 안건 대신, 오늘은 좀 다른 것을 논의하고 싶습니다.

We see this meeting as a solution.
우리는 이 회의를 해결책으로 보고 있습니다.

As for our sales, we need new clients.
매출에 관해서 말하자면 우리는 신규 고객이 필요합니다.

다음과 같은 시작 표현도 사용해 보세요.

We have two key topics to discuss today.
오늘 우리는 두 가지 주요 주제에 관해 논의합니다.

Okay, you know why we're here today.
오늘 왜 이 자리에 모였는지 아시죠?

상황 02 본론으로 들어갈 때

본론으로 넘어가는 자연스러운 표현을 사용합니다. Next만 반복하지 말고 move onto(~로 넘어가다), go over(~을 검토하다), get down to(~에 관심을 기울이다) 등의 표현을 사용하여 내용을 연결해 주세요.

대표표현 Alright, let's get down to business, shall we?

자, 그럼 본론으로 들어가도록 할까요?

Then, let me move onto the main part.
자, 그럼 본론으로 넘어가겠습니다.

Without further ado, let me go over the main agenda.
더 이상 시간 끌지 않고 주요 안건을 살펴보도록 하겠습니다.   • ado 야단법석, 소동

지난 회의에서 다뤘던 내용을 언급함으로써 회의의 연속성을 기하도록 합니다. 그럴 때 In/At our last meeting, we discussed~(지난번 회의에서 우리는 ~을 논의했습니다)를 활용하세요.

대표표현 We talked about our software at our last meeting.

우리는 지난번 회의에서 우리의 소프트웨어에 대해 이야기했습니다.

At our last meeting, we discussed what we should do next quarter in order to decrease production costs.
지난번 회의에서 생산 비용을 줄이기 위해 다음 분기에 무엇을 해야 하는지에 대해 논의했습니다.

I hope everyone can recall what we discussed in our last meeting.
지난번 회의에서 논의했던 것을 모두 기억하셨으면 좋겠네요.   • recall 기억해 내다

유인물이나 시각자료를 참고하여 언급하면 명확한 의사소통에 도움이 됩니다.

대표표현 **Everyone, please take a look at the screen in front of you.**

모두 앞쪽의 스크린을 봐주세요.

Please refer to page 12 of the handout.

유인물의 12페이지를 참조해 주세요.　　　　　　　　　　• handout (자료를 담아 배포하는) 인쇄물

As provided in the agenda, we have three things to talk about this morning.

안건에 나와 있듯이 오늘 오전에 세 가지 사항에 대해 이야기하겠습니다.

대표표현 **Please let Jake from the R&D team explain the details to us.**

연구 개발팀의 제이크 씨께서 자세히 설명하실 것입니다.

Please note that we will focus on only part 1 of the issues today.

오늘은 안건들의 첫 번째 파트만 집중해서 다룰 것임을 알려드립니다.

The prototypes of the product are available as you can see here.

여기에 보시다시피 상품의 시제품들이 준비되어 있습니다.　　　　• prototype 견본. 시제품. 원형

The R&D department will later provide the related documents to you.

연구 개발부에서 나중에 관련 자료를 제공해 줄 것입니다.

대표표현 **Let's take turns to comment on each other's ideas.**

돌아가면서 서로의 의견에 대해 논평하도록 합시다.

• take turns to 돌아가면서 ~하다, 교대로 ~하다

Let's go around and analyze the data.

돌아가면서 자료를 분석합시다.

Let's talk about what we're lacking.

우리에게 부족한 게 무엇인지에 대해 이야기해 봅시다.

시간이 없다면 다음과 같은 표현을 사용하세요.

As there's not a great deal of time, we are unlikely to be able to cover all these issues today. So let's focus on who the target market should be, and then time permitting, we can progress onto some of the other issues.

시간이 많지 않아서 오늘 이 모든 문제를 다 다룰 수 있을 것 같지 않네요. 그러니 누구를 목표 시장으로 해야 하는지를 집중적으로 보고, 그런 다음 시간이 허락되면 다른 사항으로 넘어가도록 하겠습니다.

1 이 회의는 우리의 신규 사업 계획에 관한 것입니다. meeting, business plan

2 우리의 주 목적은 망고 사와 바바 사의 합병에 관해 논의하는 것입니다.
objective, merger, Mango and Baba

3 매출에 관해서 말하자면 우리는 신규 고객이 필요합니다. as for, clients

4 자, 그럼 본론으로 들어가도록 할까요? get down, shall

5 모두 앞쪽의 스크린을 봐주세요. take a look

6 우리는 지난번 회의에서 우리의 소프트웨어에 대해 이야기했습니다. software, last

7 모두 생각을 나누어 매출을 증진시킬 방안을 모색해 봅시다.
share, find, boost our sales

모범 영작

❶ This meeting is about our new business plans.

❷ Our main objective is to discuss the merger between Mango and Baba.

❸ As for our sales, we need new clients.

❹ Alright, let's get down to business, shall we?

❺ Everyone, please take a look at the screen in front of you.

❻ We talked about our software at our last meeting.

❼ Let's share ideas and find ways to boost our sales.

여러분이 주인공이 되어
다음 대화를 영어로
완성하세요.

Speak! 📢

Emily

우리의 신규 프로젝트의 진행 상황을 보고하고자 오늘 회의를 소집했습니다.

❶

이 회의의 또 다른 목적은 우리가 직면한 문제점들에 대해 논의하는 것입니다.

❷

연구 개발팀의 제임스 씨께서 자세히 설명하실 것입니다.

❸

James

모두 앞쪽의 스크린을 봐주세요.

❹

지난번 회의에서 생산 비용을 줄이기 위해 다음 분기에 무엇을 해야 하는지에 대해 토론했습니다.

❺

지난번 회의에서 토론했던 것을 모두 기억하셨으면 좋겠네요.

❻

자, 그럼 본론으로 들어가도록 할까요?

❼

모범 영작

Emily ❶ We've called for today's meeting to report our progress in our new project.
  ❷ Another purpose of this meeting is to discuss the problems we've encountered.
  ❸ Please let James from the R&D team explain the details to us.

James ❹ Everyone, please take a look at the screen in front of you.
  ❺ At our last meeting, we discussed what we should do next quarter in order to decrease production costs.
  ❻ I hope everyone can recall what we discussed in our last meeting.
  ❼ Alright, let's get down to business, shall we?

08   의견 주고받기

이 프로젝트가 성공할 거라고 믿어요.

강의 및 예문듣기

업무에 관한 아이디어를 주고받는 회의를 'brainstorming 회의'라고 합니다. 업무 현황이나 정보를 공유할 때, 새로운 아이디어나 전략을 제시할 때, 의견을 묻거나 해결책을 제안할 때 사용할 수 있는 영어 표현을 살펴봅시다.

🎧 08-1.mp3

준비 단계
패턴 미리보기

의견을 주고받을 때 꼭 필요한 패턴 🤝

* 저희는 새로운 안건에 대한 회의를 시작할 준비가 되었습니다.
  We are ready to start the meeting about the new agenda.

* 저는 이 프로젝트가 성공할 거라고 믿어요.
  I believe this project will succeed.

* 여기에 덧붙일 사항이 있는 분 계신가요?
  Does anyone have something to add on this?

* 이 건은 나중에 다루도록 합시다.
  Let's deal with this case later.

1단계
핵심표현 익히기

회의할 때 유용한
표현들을 익히세요.

상황 01 **업무 현황을 공유할 때**

회의에서 업무 및 프로젝트의 현황을 알리고, 일정대로 잘 진행되고 있는지 체크하는 경우가 많습니다. 준비된 상황을 알릴 때는 be ready to(~할 준비가 되다)를 사용합니다.

대표표현 We **are ready to** start the meeting about the new agenda. 저희는 새로운 안건에 대한 회의를 시작할 준비가 되었습니다.

Everything **is ready for** the product launching day.
모든 것은 상품 론칭일에 맞추어 준비되어 있습니다.

We are working day and night to make sure everything goes well.
모든 것이 잘 돌아가게 하기 위해 밤낮으로 일하고 있습니다.

자신의 의견을 전달할 때는 I believe~나 I think~를 사용하세요. 또 뒤에 조동사 should(~해야 한다)를 사용하여 완곡하게 권고할 수도 있습니다.

대표표현 **I believe** this project will succeed.
나는 이 프로젝트가 성공할 거라고 믿어요.

We believe this project is an opportunity we don't want to miss.
저희는 이 프로젝트가 놓쳐서는 안 되는 기회라고 봅니다.

I think we should go ahead with the plan.
그 계획대로 진행해야 한다고 생각합니다.

자신이 이미 알고 있다고 말할 때는 형용사적인 표현인 be conscious of(~을 알고 있다)나 be aware of(~을 알고 있다)를 사용합니다.

대표표현 **I'm aware of** the situation at hand.
저는 당면한 상황을 알고 있습니다. • **at hand** (시간·거리상으로) 가까이에 (있는)

I'm quite aware of the Chinese market. 저는 중국 시장을 잘 알고 있습니다.

I'm conscious of our need to put more effort into strengthening our market share. 시장점유율을 강화하기 위해 더 많은 노력을 해야 한다는 것을 알고 있습니다.

대표표현 **As far as the schedule is concerned, I believe we are set.** 일정에 관해서 말씀 드리자면 저희는 준비되었다고 생각합니다.

❗ as far as ~ is concerned 대신 as for, regarding 등을 사용할 수도 있습니다.

Wimmer's Tip

개인적인 의견을 전할 때
자신의 의견을 겸손하면서도 정중하게 표현할 때는 In my opinion(제 의견은)이나 From my personal perspective(제 개인적인 견해로는)를 사용하세요.
In my opinion, this new business is a mistake.
제 생각에 이 신규 사업은 실수입니다.
From my personal perspective, we should go ahead with the plan.
제 개인적인 견해로는 계획대로 진행해야 한다고 봅니다.

Admittedly, there is still room for improvement.

인정하건대 아직 개선의 여지가 있습니다.

• admittedly 인정하건대

There are still plenty of opportunities for future development, so all is not lost.

아직 향후 개발을 위한 많은 기회가 있으니 기회를 다 놓친 것은 아닙니다.

상황 02 제안을 할 때

제안을 하라고 재촉할 때, 의견이 있는 사람을 찾을 때는 Does anyone have~? (~하는 분 계신가요?)를 사용하면 됩니다.

> **대표표현 Does anyone else have something to say about John's idea?** 존의 의견에 대해 할 말이 있는 분 계신가요?

Does anyone have something to add on this?

이 내용에 덧붙일 사항이 있는 분 계신가요?

Does anyone here need clarification on this matter?

이 건에 대해 설명이 필요하신 분 있나요?

• clarification 설명, 해명

제안을 할 때 조동사 have to를 사용하면 강하게 제안하는 표현이 되고, 조동사 should를 사용하면 약하게 권유하는 표현이 됩니다.

> **대표표현 We have to propose negotiations to solve these problems, or else we are going to lose this project.**
> 우리는 이 문제를 해결하기 위해 협상을 제안해야 합니다. 그렇지 않으면 이 프로젝트를 놓치게 될 것입니다.

We have to come up with a new plan.

새로운 계획을 생각해 내야 해요.

• come up with ~을 내놓다, 찾아내다

We should recognize this as a good opportunity.

우리는 이것을 좋은 기회로 인정해야 합니다.

Sooner or later, **we have to** deal with the problem.

조만간 이 문제를 다뤄야 합니다.

• sooner or later 조만간, 곧

> **대표표현 Our first attempt failed, so we have to propose a different method.**
> 우리의 첫 번째 시도가 실패했으니 우리는 다른 방법을 제안해야 합니다.

Since this is a complex matter, we have to propose more options.

이것은 복잡한 문제이기 때문에 우리는 더 많은 선택 사항을 제안해야 합니다.

Although this is not a complete or permanent solution, we should implement this as a temporary solution.
이것이 완벽하거나 영구적인 해결책은 아니지만, 우리는 임시방편으로서 이것을 시행해야 합니다.

제안을 할 때는 Let's ~(~합시다), Why don't we ~?(우리 ~하는 게 어때요?), Shall we ~?(~할까요?) 등도 자주 사용됩니다.

대표표현 **Let's deal with this case later.**   이 건은 나중에 다루도록 합시다.

○ Why don't we take care of this case later?

Shall we continue to move on to other important things?
계속해서 다른 중요한 건들로 넘어가 볼까요?

Now, let's focus on the presentation. 이제 발표에 집중하도록 하죠.

❗ focus on 대신 concentrate on(~에 집중하다), pay attention to(~에 주목하다)도 사용할 수 있어요.

By the way, we should discuss how to share the profits.
그런데 말이죠, 수익을 어떻게 나눌지에 관해서 논의해야 합니다.

의견을 제시할 때 '~하지 않으면 ~할 것이다'와 같이 가정법을 사용해서 말하면 좀 더 효과적으로 의견을 전달할 수 있습니다.

대표표현 **If we do not come up with a new plan, we might lose many employees.**
새로운 계획을 세우지 않으면 많은 직원들을 잃게 될지도 모릅니다.

We need to lower our price **lest** our competitor (should) dominate the market. 우리 경쟁사가 시장을 점령하지 않도록 우리의 가격을 내릴 필요가 있어요.

❗ lest는 '~하지 않게, ~하면 안 되니까'라는 뜻의 접속사예요. 일반 회화에서는 잘 쓰지 않지만, 비즈니스에서는 정중한 표현으로 사용합니다. lest 다음에 영국에서는 should를, 미국식 구어체에서는 가정법 현재를 쓰는 경우가 많습니다.

상황 03 **문제상황을 파악할 때**

누군가에게서 들은 내용을 전달할 때는 We were told ~(~라고 들었습니다)를 사용하면 좋습니다. 문제를 언급하는 경우 빙빙 둘러서 말하기보다는 정확히 설명하도록 합니다.

대표표현 **We were told** they were against the idea of merging their company with ours.

그들이 자기네 회사와 우리 회사의 합병 의견에 반대한다고 들었습니다.

I was told that we needed to complete the project before the end of the month.

월말이 되기 전에 그 프로젝트를 완료해야 한다고 들었습니다.

We were advised to stop the meeting immediately.

지금 당장 회의를 중단하라는 통지를 받았습니다.

We were taught to predict the market.

시장을 예측하라고 배웠습니다.

대표표현 **It lacked a lot of detailed planning, so as I expected, it didn't work out.**

세부적인 계획이 많이 부족했기 때문에, 제 예상대로 그것은 잘 되지 않았습니다.

• work out (일이) 잘 풀리다, 좋게 진행되다

As I explained earlier, the issue at hand is not the design.

전에 설명해 드렸듯이, 다급한 문제는 디자인이 아닙니다.

We can't ignore the fact that our total sales have been falling.

우리의 총 매출이 떨어지고 있다는 사실을 무시할 수 없습니다.

As far as we know, if we do not get the contract, it will be because of the higher price we quoted.

저희가 아는 바로는, 우리가 계약을 따내지 못한다면, 그것은 우리가 견적 낸 더 높은 가격 때문일 것입니다.

❗ as far as I/We know(제가/우리가 아는 바로는)는 전달받은 내용, 확실치 않거나 추측하는 사항을 설명할 때 유용합니다.

핵심 표현을 활용해
문장을 만들어 보세요.

1 나는 이 프로젝트가 성공할 거라고 믿어요. believe, succeed

🎤 ....

2 저희는 새로운 안건에 대한 회의를 시작할 준비가 되었습니다. ready, agenda

🎤 ....

3 이 내용에 덧붙일 사항이 있는 분 계신가요? anyone, something, add

🎤 ....

4 우리의 첫 번째 시도가 실패했으니 우리는 다른 방법을 제안해야 합니다.

attempt, propose, method

🎤 ....

5 이 건은 나중에 다루도록 합시다. deal with, case

🎤 ....

6 그들이 자기네 회사와 우리 회사의 합병 의견에 반대한다고 들었습니다.

be told, against, merging

🎤 ....

7 세부적인 계획이 많이 부족했기 때문에, 제 예상대로 그것은 잘 되지 않았습니다.

lack, detailed planning, work out

🎤 ....

모범 영작

1 I believe this project will succeed.

2 We are ready to start the meeting about the new agenda.

3 Does anyone have something to add on this?

4 Our first attempt failed, so we have to propose a different method.

5 Let's deal with this case later.

6 We were told they were against the idea of merging their company with ours.

7 It lacked a lot of detailed planning, so as I expected, it didn't work out.

여러분이 주인공이 되어
다음 대화를 영어로
완성하세요.

Speak! 📢))

 John 이 프로젝트는 놓쳐서는 안 되는 기회입니다.

❶ _____

 Helen 모든 것이 잘 돌아가게 하기 위해 밤낮으로 일하고 있습니다.

❷ _____

 John 월말이 되기 전에 그 프로젝트를 완료해야 한다고 들었습니다.

❸ _____

 Mike 일정에 관해서 말씀 드리자면 저희는 준비되었다고 생각합니다.

❹ _____

 John 이 내용에 덧붙일 사항이 있는 분 계신가요?

❺ _____

 Helen 우리의 첫 번째 시도가 실패하였으니 우리는 다른 방법을 제안해야 합니다.

❻ _____

세부적인 계획이 많이 부족했기 때문에, 제 예상대로 그것은 잘 되지 않았습니다.

❼ _____

 Mike 우리의 총 매출이 떨어지고 있다는 사실을 무시할 수 없습니다.

❽ _____

모범 영작

John ❶ This project is an opportunity we don't want to miss.

Helen ❷ We are working day and night to make sure everything goes well.

John ❸ I was told that we needed to complete the project before the end of the month.

Mike ❹ As far as the schedule is concerned, I believe we are set.

John ❺ Does anyone have something to add on this?

Helen ❻ Our first attempt failed, so we have to propose a different method.
　　　 ❼ It lacked a lot of detailed planning, so as I expected, it didn't work out.

Mike ❽ We can't ignore the fact that our total sales have been falling.

09

토론하기

이 합병 건에 대해 어떻게 생각하세요?

회사에서 토론을 진행할 때 분위기상 직급이 낮은 직원들은 좋은 아이디어가 있어도 쉽게 참여하지 못하는 경우가 있습니다. 따라서 진행자 혹은 상급자는 모든 직원들이 자유롭게 의견을 개진하도록 독려해줄 필요가 있습니다. 토론을 진행할 때 참석자들이 편하게 참여할 수 있도록 직접적으로 의견을 묻는 방법도 있습니다.

🎧 09-1.mp3

준비 단계

패턴 미리보기

토론할 때 꼭 필요한 패턴

* 이 합병 건에 대해 어떻게 생각하세요?
  What is your opinion on this merger deal?

* 한 말씀 드려도 될까요?
  May I say a word or two?

* 그쪽 의견도 이해하지만 그렇다고 문제가 해결되지는 않아요.
  I can see your point, but it doesn't solve the problem.

* 표결에 부치겠습니다.
  We will take a vote on it.

회의할 때 유용한
표현들을 익히세요.

상황 01 **의견을 물을 때**

What is your opinion?(당신 의견은 무엇입니까?) 하면서 직접적으로 의견을 물을 수도 있고, Do you think ~?(~라고 생각하나요?) 하면서 대답을 유도할 수도 있습니다.

대표표현 **What is your opinion on this merger deal?**

이 합병 건에 대해 어떻게 생각하세요?

Do you have any proposals to make?
제안하실 사항 없으신가요?

What would you say to my opinion?
제 의견에 대해 어떻게 생각하세요?

Could you explain more in detail?
좀 더 자세히 설명해 주시겠어요?

That is a good start. Any more ideas?
좋은 시작이군요. 의견 더 없으신가요?

That is an interesting idea. Let's have some more.
재미있는 의견이시네요. 의견을 더 받아보지요.

Wimmer's Tip

한 사람의 생각이나 한 가지 결론으로 성급하게 결정하기 전에 다른 사람의 의견을 들어보는 것을 get a second opinion이라고 표현합니다. I'll get a second opinion. 다른 의견도 알아보겠습니다.

대표표현 **Do you think it's possible to make a profit in this recession?**
이 불황에 수익을 내는 것이 가능하다고 생각하세요?

Can we continue this project?
이 프로젝트를 계속할 수 있을까요?

Can't you come up with any optimistic solutions on this matter?
이 건에 대한 긍정적인 해결 방안은 낼 수 없는 건가요?

What market do you believe we should be targeting for this product?
이 상품은 어떤 시장을 대상으로 삼아야 한다고 보시나요?

상황 02 **끼어들거나 제지할 때**

공식적인 회의라면 자기 의견을 갑자기 내놓기 전에 우선 발언이 가능한지 물어보는 것이 좋습니다. 특히 직급이 낮은 직원이 어려운 자리에서 발언하고 싶을 때 이렇게 물어보면 됩니다.

대표표현 **May I say a word or two?**
한 말씀 드려도 될까요?

May I interrupt? 제가 끼어도 되겠습니까?

🗨 May I please cut in here?

Could I please make a comment on that?
제가 그에 대한 의견을 말해도 될까요?

I'm sorry to interrupt you, but let me say a word or two.
말씀 중에 죄송하지만 한 마디 하겠습니다.

In conclusion, I would like to say a word or two.
마지막으로 한 말씀 드리겠습니다.

의견을 말하고 있는데 다른 사람이 끼어들 경우 누구나 불쾌할 수 있습니다. 그렇다고 버럭 화를 내기보다는 하던 말을 마무리하겠다며 상대를 제지하는 방법을 사용해 보세요.

대표표현 **I haven't finished what I was saying.**

아직 제 말이 끝나지 않았습니다.

Could you please let me finish? 제 얘기 좀 끝내게 해주시겠어요?

Wait a minute! If you don't mind, I'll just finish what I was saying.
잠시만요! 괜찮으시다면, 하던 말 좀 마저 끝낼게요.

상황 03 **의견을 제시할 때**

의견을 제시할 때 가장 쉽게 사용할 수 있는 표현은 I think ~로 시작하는 문장이지요.

대표표현 **I think we should strengthen our team spirit.**

우리는 팀워크를 강화해야 한다고 생각합니다.

I think that would be a great market to target.
그건 목표로 삼기에 좋은 시장인 것 같군요.

I think it's a great idea that the firm is expanding.
회사가 확장하는 것은 매우 좋은 생각이라고 봅니다.

I think that it would be a very productive consumer group to provide our services to.
우리가 서비스를 제공하기에 매우 생산적인 소비자 그룹일 거라고 생각합니다.

상대의 의견에 동의할 때는 맞장구를 치면서 동의를 표해 주세요. 동의를 나타내는 표현은 아주 다양합니다.

Wimmer's Tip

동의할 때 쓰는 표현
I'm in favor of that.
I agree with that.
I'll support you on that.
My point exactly.
That's what I was saying.
Yes, that backs up my point.
I'm for that.
Absolutely.

대표표현 You have a point.   좋은 의견이십니다.

That makes sense.
일리가 있는 말이군요.

I think it's a brilliant idea.
그거 좋은 생각이군요.

I have absolutely no objections.
반대의사 전혀 없습니다.

I understand why you would feel that way.
왜 그렇게 느끼시는지 이해합니다.

반대 의견을 말할 때는 상대가 기분 나빠하지 않도록 요령껏 말하는 방법이 있습니다. 우선 긍정적으로 얘기한 다음 but을 붙이는 방식이지요.

대표표현 I can see your point, but it doesn't solve the problem.
그쪽 의견도 이해하지만 그렇다고 문제가 해결되지는 않아요.

Wimmer's Tip

반대할 때 쓰는 표현
I don't agree with you.
It doesn't make any sense.
I'm against that.
I have to say "no" to that.

I see your point on that aspect, but I'm not convinced on this one.
그 점은 이해하지만 이 점에 대해서는 납득이 안 되네요.

I understand what you're saying, but I don't agree with it.
하시는 말씀 이해합니다만, 동의할 수는 없습니다.

I agree with you on that, but I am not totally sure whether project rescheduling is necessary.
그 점에 대해서는 동의하지만, 프로젝트 일정을 다시 짤 필요가 있는지에 관해서는 잘 모르겠네요.

I am personally against this idea of yours.
저는 개인적으로 당신의 이 아이디어에 반대합니다.

공식적인 결정을 내려야 하는 상황이라면 표결에 부치는 방법이 있겠지요. take a vote on ~(~에 관해 투표하다)이라는 표현을 사용하세요.

대표표현 We will take a vote on it. 표결에 부치겠습니다.

Raise your hands if you are in favor.
찬성하면 손을 들어주세요.

If you object, say "No."
반대하시는 분은 '아니요'라고 해 주세요.

좀처럼 합의가 되지 않는 사항의 경우 일단 넘어가고 다음에 논의하는 편이 나을 수도 있습니다.

대표표현 I think that we will have to leave this point for now and move on to the next item.
이 점은 우선은 그냥 두고 다음 항목으로 넘어가야 할 것 같습니다.

I think that we will have to continue this discussion at another meeting.
또 다른 회의에서 이 토론을 이어나가야 할 것 같습니다.

I would now like to use the remainder of our time for an open discussion on this issue.
남은 시간은 이 문제에 대해 공개토론을 하는 데 쓰도록 하겠습니다.

• remainder 나머지

Wimmer's Tip

양쪽의 의견을 듣기도 전에 너무 성급하게 찬성하거나 반대하지 않도록 주의하세요. 토론에는 정답이 없기 때문에 어떤 의견이든 중요한 이유가 있기 마련입니다. 따라서 양측의 의견을 경청하고 충분히 검토할 시간을 가지도록 하세요.

핵심 표현을 활용해
문장을 만들어 보세요.

① 좋은 시작이군요. 의견 더 없으신가요?　start, idea

🎤 _____

② 한 말씀 드려도 될까요?　may, word

🎤 _____

③ 아직 제 말이 끝나지 않았습니다.　finish, what

🎤 _____

④ 표결에 부치겠습니다.　take a vote

🎤 _____

⑤ 우리는 팀워크를 강화해야 한다고 생각합니다.　strengthen, team spirit

🎤 _____

⑥ 왜 그렇게 느끼시는지 이해합니다.　understand, feel

🎤 _____

⑦ 저는 개인적으로 당신의 이 아이디어에 반대합니다.　personally, against

🎤 _____

> **모범 영작**
>
> ❶ That is a good start. Any more ideas?
>
> ❷ May I say a word or two?
>
> ❸ I haven't finished what I was saying.
>
> ❹ We will take a vote on it.
>
> ❺ I think we should strengthen our team spirit.
>
> ❻ I understand why you would feel that way.
>
> ❼ I am personally against this idea of yours.

여러분이 주인공이 되어
다음 대화를 영어로
완성하세요.

Speak! 📢

 John
좋은 시작이군요. 의견 더 없으신가요?
❶ _____

 Helen
회사가 확장하는 것은 매우 좋은 생각이라고 봅니다.
❷ _____

 Mike
이 불황에 수익을 내는 것이 가능하다고 생각하세요?
❸ _____

그쪽 의견도 이해하지만 그렇다고 문제가 해결되지는 않아요.
❹ _____

 Helen
제가 그에 대한 의견을 말해도 될까요?
❺ _____

 John
이 점은 우선은 그냥 두고 다음 항목으로 넘어가야 할 것 같습니다.
❻ _____

 Helen
제 얘기 좀 끝내게 해주시겠어요?
❼ _____

모범 영작

John	❶ That is a good start. Any more ideas?
Helen	❷ I think it's a great idea that the firm is expanding.
Mike	❸ Do you think it's possible to make a profit in this recession?
	❹ I can see your point, but it doesn't solve the problem.
Helen	❺ Could I please make a comment on that?
John	❻ I think that we will have to leave this point for now and move on to the next item.
Helen	❼ Could you please let me finish?

10

회의 종료하기

질문이 하나 더 있습니다.

강의 및 예문듣기

회의를 종료할 때는 시간에 쫓기어 대충 마무리 짓지 말고 진행자가 지금까지 언급된 사항을 요약 정리해 주는 것이 좋습니다. 회의의 안건에 대해 결론을 내리고 질의응답으로 자연스럽게 넘어갑니다. 또 미처 다루지 못한 점에 대해 언급하고 다음 회의 일정을 잡습니다.

🎧 10-1.mp3

준비 단계

패턴 미리보기

회의를 종료할 때 꼭 필요한 패턴 🤝

* 아이디어를 제안해 주셔서 고맙습니다.
  Thank you for putting your ideas forward.

* 마지막 의견이나 문의사항 있으신지요?
  Are there any final comments or concerns?

* 시간이 괜찮으시다면 질문이 하나 더 있습니다.
  I have another question, if you have time.

* 끝으로 핵심사항들을 기억하셨으면 합니다.
  In closing, I would like you to remember the key points.

상황 01 **회의를 마무리할 때**

회의 참석에 대한 감사 인사를 전합니다. 이때는 appreciate와 같은 격식 있는
표현보다 thank you라고 하는 것이 더 자연스럽습니다.

대표표현 **Thank you for putting your ideas forward.**

아이디어를 제안해 주셔서 고맙습니다.　• put forward 제안하다, 내세우다

Thank you all very much for offering your ideas and opinions on the issues
discussed at this morning's meeting.
오늘 아침 회의에서 논의했던 사항에 관해 아이디어와 의견을 제시해 주셔서 무척 감사드립니다.

Thank you very much for everyone's points of view on the matters discussed
here this morning.
오늘 아침 이 자리에서 논의했던 사항에 관한 여러분의 견해에 대해 큰 감사드립니다.

I hope, I am hopeful 등의 표현으로 미래에 대한 긍정적인 희망사항을 공유
하며 회의를 마무리 짓습니다. 또 시간 관계상 다음 회의로 미뤄야 할 안건도 알
려줍니다.

대표표현 **I hope everyone has a clear idea of what needs to be
done over the next two weeks.**

다들 다음 2주간 해야 할 일에 대해 확실히 이해하고 있기를 바랍니다.

I'm hopeful that all members of this project team will be able to work
productively together on this new challenge.
이 프로젝트 팀의 모든 팀원들이 이 새로운 도전을 위해 생산적으로 함께 일할 수 있기를 바랍니다.

I think that there is still a lot more to discuss on this issue next time around.
다음 기회에 이 문제에 대해 토론할 사항이 아직도 많다고 생각합니다.

Wimmer's Tip

마지막 의견 교류하기
혹시 발표할 기회를 놓쳤거
나 의문점이 있는 참가자에
게 마지막으로 발언의 기회
를 제공하는 세심함을 보이
세요. Does anyone have
any questions? 혹은 Does
anyone have any further
comments on ~?과 같이 물
으면 됩니다.

상황 02 **질의응답 시간을 가질 때**

회의를 마무리 짓기 전에 질의응답 시간을 갖는 경우가 있습니다. 특정 주제에
관해 언급하면서 질문을 유도할 수도 있습니다. 시간 관계상 질의응답은 생략해
도 무방합니다.

대표표현 **Are there any final comments or concerns?**

마지막 의견이나 문의사항 있으신지요?

Do you have any last comments on our decision?
저희 결정에 대한 마지막 의견이 있습니까?

Does anyone want to add anything to our conclusion?
저희 결론에 추가하고 싶은 사항 있습니까?

Does anyone have any further comments on the launch of our new product?
저희 신상품 출시에 대한 추가 의견 있습니까?

회의를 진행할 때 무반응만큼 진행자를 힘들게 하는 것이 없습니다. 의견이 없다면 없다고 말하고, 질문이 있다면 남의 눈치를 보지 말고 당당하게 물어보세요.

대표현 **I have another question, if you have time.**

시간이 괜찮으시다면 질문이 하나 더 있습니다.

Not at this stage, thanks. 지금 단계에서는 없습니다. 감사합니다.
⊖ Not at the moment, thanks.
⊖ No, nothing more at present, thanks.

No, I think everything's been covered, thanks.
아니요. 다 다룬 것 같습니다. 감사합니다.

No, I have nothing new to add, thanks.
아니요. 새롭게 추가할 사항 없습니다. 감사합니다.
⊖ No, I don't have anything more to contribute, thanks.

대표현 **Could you elaborate on the additional costs?**

추가 비용에 대해 상세하게 설명해 주시겠습니까? • elaborate on ~을 아주 자세히 말하다

Where were you able to get all the data?
그 모든 자료를 어디에서 입수했나요?

Can I ask you something personal if you don't mind?
괜찮으시다면 개인적인 것을 여쭤 봐도 될까요?

If you have any more ideas, feel free to email me any time.
의견이 더 있으시면 주저 말고 언제든 저에게 이메일 보내세요.
⊖ If you have any more ideas, do not hesitate to send them via email.

바로 결정을 내리기 힘든 안건이라면 생각해 보겠다고 하거나 귀추를 보고 결정하겠다고 하세요.

대표현 **Let me think about it for a few days.** 며칠 동안 생각 좀 해볼게요.

Let me see what happens. 상황을 좀 지켜보지요.

Let's see how things turn out before we decide.
귀추를 보고 결정하지요.

Let's wait and see how it turns out.
결과가 나올 때까지 두고 봅시다.

I am sorry, but that information is still confidential.
미안합니다만, 그 정보는 아직 대외비입니다.

상황 03 ▶ **결론을 내리고 회의를 마칠 때**

전반적인 회의 내용을 요약해 주고, 참석자의 의견을 반영하여 결론을 내립니다. 회의의 종료를 안내하면서 자연스럽게 마무리 짓습니다. 결론을 설명하는 표현인 in conclusion(결론적으로), in sum(요컨대), in short(요컨대) 등으로 시작하세요.

대표표현 **In conclusion, we should expect great things in the next five years.**

결론적으로 우리는 향후 5년 동안 대단한 일들을 기대할 수 있을 것입니다.

From this meeting, we found out what we really think about this complication.
이 회의를 통해 우리는 이 문제에 대해 우리가 어떻게 생각하고 있는지 알게 되었습니다.

• complication 까다로운 문제, 골칫거리

We came to the conclusion that we need to involve the Technical Assistance Center to consult with us on our security policies.
우리의 보안정책을 상담하기 위해 기술원조센터의 참여가 필요하다고 결론을 내렸습니다.

• come to the conclusion 결론을 내리다

We decided that China is a saturated market that can no longer be exploited.
우리는 중국은 더 이상 개척할 수 없는 포화 시장이라는 결정을 내렸습니다.

• saturated 포화된 • exploit 개척하다

대표표현 **In closing, I would like you to remember the key points.**
끝으로 핵심 사항들을 기억하셨으면 합니다.

After careful consideration, we decided that the matter is not urgent.
심사숙고 끝에 이 안건은 급하지 않다고 결정했습니다.

We have reached an agreement on paid vacations.
우리는 유급휴가에 관해 합의를 이뤘습니다.

대표표현 **At our next meeting, we will discuss marketing strategies.**   다음 회의에서 마케팅 전략들에 대해 논의하겠습니다.

The information will be emailed to you to check.
여러분이 확인해 보실 수 있도록 자료는 이메일로 보내드릴 것입니다.

I'll brief you on the nuts and bolts at lunchtime.
점심시간에 기초적인 사항들에 대해 알려 드리겠습니다.   • nuts and bolts 기본, 요점

I'll update you on the details. 세부사항에 관해 업데이트해 드리겠습니다.

회의를 종료한다는 뜻으로 wrap up(마무리 짓다), adjourn(종결짓다) 등을 사용하며 회의를 마치세요.

대표표현 **Okay then, we'll wrap this meeting up now.**
자, 그럼 오늘 회의는 여기서 마치도록 하지요. • wrap ~ up (회의 등을) 마무리 짓다

⊜ Let's wrap things up then.   • proceedings 행사, 일련의 행위들
⊜ Well then, we'll adjourn the proceedings for now.

Let's wrap up by giving a big round of applause to our guest speaker.
초청 연사에게 큰 박수를 보내며 (이 회의를) 마칩시다.

Keep me posted on this issue.
이 사항에 관해 계속 전달해 주세요.

Enough said. Let's finish the meeting.
충분히 얘기했으니 회의를 마치도록 합시다.

Wimmer's Tip

회의를 종료할 때
격식을 갖출 필요 없는 소규모 회의라면 Let's finish here. 혹은 Let's call it a day. 등의 표현으로 회의를 마무리합니다. 격식을 갖춘 대규모 회의의 경우 I declare this meeting adjourned.와 같이 말하며 마무리합니다.

2단계
문장 만들기

핵심 표현을 활용해
문장을 만들어 보세요.

❶ 아이디어를 제안해 주셔서 고맙습니다.   put, forward

🎙 ....

❷ 다음 기회에 이 문제에 대해 좀 더 토론할 사항이 아직도 많다고 생각합니다.

discuss, issue, around

🎙 ....

❸ 마지막 의견이나 문의사항 있으신지요?   comment, concern

🎙 ....

❹ 시간이 괜찮으시다면 질문이 하나 더 있습니다.   another, have

🎙 ....

❺ 추가 비용에 대해 상세하게 설명해 주시겠습니까?   elaborate, additional cost

🎙 ....

❻ 결론적으로 우리는 향후 5년 동안 대단한 일들을 기대할 수 있을 것입니다.

conclusion, expect, next

🎙 ....

❼ 끝으로 핵심 사항들을 기억하셨으면 합니다.   closing, remember, key points

🎙 ....

모범 영작

❶ Thank you for putting your ideas forward.

❷ I think that there is still a lot more to discuss on this issue next time around.

❸ Are there any final comments or concerns?

❹ I have another question, if you have time.

❺ Could you elaborate on the additional costs?

❻ In conclusion, we should expect great things in the next five years.

❼ In closing, I would like you to remember the key points.

3단계
실전 연습

여러분이 주인공이 되어
다음 대화를 영어로
완성하세요.

Speak! 📢

Michelle

아이디어를 제안해 주셔서 고맙습니다.
1 ....

다음 기회에 이 점에 대해 좀 더 토론할 내용이 많다고 생각합니다.
2 ....

마지막 의견이나 견해 있으신지요?
3 ....

Lewis

시간이 괜찮으시다면 질문이 하나 더 있습니다.
4 ....

추가 비용에 대해 상세하게 설명해 주시겠습니까?
5 ....

Michelle

미안합니다만, 그 정보는 아직 대외비입니다.
6 ....

이것은 말해 드릴 수 있어요. 우리는 향후 5년 동안 대단한 일들을 기대할
수 있을 것입니다.
7 ....

자, 그럼 오늘 회의는 여기서 종결짓도록 하지요.
8 ....

모범 영작

Michelle **1** Thank you for putting your ideas forward.
2 I think that there is still a lot more to discuss on this issue next time around.
3 Are there any final comments or concerns?

Lewis **4** I have another question, if you have time.
5 Could you elaborate on the additional costs?

Michelle **6** I am sorry, but that information is still confidential.
7 I can tell you this. We should expect great things in the next five years.
8 Well then, we'll adjourn the proceedings for now.

내가 원하는 것을
얻어 내는

계약·협상 영어

해외로 사업을 펼쳐나가기 위해 전화와 회의를 통해 기초를 다졌다면, 이제는 바이어 및 고객과 직접 대면하여 계약을 성사시키는 협상 단계에 이르게 됩니다. 협상은 테이블에서 만나면서 시작되는 것이 아니라 사전에 이메일, 전화 등을 통해 의견 및 서류를 교환하고, 이를 기반으로 한 계약 체결의 마지막 단계라고 볼 수 있지요. 중요 사항을 전달하고 조건 협상에 필요한 표현들을 자유롭게 구사하려면 전략적으로 준비할 필요가 있습니다. 이번 마디에서는 협상을 시작하는 단계부터 협상을 마무리하는 단계까지 계약 체결에 필요한 표현을 정리해 드립니다.

11

성공적인 논의가 이루어지기를 기대합니다.

강의 및 예문듣기

협상을 시작하기에 앞서 안건을 정리하고 참여자들 간에 인사를 나누는 것은 회의의 형식과 비슷합니다. 협상 상대의 경우 기존에 지속적으로 만남을 가졌거나 이미 여러 번 의사소통을 해 온 경우가 많기 때문에 공식적인 인사보다는 자연스러운 인사를 나누고, 협상 주제에 관해 언급하면서 시작합니다. 협상 시작에 필요한 인사 표현 및 아이디어 전개 표현을 살펴봅시다.

🎧 11-1.mp3

준비 단계

패턴 미리보기

협상을 시작할 때 꼭 필요한 패턴 🤝

* 저희 본사를 방문해 주신 여러분 모두를 기쁜 마음으로 환영합니다.
  I am very glad to welcome all of you to our head office.

* 저는 오늘 생산적인 논의가 이루어지기를 기대합니다.
  I am looking forward to a very fruitful discussion today.

* 현재 상황의 개요를 소개하면서 시작해도 될까요?
  Could I start by presenting a rundown of our current status?

* 이 프로젝트를 함께할 최고의 회사를 찾고 있는 중입니다.
  We have been looking for the best company to partner with on this project.

상황 01 🔵 **환영인사를 할 때**

협상 대상자는 이미 몇 번 만났거나 자주 연락을 하는 사이기 때문에 공식적인 인사보다는 자연스러운 환영의 인사를 하는 것이 좋습니다. 참석에 대한 감사를 전하고 음료를 대접하는 등 호의적인 표현을 건네도록 합니다.

대표표현 **Hello, Mr. Kim! Please come in.**   안녕하세요, 미스터 김! 들어오세요.

Welcome! You've come a long way. Come in and take a seat.
환영합니다! 먼 걸음 하셨네요. 들어와서 앉으세요.

Thank you for coming all the way down here.
여기까지 먼 걸음 해주셔서 감사합니다.

I'm Brad Seo, and this is my colleague Sean Lee.
저는 브레드 서이고, 이쪽은 제 동료 션 리입니다.

❗ 자기소개와 함께 동료나 회사 관계자를 소개해 주세요.

Please have a seat and help yourself to something to drink.
앉아서 음료수 좀 드세요.

자신이 어디를 대표하고 있는지 나타낼 때 on behalf of(~을 대신[대표]하여) 뒤에 회사나 소속 단체의 이름을 넣어 주면 자연스럽습니다.

대표표현 **On behalf of Areal, I am very glad to welcome all of you to our head office.**
    Areal을 대표하여 저희 본사를 방문해 주신 여러분 모두를 기쁜 마음으로 환영합니다.

On behalf of our Chief Executive Officer Mr. Kim Jeong-hoon, I will lead this meeting.
저희 김정훈 사장님을 대신하여 제가 이 회의를 진행하겠습니다.

On behalf of our team, let me introduce our team members.
저희 팀을 대신하여 제가 저희 팀원들을 소개하겠습니다.

On behalf of SBX, I welcome all of you.
SBX사를 대표하여 여러분 모두를 환영합니다.

상황 02 🔵 **협상의 시작을 알릴 때**

자연스럽게 협상의 주제로 넘어가면서 안건에 대해 간략히 소개해 주세요. look forward to(~을 기대한다)를 활용하여 이번 협상에 대한 기대감을 표현하세요.

[대표표현] **Let's move to today's discussion, and I am looking forward to a very fruitful discussion today.**

오늘의 논의로 넘어가지요. 저는 오늘 매우 생산적인 논의가 이루어지기를 기대합니다.

We're all looking forward to getting this new joint venture started.
우리 모두는 이 새로운 합작 투자가 시작되기를 고대합니다.

We have several topics to address, so why don't we get started?
다뤄야 할 주제가 몇 가지 있습니다. 시작하는 것이 어떻겠습니까?

공식적인 협상 자리에서는 너무 단도직입적으로 부탁하거나 제안하는 것이 어려울 수 있습니다. 그런 경우 조심스럽게 양해를 구하는 의미로 if you don't mind(괜찮으시다면)를 넣어 문장을 만들 수 있습니다.

[대표표현] **If you don't mind, could I start by presenting a rundown of our current status?**

괜찮으시다면 현재 상황의 개요를 소개하면서 시작해도 될까요?

• rundown 설명, 보고, 요약 • current status 현황

If you don't mind, could you present your project schedule first?
괜찮으시다면 귀사의 프로젝트 일정을 먼저 알려주실 수 있을까요?

If you don't mind, could we finish this session before 4 p.m.?
괜찮으시다면 이 협상을 오후 4시 전까지 마칠 수 있을까요?

If you don't mind, could my assistant attend this meeting with me?
괜찮으시다면 제 조수가 저와 함께 이 회의에 참석해도 될까요?

인사와 small talk를 어느 정도 나눴다면 잡담이 너무 길어지지 않도록 본론으로 자연스럽게 안내해 줍니다.

[대표표현] **We have got a very full agenda, so we'd better get started now.**

안건이 꽉 차 있기 때문에 지금 시작하는 게 좋겠습니다.

We are short of time, so let's get started.
시간이 부족하니 시작하죠.

I think we've had enough small talk. Let's get back to business.
얘기는 많이 나눈 것 같네요. 자, 본론으로 돌아가지요.

Alright. Are we all ready to get back to our main issue for today?
좋습니다. 모두 오늘의 본론으로 들어갈 준비가 되셨는지요?

Wimmer's Tip

협상 포인트 제시하기

협상을 시작할 때 상대방이 관심을 갖고 협상에 참여할 수 있도록 협상 포인트를 요약하여 제시해 줍니다. 준비 없이 협상에 임했다가는 포인트를 어필하기는커녕 내용 자체를 잊어버리거나 삼천포로 빠지기 쉽습니다.

안건 및 견해를 소개할 때

협상의 목적 및 안건 등을 소개하며 시작하세요.

> **대표표현 I'd like to start by saying a few words about today's meeting and what we expect to achieve.**
>
> 오늘 회의에 관해, 그리고 저희가 이루고자 하는 사항에 관해 간단히 말씀 드리면서 시작하고 싶습니다.

Let me start by clarifying our point of view.
저희의 견해를 밝히며 시작하겠습니다.

Allow me to explain what this meeting is about, and then we will move on to the discussion.
제가 이 회의가 무엇에 관한 것인지 말씀 드린 다음 토론으로 들어가겠습니다.

협상에 대한 기대, 이루고 싶은 사항, 협상을 잘 이행하고자 하는 의지 등을 표명하면서 협상이 긍정적인 방향으로 진행될 수 있도록 유도합니다.

> **대표표현 We have been looking for the best company to partner with on this project.**
>
> 이 프로젝트를 함께할 최고의 회사를 찾고 있는 중입니다.

So far, your company is the strongest candidate for this joint venture.
아직까지는 귀사가 이 합작 투자사업에 가장 강력한 후보입니다.

We are looking for a company which has the same vision as ours for this project.
우리는 이 프로젝트에 우리와 같은 비전을 갖고 있는 회사를 찾고 있습니다.

What we hope to do today is find enough common ground to enter into a business partnership with you.
오늘 귀사와 함께 공동사업을 할 수 있을지에 관한 충분한 공감대를 찾고 싶습니다.

• common ground 공통되는 기반, 공통점

> **대표표현 As we are all aware, we are here to find some common ground.**
> 우리 모두 알다시피 우리는 공감대를 찾고자 이 자리에 모였습니다.
>
> ❗ As we are all aware나 As we all know는 알고 있는 사항에 대해 언급하면서 공감대를 형성할 때 사용합니다. you know(당신이 알다시피)는 격식 있는 자리에서는 다소 무례하게 들릴 수 있으니 주의하세요.

As we all know, we are here today to try and reach an agreement concerning our joint venture agreement.
우리 모두 알다시피 오늘 우리는 우리의 합작 투자사업 협정에 관해 합의에 도달하고자 모였습니다.

Wimmer's Tip

우호적인 분위기를 이끄는 방법

협상을 진행하기 전에 주최측이나 진행자가 긍정적인 코멘트를 주어 좋은 협상결과를 바라는 희망을 전합니다.

Before we go any further, I'd just like to say how strongly I feel that it's in both our interests to reach an agreement today.
먼저 들어가기에 앞서 오늘 합의를 이루는 것이 양측이 바라는 점이라는 것을 저도 확실하게 이해하고 있다고 말씀 드리고 싶습니다.

As you know, we are here today to brainstorm some alternatives to our agreement.

아시다시피 오늘 우리는 우리 협의안의 대안을 브레인스토밍하고자 합니다.   · alternative 대안

전반적인 협상 내용을 살펴봤다면 이제 첫 번째 안건부터 순서대로 다루도록 하세요. Then(그러면)처럼 대화의 흐름을 연결하는 표현을 넣어 주면 자연스럽습니다.

> **대표표현** **Then let's have a look at your pricing proposals.**
>
> 그럼 귀사의 가격 제안을 살펴봅시다.

Okay then, let's take a look at some alternatives to your offer.

좋아요. 그럼 귀사의 제안에 관련하여 다른 대안을 살펴봅시다.

As you suggested earlier, let's begin with our requirements for a dumping charge.

앞서 제안하셨던 것처럼 덤핑 요금에 대한 우리의 요구사항부터 시작하지요.

1 Areal을 대표하여 저희 본사를 방문해 주신 여러분 모두를 기쁜 마음으로 환영합니다.

on behalf of, welcome, head office

🎤 ....

2 저는 오늘 매우 생산적인 논의가 이루어지기를 기대합니다.

discussion, look forward to, fruitful

🎤 ....

3 괜찮으시다면 현재 상황의 개요를 소개하면서 시작해도 될까요?

mind, present, rundown, current status

🎤 ....

4 안건이 꽉 차 있기 때문에 지금 시작하는 것이 좋겠습니다.   agenda, better

🎤 ....

5 이 프로젝트를 함께할 최고의 회사를 찾고 있는 중입니다.   look for, partner with

🎤 ....

6 우리 모두 알다시피 우리는 공감대를 찾고자 이 자리에 모였습니다.

aware, common ground

🎤 ....

7 그럼 귀사의 가격 제안을 살펴봅시다.   have a look at, pricing proposal

🎤 ....

모범 영작

❶ On behalf of Areal, I am very glad to welcome all of you to our head office.

❷ I am looking forward to a very fruitful discussion today.

❸ If you don't mind, could I start by presenting a rundown of our current status?

❹ We have got a very full agenda, so we'd better get started now.

❺ We have been looking for the best company to partner with on this project.

❻ As we are all aware, we are here to find some common ground.

❼ Then let's have a look at your pricing proposals.

🎧 11-4.mp3

3단계

실전 연습

여러분이 주인공이 되어
다음 대화를 영어로
완성하세요.

Speak! 🔊

 Chris

안녕하세요, 미스터 김! 들어오세요. 여기까지 먼 걸음 해주셔서 감사드립니다.

❶ _____

 Mr. Kim

잘 지내시죠? 이쪽은 제 동료 션 리입니다.

❷ _____

 Chris

Areal을 대표하여 저희 본사를 방문해 주신 여러분 모두를 기쁜 마음으로 환영합니다.

❸ _____

우리 모두는 이 새로운 합작 투자가 시작되기를 고대합니다.

❹ _____

 Mr. Kim

좋습니다. 저희의 견해를 밝히며 시작하겠습니다.

❺ _____

우리는 이 프로젝트에 우리와 같은 비전을 갖고 있는 회사를 찾고 있습니다.

❻ _____

 Chris

우리 모두 알다시피 우리는 공감대를 찾고자 이 자리에 모였습니다.

❼ _____

 모범 영작

Chris ❶ Hello, Mr. Kim! Please come in. Thank you for coming all the way down here.

Mr. Kim ❷ How are you? This is my colleague, Sean Lee.

Chris ❸ On behalf of Areal, I am very glad to welcome all of you to our head office.
❹ We're all looking forward to getting this new joint venture started.

Mr. Kim ❺ All right. Let me start by clarifying our point of view.
❻ We are looking for a company which has the same vision as ours for this project.

Chris ❼ As we are all aware, we are here to find some common ground.

12

협상 전개하기

귀사의 컨설팅 비용은 좀 비싼 편이더군요.

강의 및 예문듣기

이제 협상을 본격적으로 전개해 나갑니다. 안건을 단계별로 풀어나가야 한다는 점을 기억하세요. 협상을 전개할 때 가능한 상대가 수용할 수 있는 범위에서 정확한 정보와 근거자료를 제시해 주면 설득력을 향상시킬 수 있습니다. 협상의 절차를 안내할 때, 가격을 제안하고 비교할 때 필요한 표현을 익혀 봅시다.

🎧 12-1.mp3

준비 단계

패턴 미리보기

협상을 전개할 때 꼭 필요한 패턴 🙌

* 다음 단계는 무엇이죠?
  What's the next step?

* 저희에게 좋은 가격을 제안해 주셨으면 합니다.
  We would need you to give us a good price.

* 저희는 귀사의 컨설팅 비용이 좀 비싼 편이라고 생각해요.
  We figure your consulting fees are a little on the high side.

* 어떤 점에서는 맞는 말씀이긴 하지만 질적인 측면에서 보시기 바랍니다.
  Well, that may be true in some respect, but look at it from a qualitative point of view.

협상할 때 유용한
표현들을 익히세요.

상황 01 **협상 절차를 안내할 때**

협상 과정에서 다음 순서를 문의할 때는 What's next ~?(다음 ~은 뭐죠?)를 사용하고, 단계를 설명할 때는 step, phase 등의 명사를 사용합니다.

> **대표표현** **What's the next step?**   다음 단계는 무엇이죠?

What's next on the agenda? 다음 안건은 무엇이죠?

What's our next move? 다음 단계는 무엇인가요?

What's the next point? 다음 사항은 무엇인가요?

자신의 생각을 정중하게 표현할 때는 From my perspective(제 견해로는, 제 입장에서는)나 In my opinion(제 생각에는), My view is that~(제 견해는 ~입니다) 등을 사용하면 좋습니다.

> **대표표현** **From my perspective, phase two should accomplish three things.**   제 견해로는 두 번째 단계에서 세 가지 사항을 완수해야 합니다.
> • perspective 관점, 견해

From my perspective, we shouldn't have signed the deal in the first place.
제가 보기에는 우리는 우선 그 계약에 서명해서는 안 됩니다.

Okay, **in my opinion**, phase one should take no longer than one month.
네, 제 생각에 1단계는 한 달을 넘지 않아야 합니다.

상황 02 **가격을 정할 때**

가격을 정하기 위해 협상을 할 때는 일반적으로 가격 인하를 요구하기보다는 상대의 상황을 고려하여 예의 바르게 문의하거나 가격 인하에 따른 조건을 제시해 주도록 합니다.

> **대표표현** **What kind of discount could you offer?**
>   어느 정도의 할인을 제시해 주실 수 있습니까?

Is there any way we could get a discount? 저희가 할인을 받을 방법이 없을까요?

Would it be possible to get a discount? 할인을 받는 게 가능할까요?

We would need you to give us a good price. 저희에게 좋은 가격을 제시해 주셨으면 합니다.

가격 인하에 대한 조건을 같이 제시합니다. 협상에서 거저 주는 것은 없습니다.

대표표현 **Would you agree to a 10 percent discount if we covered all the installation costs?**

만약 저희 측에서 모든 설치 비용을 댄다면 10% 할인에 동의하시겠어요?

A discount is possible if you agree to pay for the shipping costs.
선적 비용을 부담하는 데 동의하신다면 가격인하가 가능합니다.

So, to confirm: we will give you an 8 percent discount, but you pay all the shipping costs and handle the installation.
그럼 확인하자면, 저희가 8%를 할인하면 그쪽에서 선적비를 부담하고 설치를 해결하신다는 거네요.

상황 03 **비교할 때**

선택사항 중 비교해서 결정해야 할 때는 A와 B의 차이를 언급한 후 선호하는 선택사항을 알려줍니다. 옵션을 제안하는 경우 propose(제안하다), suggest(제안하다) 같은 동사를 사용하세요.

대표표현 **We suggest the middle ground between Option A and Option B.**

저희는 옵션 A와 B 사이의 중간 지점을 제안합니다.

We propose a level of support between Option A and Option B.
저희는 옵션 A와 옵션 B 사이의 어느 정도의 지원을 제안합니다.

❗ 동사 propose(제안하다)는 협상, 회의 등 공식적인 자리에서 새로운 의견을 제시할 때 유용하게 쓰입니다.

We would like to propose a combination of Option A and Option B.
저희는 옵션 A와 B의 조합을 제안하고 싶습니다.

Option A is a little expensive, and Option B holds too many risks.
옵션 A는 약간 비싸고, 옵션 B는 너무 많은 위험요소를 갖고 있습니다.

대표표현 **With Option B, you pay $1,500 per each ten-hour project.**

옵션 B는 10시간짜리 프로젝트당 $1,500달러를 지불하는 것입니다.

With Option A, there is a fixed monthly fee of $4,500 for all technical consulting and customer surveys we conduct for market research.
옵션 A는 월정액 4,500달러로 모든 기술컨설팅과 시장조사를 위해 실시하는 고객 설문을 포함합니다.

* conduct (특정한 활동을) 하다

Option A is actually more economical as we will work mostly on long-term projects. 우리는 주로 장기적인 프로젝트를 다룰 것이기 때문에 옵션 A가 사실 더 경제적이지요.

Option A is what we have decided to go with.
저희는 옵션A로 결정했어요.

Well, **we figure** your service charge is slightly over the industry average.
음, 귀사의 서비스 비용은 업계 평균가에 비해 약간 비싸더군요.

Well, **we found** your prices to be on the high side compared to your main competitor's.
음, 귀사의 가격은 주요 경쟁사와 비교해서 높은 편이라는 것을 알게 됐어요.

상황 04 설득하고 설명할 때

상대의 가격인하 요구에 그대로 순응할 것이 아니라, 가격의 합리성을 논리적으로 설명해 줘야 합니다. 다른 경쟁사보다 가격이 비싼 이유를 서비스의 질적인 면, 차별화된 재료 등의 이유를 들어서 설명할 수 있습니다. From ~ point of view(~의 측면에서)는 근거자료나 어떤 기반을 중심으로 상황 설명을 할 때 유용한 표현입니다.

대표표현 **Well, that may be true** in some respect, **but look at it from** a qualitative point of view.
글쎄요, 어떤 점에서는 맞는 말씀이긴 하지만 질적인 측면에서 보시기 바랍니다.
• qualitative 질적인

Well, that may be true from that perspective, **but look at it from** a marketing perspective.
글쎄요, 그런 측면에서는 맞는 말씀이긴 하지만 마케팅 측면에서 보시기 바랍니다.

Well, that may be true to some degree, **but look at it from** the perspective of the consumer.
글쎄요, 어느 정도 맞는 말씀이긴 하지만 고객의 관점에서 보시기 바랍니다.

구입하는 입장이라면 고려하고 있는 기대치를 제시하되 목표치를 솔직히 드러낼 필요는 없습니다. 어차피 그 가격에 협상이 쉽게 이뤄지지는 않을 테고 단계별로 양보한다는 점을 염두에 두어 협상 가격을 목표치보다 낮게 제시합니다. 이때 동사 consider(고려하다)를 사용하세요.

대표표현 **We are considering** paying a fixed monthly fee of **$3,500.**
저희는 월정액 3,500달러 지불을 생각하고 있습니다.

We are considering paying a service charge of $100 per hour.

시간당 100달러의 서비스 비용을 지불하는 것을 고려하고 있습니다.

We are thinking about $450 per unit.

한 개당 450달러 정도로 생각하고 있습니다.

❶ 다음 단계는 무엇이죠?　step

🎤 ....

❷ 제 견해로는 두 번째 단계에서 세 가지 사항을 완수해야 합니다.

perspective, accomplish

🎤 ....

❸ 만약 저희 측에서 모든 설치 비용을 댄다면 10% 할인에 동의하시겠어요?

discount, cover, installation costs

🎤 ....

❹ 저희는 옵션 A와 옵션 B 사이에 어느 정도의 지원을 제안합니다.

propose, a level of

🎤 ....

❺ 하지만 귀사의 컨설팅 비용은 좀 비싼 편이더군요.

figure, consulting fees, the high side

🎤 ....

❻ 어떤 점에서는 맞는 말씀이긴 하지만, 질적인 측면에서 보시기 바랍니다.

respect, qualitative point of view

🎤 ....

❼ 저희는 월정액 3,500달러 지불을 생각하고 있습니다.　consider, fixed, fee

🎤 ....

모범 영작

❶ What's the next step?

❷ From my perspective, phase two should accomplish three things.

❸ Would you agree to a 10 percent discount if we covered all the installation costs?

❹ We propose a level of support between Option A and Option B.

❺ However, we figure your consulting fees are a little on the high side.

❻ That may be true in some respect, but look at it from a qualitative point of view.

❼ We are considering paying a fixed monthly fee of $3,500.

여러분이 주인공이 되어
다음 대화를 영어로
완성하세요.

Speak! 📢))

James

다음 단계는 무엇이죠?

❶ _____

Anna

네, 제 생각으로는 다음 단계는 가격을 결정짓는 것입니다.

❷ _____

James

음, 귀사의 서비스 비용은 업계 평균가에 비해 약간 비싸더군요.

❸ _____

저희에게 좋은 가격을 제시해 주셨으면 합니다.

❹ _____

Anna

글쎄요, 어떤 점에서는 맞는 말씀이긴 하지만, 질적인 측면에서 보시기 바랍니다.

❺ _____

James

저희는 월정액 3,500달러 지불을 생각하고 있습니다.

❻ _____

Anna

그건 너무 낮아요.

❼ _____

James

만약 저희 측에서 모든 설치비용을 댄다면 10% 할인에 동의하시겠어요?

❽ _____

모범 영작

James ❶ What's the next step?

Anna ❷ Okay, in my opinion, the next step is to settle the price.

James ❸ Well, we figure your service charge is slightly over the industry average.
❹ We would need you to give us a good price.

Anna ❺ Well, that may be true in some respect, but look at it from a qualitative point of view.

James ❻ We are considering paying a fixed monthly fee of $3,500.

Anna ❼ That is too low.

James ❽ Would you agree to a 10 percent discount if we covered all the installation costs?

13 반대하고 동의하기

공감대를 못 찾을 것 같군요.

강의 및 예문듣기

제안사항을 받아들일 수 없거나 거절할 때 침묵 자체가 반대라고 생각하지 말고 반대의견을 확실하게 표현할 수 있어야 합니다. 또 동의할 경우에도 찬성한다고 명확하게 말해야 합니다. 제안이나 안건에 대해 동의하는지 반대하는지 의사를 명확하게 전달해야 다음 단계로 넘어갈 수 있습니다.

🎧 13-1.mp3

준비 단계

패턴 미리보기

반대하고 동의할 때 꼭 필요한 패턴 🤝

* 당신의 제안서는 그럴 듯합니다.
  Your proposal is plausible.

* 재정적인 측면에서 말하면 그건 불가능합니다.
  That's just not possible financially speaking.

* 유감스럽게도 이 제안을 받아들일 수 없습니다.
  I'm afraid that we can not take this offer.

* 지금은 공감대를 못 찾을 것 같군요.
  We don't seem to be able to find common ground here.

협상할 때 유용한
표현들을 익히세요.

상황 01 **상대방 의견에 동의할 때**

I agree ~와 같은 직접적인 동의 표현도 좋지만, 어떤 사안에 관한 가능성을 보여 줄 때는 형용사 plausible(타당한), feasible(가능성 있는)이나 동사 make sense(말이 되다) 등을 사용할 수 있습니다.

대표표현 **Your suggestions do make some sense.**　타당한 제안입니다.

Your suggestions are plausible.
당신의 제안은 그럴듯하군요.　　　　　　　　　　　　　• plausible 타당한 것 같은, 이치에 맞는

Your suggestions are worth considering.
그 제안은 고려해 볼 만하군요.

상대가 제시한 사항에 관해 피드백을 건네고 난 후에 채택할 것인지 아닌지 명확하게 의사를 밝히도록 합니다. 이런 부분에서는 문화 차이가 있는데, 미국이나 영국계 사람들은 좀 더 단도직입적인 입장을 취하는 경향이 큽니다.

대표표현 **Your proposal looks great, and we're prepared to consider it.**
당신의 제안이 훌륭해 보이므로, 우리는 그 내용을 고려할 준비가 되어 있습니다.

Your proposal is feasible. We will give it some consideration.
제안이 그럴 법하군요. 고려해 보겠습니다.　　　　　　　　　　• feasible 실현 가능한

Your proposal is worth considering. We will give it some thought.
제안이 고려해 볼 만한 가치가 있군요. 생각해 보도록 하겠습니다.

상황 02 **상대방 의견에 반대할 때**

불가능하다며 반대하는 상황에서는 '불가능하다'라는 의미로 not possible, not feasible, not viable 등을 이용해서 말힙니다. 또 Financially speaking(경제적인 측면에서 말하면), in terms of the market trends(시장동향의 측면에서) 등을 이용해 불가능한 이유를 설명해 줍니다.

대표표현 **That's just not possible financially speaking.**
재정적인 측면에서 말하면 그건 불가능합니다.

That's just not viable in terms of the market trends.
시장동향 측면에서 그건 실행 가능하지 않습니다.　　　　• viable 실행 가능한, 성공할 수 있는

That's just not possible considering the budget currently set for this year.
현재 금년에 책정된 예산을 고려해 보면 그것은 가능하지 않습니다.

From the market point of view, what you're asking **is just impossible**.
마케팅 측면에서 보면 요구하시는 부분은 불가능합니다.

> **대표표현** We cannot accept your offer, considering our current financial status.
>
> 저희의 현 재정 상황을 고려해 볼 때 귀사의 제안을 받아들일 수 없습니다.

That's just way too expensive considering the average market price.
평균 시장 가격을 고려해 볼 때 그것은 너무 비쌉니다.

That's just not viable in terms of the market trends.
시장 동향 면에서 그것은 가능한 이야기가 아닙니다.

강경한 반대 표현이 부담스럽다면, 부정적인 정보를 전달할 때 자주 사용되는 I'm afraid~나 I'm sorry but~을 이용해서 유감을 나타내 보세요.

> **대표표현** I'm afraid that we cannot take this offer.
>
> 유감스럽게도 이 제안을 받아들일 수 없습니다.

I'm sorry, but we feel that this is not the right timing.
죄송합니다만 지금은 좋은 시기가 아닌 것 같습니다.

We don't seem to be able to come to an agreement on this matter at this time.
이번에는 이것에 대해 합의에 이르지 못할 것 같군요.

We have not yet reached an agreement on this matter.
이 사항에 대해 아직 합의를 보지 못했습니다.

상대가 자신의 의견을 오해하고 있는 경우 We are not asking that ~(우리는 ~을 요구하는 것이 아닙니다)을 사용해서 사실을 바로잡아 줍니다.

> **대표표현** We are not asking that the contract be nullified.
>
> 우리는 계약이 해지되는 것을 요구하는 것이 아닙니다.
>
> • nullify 무효화하다

We are not asking that it be done. 이것을 하자고 요구하는 것이 아닙니다.

We are not insisting that our project due date be postponed.
프로젝트 마감일이 연기되어야 한다고 주장하는 것이 아닙니다.

상황 03 합의에 이르기 어려울 때

상대의 제안이 협상하기 불가능한 수준일 경우에는 확고하게 거절을 해야 합니다. 이렇게 확고하게 거절을 하는 것은 협상을 중지하기 위한 경우도 있고, 강경한 거절로 상대의 마음을 돌리기 위한 전략인 경우도 있습니다. 다음은 납득하기 어려운 제안을 거절할 때 유용한 표현입니다.

대표표현 **That is out of the question.** 그건 말도 안 됩니다.

❗ 확고하게 거절할 때 쓰는 표현이므로 상황에 따라 주의하세요.

I am not able to agree to those terms. 그 조건에는 동의할 수 없습니다.

That can't be achieved. 그건 이룰 수 없겠네요.

That is beyond the boundaries I'm prepared to negotiate within.
그건 제가 협상하려고 준비한 한도를 넘어서는군요.

I don't think it is possible for us to accept those terms.
저희 측에서 그 조건을 받아들이기는 어려울 것 같습니다.

대표표현 **We don't seem to be able to find common ground here.** 지금은 공감대를 못 찾을 것 같군요.

We don't seem to be able to go along with the proposal.
그 제안을 따를 수가 없을 것 같습니다.

We don't seem to be able to communicate effectively over the phone.
전화상으로는 효과적으로 대화를 나눌 수 없는 듯합니다.

다시 고려해 보겠다고 하는 것도 거절의 암시가 될 수 있습니다.

대표표현 **I'll get back to you with their thoughts on your offer.**
당신의 제안에 대한 그들의 생각을 가지고 다시 연락 드리겠습니다.

I hope that you'll contact us again with any future requests.
더 필요한 사항이 있으면 저희 측에 연락 주시길 바랍니다.

Now that you've made your stance known, I'll discuss the situation further with them and relay the results back to you.
당신의 입장을 밝히셨으니, 전 그 상황을 그들과 더 논의한 후 결과를 다시 알려드리지요.

* relay (정보·뉴스 등을 받아서) 전달하다

We will talk further on this issue once more information is available.
정보가 좀 더 들어오면 이 사항에 대해 더 자세히 이야기 나누겠습니다.

Nimmer's Tip

교착상태에 빠졌을 때

양측이 더 이상의 양보를 거부하는 상황은 be at a standstill (교착상태이다)라고 표현합니다. 비슷한 표현으로 to be at an impasse, to be at a standoff, to be deadlocked 등이 있지요.

They refused to accept the terms we offered them, so it looks like we're at a standstill.
그들이 우리가 제안한 조건을 받아들이기 거부했으므로 우리는 교착상태에 빠진 것 같습니다.

❶ 유감스럽게도 이 제안을 받아들일 수가 없습니다.   afraid, take, offer

🎤 --

❷ 재정적인 측면에서 말하면 그건 불가능합니다.   possible, financially

🎤 --

❸ 저희의 현 재정 상황을 고려해 볼 때 귀사의 제안을 받아들일 수 없습니다.

offer, considering, status

🎤 --

❹ 당신의 제안은 그럴 듯합니다.   proposal, plausible

🎤 --

❺ 지금은 공감대를 못 찾을 것 같군요.   seem, able, common ground

🎤 --

❻ 그건 말도 안 됩니다.   out, question

🎤 --

❼ 당신의 제안에 대한 그들의 생각을 가지고 다시 문의 드리겠습니다.

get back, thought

🎤 --

모범 영작

❶ I'm afraid that we can not take this offer.

❷ That's just not possible financially speaking.

❸ We cannot accept your offer, considering our current financial status.

❹ Your proposal is plausible.

❺ We don't seem to be able to find common ground here.

❻ That is out of the question.

❼ I'll get back to you with their thoughts on your offer.

여러분이 주인공이 되어
다음 대화를 영어로
완성하세요.

Speak! 🔊

Anna 만약 저희 측에서 모든 설치비용을 댄다면 10% 할인에 동의하시겠어요?
❶ _____

Mike 그건 재정적으로 가능한 이야기가 아닙니다.
❷ _____

Anna 양측이 조금씩 양보해야 한다고 생각해요.
❸ _____

Mike 현 재정 상황을 고려해 볼 때 귀사의 요구사항을 받아들일 수 없습니다.
❹ _____

Anna 지금은 공감대를 못 찾을 것 같군요.
❺ _____

Mike 당신의 제안에 대한 그들의 생각을 가지고 다시 문의 드리겠습니다.
❻ _____

모범 영작

Anna ❶ Would you agree to a 10 percent discount if we covered all the installation costs?

Mike ❷ That's just not possible financially speaking.

Anna ❸ I think we are both going to have to give a little.

Mike ❹ We cannot accept your offer, considering our current financial status.

Anna ❺ We don't seem to be able to find common ground here.

Mike ❻ I'll get back to you with their thoughts on your offer.

117

14 타협하고 양보하기

서로 양보해야 할 것 같습니다.

새로운 안건이나 가격 협상을 제안할 때 내부적 규정이나 예산을 언급하며 비교 분석해 주도록 합니다. 상대의 조건을 무작정 들어주기보다는 점진적으로 제안 범위를 좁혀가며 중간 지점을 찾는 것이 협상의 기술이라고 할 수 있습니다.

🎧 14-1.mp3

준비 단계
패턴 미리보기

타협하고 양보할 때 꼭 필요한 패턴 👫

* 솔직히 말씀 드려서 그것은 배정한 예산을 넘어서는군요.
  To be honest, that's more than I have allotted.

* 만일 저희가 여섯 번째 달부터 10퍼센트 할인을 제공하면 어떨까요?
  What if we offer a 10% discount from the sixth month on?

* 중간 지점을 찾으려고 노력합시다.
  Let's try to find a middle ground.

* 조금씩 양보하지 않으면 장기간 교착상태에 빠질지도 모릅니다.
  We may be at a stalemate for a long time unless we give in a bit.

협상할 때 유용한
표현들을 익히세요.

상황 01 **가격을 협상할 때**

대표표현 **That's a good start. What are the conditions first?**

시작이 좋은데요. 먼저 조건이 어떻게 되죠?

Well, to start with, we need to know what kind of flexibility surrounds your proposed price.

시작에 있어 우리는 귀사가 제안한 가격에 어떤 융통성이 있는지 알고 싶습니다.

• flexibility 융통성

In order for us to accept it, we need to ask if you can accept some additional conditions.

우리가 그것을 받아들이려면, 몇 가지 추가조건을 수용해 주실 수 있는지 여쭤봐야겠습니다.

가격 인하를 요청할 때 가격이 예산을 초과한다는 이유를 자주 듭니다. 회사의 예산 범위를 제시하며 가격을 그 선에 맞춰달라고 요청하는 방법이지요.

대표표현 **To be honest, that's more than I have allotted.**

솔직히 말씀 드려서 그것은 배정한 예산을 넘어서는군요. • allot 할당하다. 배당하다

Wimmer's Tip

협상 중에 융통성 보여주기

협상을 할 때는 너무 강경한 표현 대신 정중하고 융통성 있는 표현을 선택하세요. We must have these terms.(이 조건은 꼭 포함되어야 합니다.) 나 It is non-negotiable. (협상의 여지가 없습니다.) 대신 We will try our best to negotiate.(협상하기 위해 최선을 다하겠습니다.)나 We would like to have~(저희는 ~하고 싶습니다.)와 같이 표현하는 것이 좋습니다. 만약 이미 결정된 정책이어서 상대의 요구를 받아들일 수 없다면 It is our policy that~(~하는 것이 우리의 정책입니다.) 등으로 가능한 부드럽고 예의 바르게 표현하세요.

To be honest, I have budgeted for a lease of around $1,400 per month.

솔직히 말씀 드려서 한 달에 약 1,400달러의 임대료를 예산으로 세웠습니다.

To tell you the truth, that's way more than I expected.

솔직히 말씀 드려서 제가 예상한 것보다 훨씬 비싸군요.

To be honest, that's more than I have planned to invest.

솔직히 말씀 드려서 제가 투자하기로 계획했던 것보다 많군요.

상대가 무리한 요구를 해 올 경우 새로운 조건을 제시하도록 합니다. 상대의 조건을 무작정 들어주거나 반대로 불쾌하게 받아들이기보다는 이런 방법을 통해 가격 차를 조금씩 좁혀 나가는 것이 바로 협상력입니다.

대표표현 **What if we offer a 10% discount from the sixth month on?**

만일 저희가 여섯 번째 달부터 10퍼센트 할인을 제공하면 어떨까요?

What if we offer a 15-day trial period?

체험 기간을 15일 제공해 드리면 어떨까요?

What if we offer you a 10% discount after every 100 units purchased in bulk?

100개씩 대량구입을 하실 때마다 10퍼센트 할인을 제공해 드리면 어떨까요?

• in bulk 대량으로

양보하는 조건을 제시할 때는 급하게 최저금액을 제시하는 실수를 하지 않도록 주의합니다.

> **대표표현 We can offer you a discount provided that we extend our contract period from 1 to 3 years.**
>
> 계약기간을 1년에서 3년으로 연장한다면 할인해 드릴 수 있습니다.
>
> • provided ~를 조건으로 (= if)

We could offer you a slight reduction in the monthly fee on certain conditions.

특정 조건 하에서 월 요금을 약간 인하해 드릴 수 있습니다.　　　　• reduction 할인, 인하

If they agree to our terms, we will accept the deal.

만약에 그들이 우리의 조건에 동의한다면 우리는 그 거래를 수용할 겁니다.

What do you have in mind?

생각하고 계신 사항이 있으신가요?

❗ 이렇게 물으면 상대의 의견을 고려할 유동성이 있음을 보여주는 것이 됩니다.

상황 02　교착상태에 빠졌을 때

양측의 의견이 대립되어 더 이상 의견 차를 좁히기 힘든 교착상태라면, 서로 타협 및 양보의 자세를 보여야 합니다. 물론 협상 자체에 더 이상 메리트가 없는 경우라면 이 시점에서 협상을 철회하기도 합니다.

> **대표표현 Let's try to find a middle ground.** 중간 지점을 찾으려고 노력합시다.

We need to reach a compromise. 타협을 해야 해요.　　　• compromise 타협하다, 양보하다

I think we are both going to have to give a little.

양측이 조금씩 양보를 해야 한다고 생각해요.

What we need is some sort of concession from both sides.

지금 필요한 것은 양측이 어떻게든 양보하는 것입니다.　　　• concession 양보, 양해

상대방의 양보를 받아내기 위해 다소 다급하다는 듯이 교착상태를 언급할 수도 있습니다. reach a stalemate는 '교착상태에 이르다'라는 뜻으로 협상에 진전이 없는 상태를 의미합니다. 팽팽한 대립 상태이기는 하지만 양측 모두 계약을 원하는 경우에는 상대방의 양보를 유도할 수도 있습니다.

대표표현 **We may be at a stalemate for a long time unless we give in a bit.** 조금씩 양보하지 않으면 장기간 교착상태에 빠질지도 모릅니다.

· stalemate 교착상태

We may go nowhere unless we compromise a bit.

조금씩 양보하지 않으면 아무것도 할 수 없을 겁니다.

We may get stuck if we continue to disagree.

계속 서로 반대만 하면 우리는 정체 상태에 빠지게 돼요.

· get stuck 꼼짝 못하게 되다

① 솔직히 말씀 드려서 그것은 배정한 예산을 넘어서는군요. honest, allot

🎙 _____

② 만일 저희가 여섯 번째 달부터 10퍼센트 할인을 제공하면 어떨까요?

what if, offer, discount

🎙 _____

③ 시작이 좋은데요. 먼저 조건이 어떻게 되죠? start, condition

🎙 _____

④ 중간 지점을 찾으려고 노력합시다. try, a middle ground

🎙 _____

⑤ 조금씩 양보하지 않으면 장기간 교착상태에 빠질지도 모릅니다.

at a stalemate, unless, give in

🎙 _____

⑥ 만약에 그들이 우리의 조건에 동의한다면 우리는 그 거래를 수용할 겁니다.

terms, accept the deal

🎙 _____

⑦ 계약기간을 1년에서 3년으로 연장한다면 할인해 드릴 수 있습니다.

offer, provided, extend, period

🎙 _____

모범 영작

❶ To be honest, that's more than I have allotted.

❷ What if we offer a 10% discount from the sixth month on?

❸ That's a good start. What are the conditions first?

❹ Let's try to find a middle ground.

❺ We may be at a stalemate for a long time unless we give in a bit.

❻ If they agree to our terms, we will accept the deal.

❼ We can offer you a discount provided that we extend our contract period from 1 to 3 years.

여러분이 주인공이 되어
다음 대화를 영어로
완성하세요.

Speak!

Emily 솔직히 말씀 드려서 그것은 배정한 예산을 넘어서는군요.
① ....

우리는 귀사가 제안한 가격에 어떤 융통성이 있는지 알고 싶습니다.
② ....

John 계약기간을 1년에서 3년으로 연장한다면 할인해 드릴 수 있습니다.
③ ....

Emily 중간 지점을 찾으려고 노력합시다.
④ ....

John 100개씩 대량구입을 하실 때마다 10퍼센트 할인을 제공해 드리면 어떨까요?
⑤ ....

Emily 타당한 제안입니다.
⑥ ....

모범 영작

Emily ① To be honest, that's more than I have allotted.
② We need to know what kind of flexibility surrounds your proposed price.

John ③ We can offer you a discount provided that we extend our contract period from 1 to 3
years.

Emily ④ Let's try to find a middle ground.

John ⑤ What if we offer you a 10% discount after every 100 units purchased in bulk?

Emily ⑥ Your suggestions do make some sense.

15 협상 마무리하기

하드카피를 우편으로 보내드리죠.

강의 및 예문듣기

모든 조건에 합의를 이루었다면 이제 계약서를 작성하는 단계로 넘어갑니다. 계약서에 최종 서명하기 전에 계약 내용을 다시 한 번 꼼꼼히 확인할 필요가 있습니다. 협상에서 결정된 사항이 계약서에서 누락되거나 잘못 기재되는 경우가 발생하기도 하니 마지막까지 꼼꼼하게 확인해야 합니다.

🎧 15-1.mp3

준비 단계
패턴 미리보기

협상을 마무리할 때 꼭 필요한 패턴 👫

＊ 그걸 다시 훑어볼게요.
Let me just run over that again.

＊ 하드카피를 만들어서 우편으로 보내드리죠.
We will make a hard copy and send it to you in the mail.

＊ 우리의 협상이 좋은 성과를 거두어서 기쁘네요.
I am glad our talk has panned out well.

＊ 귀사와 좋은 비즈니스 관계를 맺기를 기대합니다.
We anticipate having good business relations with you.

협상할 때 유용한
표현들을 익히세요.

Wimmer's Tip

합의 내용 확인하기
추후에 발생할 수 있는 오해를 막기 위해 앞서 합의한 사항을 다시 한 번 구두로 확인할 때는 Let's confirm ~(~을 확인해 봅시다)이나 So, to confirm: ~(자, 확인하자면~)으로 시작하면 됩니다.

상황 01 **합의사항을 확인할 때**

어떤 안건에 대해 서로 합의를 보면 다음 안건으로 넘어가기 전에 다시 한 번 확인하는 습관을 갖도록 합시다. 이미 확정된 사항에 관해 나중에 다른 이야기를 하거나 오해를 하는 일을 막기 위해서이지요.

대표표현 Let me just run over that again. 그걸 다시 훑어볼게요.
* run over 재빨리 훑어보다

Okay, let's confirm what we have agreed to so far.
그럼 지금까지 합의한 사항을 확인해 봅시다.

Why don't we run over the contract terms again?
계약조건을 다시 한 번 훑어보면 어떨까요?

Let me summarize the details before we move on.
다음으로 넘어가기 전에 세부사항을 요약해 드리죠.

합의한 내용 중 핵심이 되는 부분을 요약하여 확인합니다.

대표표현 We have agreed to a two percent cut on the main product line from next year.
내년부터 주요 제품에는 2% 할인을 하기로 동의했습니다.

We have agreed to extend our contract period from six months to one year.
우리의 계약기간을 6개월에서 1년으로 연장하는 것에 동의했습니다.

We have made a deal to exchange our researchers for a period of 2 years.
2년간 연구원들을 교환하기로 타협했습니다.

변경사항 및 조건 등 확인해야 할 내용을 정리해서 전달합니다.

대표표현 We expect delivery times to be the same as before.
배송 시간은 전과 동일할 것으로 예상합니다.

We expect the shipping schedules to be the same as before.
배송 일정은 이전과 같을 것으로 예상합니다.

We project the entire procedure to take about three years.
전체 진행 단계는 약 3년 정도 소요될 것으로 예상합니다.
* project 예상하다, 추정하다

125

상황 02 **계약서를 점검할 때**

계약의 핵심사항 중 하나인 '계약기간'에 혹시 실수가 없는지 구두로 확인하는
것은 필수입니다. 계약기간 및 종결 방법에 관한 사항을 꼭 짚고 넘어가세요.
take effect on(~에 시행되다), effective(유효한), terminate(계약을 끝내다)와 같
은 표현을 사용합니다.

> 대표표현 **You can see that this contract will take effect on
> November 1st of this year.**
>
> 보시다시피 이 계약은 올해 11월 1일부터 시행됩니다.

This contract will be effective beginning July 1st of this year.
이 계약은 올해 7월 1일부터 유효합니다.

The contract will be binding beginning July 1st of this year.
계약은 올해 7월 1일부터 구속력이 있습니다.   • binding 법적 구속력이 있는

The contract will be valid for a two-year period.
이 계약서는 2년간 유효합니다.

> 대표표현 **In the case that either party needs to terminate the
> contract, 45 days' notice is required.**
>
> 양측은 계약 종료를 원할 경우 45일 전 통보가 필요합니다.
>
> • terminate 끝내다, 종료하다

No less than 45 days' notice is required by both parties in the case of a need
to terminate the contract.
계약 종료를 원할 경우 양측은 적어도 45일 전 통보가 필요합니다.

Both parties must give 45 days' notice for termination of the contract.
계약을 종결하려면 양측은 최소 45일 전 통지를 해줘야 합니다.

• termination 종료

계약서는 직접 전달하거나 우편으로 발송합니다.

> 대표표현 **We will make a hard copy and send it to you in the
> mail.**
>
> 하드카피를 만들어서 우편으로 보내드리죠.
>
> ❶ hard copy는 파일 형태가 아니라 '출력된 자료'를 의미합니다.

We will send you a copy of the contract via email later this afternoon.
오늘 오후에 계약서 한 부를 이메일로 보내드리도록 하지요.

You should keep a copy for your records.
기록을 위해 한 부를 보관하셔야 합니다.

협상이 체결되었다면 감사의 뜻과 기쁜 마음을 전하되 너무 감정적으로 표현하지 말고 사실 중심으로 기분을 전달하도록 하세요. I'm glad~ 정도면 무난한 표현입니다. 또 개인적인 입장보다 회사의 입장을 전달하고자 한다면 주어로 I 대신 We를 사용합니다.

> **대표표현 I am glad our talk has panned out well.**
>
> 우리의 협상이 좋은 성과를 거두어서 기쁘네요.
>
> • pan out (특정 방식으로) 전개되다, 진행되다

I am glad that we've been able to reach an agreement.
합의에 이를 수 있게 되어서 정말 좋네요.

We are pleased that we've been able to work out a deal.
거래를 성사시킬 수 있게 되어 기쁩니다.

We're very excited about our future together.
양측이 함께할 미래에 대해 무척 기대가 됩니다.

잘 마무리된 사안에 대해 긍정적인 코멘트로 마무리합니다.

> **대표표현 I knew we would be able to come to an agreement on this matter.**
>
> 이 건에 대해 합의에 이룰 수 있을 줄 알았습니다.

I knew you would eventually accept our suggestion on this matter.
이 건에 대해 결국 저희의 제안을 받아들이실 줄 알았습니다.

I knew we would be able to find the appealing point for this deal.
이 계약의 적정선을 찾을 수 있을 줄 알았습니다.

> • appealing 매력적인, 마음을 끄는

향후 비즈니스나 관계에 대해 긍정적인 말을 주고받으며 협상을 마무리 짓습니다.

> **대표표현 This could be the start of good business relations for us.**
>
> 이번이 우리에게 좋은 사업관계의 출발점이 될 수 있겠네요.

This deal would be a good starting point to increase our future profits.
이번 거래는 향후 수익을 증진시킬 수 있는 좋은 시작점이 될 것입니다.

This meeting was productive in understanding our viewpoints.
이번 회의는 우리의 견해를 이해하는 데 아주 도움이 됐습니다.

Wimmer's Tip

동의할 때

We can agree to that.
그 제의에 응하겠습니다.

I will accept that offer.
그 제의를 받아들이지요.

That sounds good.
좋은 생각이군요.

I can't agree with you more.
전적으로 동의합니다.

The meeting was a great success.
회의가 성공적이었습니다.

Thanks for making this meeting productive.
알찬 회의가 되도록 해 주셔서 감사합니다.

Thank you for everything.
여러 모로 감사드립니다.

2단계

문장 만들기

핵심 표현을 활용해
문장을 만들어 보세요.

① 그걸 다시 훑어볼게요. let, run over

🎤 ....

② 배송 시간은 전과 동일할 것으로 예상합니다. expect, delivery times, before

🎤 ....

③ 보시다시피 이 계약은 올해 11월 1일부터 시행됩니다. contract, take effect on

🎤 ....

④ 양측은 계약을 파기할 경우 45일 전 통보가 필요합니다. case, terminate, notice

🎤 ....

⑤ 우리의 협상이 좋은 성과를 거두어서 기쁘네요. talk, pan out

🎤 ....

⑥ 이번이 우리에게 좋은 사업관계의 출발점이 될 수 있겠네요. start, relation

🎤 ....

⑦ 귀사와 좋은 비즈니스 관계를 맺기를 기대합니다. anticipate, relation

🎤 ....

모범 영작

❶ Let me just run over that again.

❷ We expect delivery times to be the same as before.

❸ You can see that this contract will take effect on November 1st of this year.

❹ In the case that either party needs to terminate the contract, 45 days' notice is required.

❺ I am glad our talk has panned out well.

❻ This could be the start of good business relations for us.

❼ We anticipate having good business relations with you.

여러분이 주인공이 되어
다음 대화를 영어로
완성하세요.

Speak! 📢))

John 계약조건을 다시 한 번 훑어보면 어떨까요?

① _____

우리의 계약기간을 6개월에서 1년으로 연장하는 것에 동의했습니다.

② _____

배송 시간은 전과 동일할 것으로 예상합니다.

③ _____

Emily 보시다시피 이 계약은 올해 11월 1일부터 시행됩니다.

④ _____

John 양측은 계약 종료를 원할 경우 45일 전 통보가 필요합니다.

⑤ _____

Emily 기록을 위해 한 부를 보관하셔야 합니다.

⑥ _____

John 우리의 협상이 좋은 성과를 거두어서 기쁘네요.

⑦ _____

Emily 이번이 우리에게 좋은 사업관계의 출발점이 될 수 있겠네요.

⑧ _____

모범 영작

John ❶ Why don't we run over the contract terms again?
 ❷ We have agreed to extend our contract period from six months to one year.
 ❸ We expect delivery times to be the same as before.

Emily ❹ You can see that this contract will take effect on November 1st of this year.

John ❺ In the case that either party needs to terminate the contract, 45 days' notice is required.

Emily ❻ You should keep a copy for your records.

John ❼ I am glad our talk has panned out well.

Emily ❽ This could be the start of good business relations for us.

넷째 마디

출장길이 지옥길
같은 나를 위한

출장 영어

해외출장의 경우 시차로 인한 피로도 크지만, 모국어가 아 닌 영어로 외사소통해야 하는 스트레스도 만만치 않습니 다. 하지만 영어에 대한 부담만 없다면 해외의 여러 유명 도시들을 여행하고 맛집을 찾아서 즐기는 여유도 누려볼 수 있겠지요. 이번 마디에서는 출장 전 준비할 때부터 출 장 후 보고할 때까지 필요한 영어 표현을 배워봅시다. 또 한 현지에서 필요한 여행 영어 표현까지 정리해 두었으니, 출장 가기 전에 미리 꼼꼼히 학습하여 출장길의 짐을 덜어 보세요.

16 출장 준비하기

왕복 티켓으로 부탁합니다.

출장을 가게 되면 동료들에게 출장으로 인한 부재를 알리고 출국 전 준비해야 할 사항을 미리 미리 준비해 두도록 하세요. 현지의 기후나 시차 등의 정보를 확인하고, 숙소 및 항공권 예약 시 필요한 표현을 익혀 둡니다. 또 비자가 필요한 나라의 경우 비자 절차를 확인하고 인터뷰 시간을 예약해 둡니다.

🎧 16-1.mp3

준비 단계
패턴 미리보기

출장 준비할 때 꼭 필요한 패턴 🧑‍🤝‍🧑

* 다음 주에 출장을 갑니다.
  I'll be away on business next week.

* 예약 좀 하려고요.
  I need to make a reservation.

* 항공편을 확인하려고 전화 드립니다.
  I'm calling to confirm a flight.

* 왕복 티켓으로 부탁합니다.
  It will be a round trip.

1단계

핵심표현 익히기

출장 갈 때 유용한
표현들을 익히세요.

상황 01 **출장을 알릴 때**

출장으로 인해 자리를 비우게 되면 동료들이나 거래처에 미리 알려주는 것이 좋습니다. be away, out of the office, absent 등을 이용해 부재를 알리세요.

대표표현 **I'll be away on business next week.** 다음 주에 출장을 갑니다.

I'll be out of the office next week. 다음 주에 사무실에 없습니다.

I'll be traveling next week. 다음 주에 출장을 갑니다.

I'll be absent from work due to a business trip next week.
출장으로 다음 주에 자리를 비웁니다.

• be absent from ~에 부재이다, 결석하다

출장지에 대한 지식이 있는 동료가 있다면 현지 적응에 필요한 정보를 미리 입수하도록 합니다.

대표표현 **What's the weather like out there these days?**

요즘 그곳 날씨가 어떻지요?

What is popular to do in Sydney? 시드니는 뭘 하는 걸로 유명하지요?

What are the popular sights in New York City?
뉴욕의 인기 있는 관광명소는 어디인가요? • sights (특히 도시에 있는) 명소, 관광지

Can you recommend some things to see in Tokyo?
도쿄에서 볼 만한 것을 추천해 주시겠어요?

Nimmer's Tip

비즈니스 여행 팁

호텔 예약은 여행사를 통하거
나 직접 인터넷을 이용해 미리
예약합니다. 많은 호텔들이 인
터넷 예약자에게 추가 할인을
제공하기도 합니다. 성수기에
는 방을 구하지 못하는 경우도
있으니 출발 한 달 전부터 최소
한 주 전까지 예약을 해 두세요.
최종예약 완료 페이지, 호텔 약
도 등을 미리 프린트해서 소지
합니다.

상황 02 **숙소 · 항공권을 예약할 때**

숙소나 항공권은 출장 전에 미리 예약해 두는 것이 좋습니다. '예약하다'라는 표현으로는 make a reservation, book, reserve를 사용합니다.

대표표현 **I need to make a reservation.** 예약 좀 하려고요.

I'd like to reserve a room. 방을 예약하고 싶습니다.

Do you have any rooms available? 방이 있습니까?

I'd like a room with a view. 전망이 좋은 방을 원해요.

대표표현 I need to book a flight to New York.

뉴욕행 항공편을 예약하려고 합니다.

• book a flight 항공편을 예약하다

I'm calling to reserve a flight to New York.
뉴욕행 비행기를 예약하려고 전화 드립니다.

I'm calling to confirm a flight.
항공편을 확인하려고 전화 드립니다.

I'd like to confirm my reservation on flight 1273.
1273편 비행기 예약을 확인하고 싶습니다.

대표표현 It will be a round trip.

왕복 티켓으로 부탁합니다.

• round trip 왕복 여행

I would like to have a return ticket, please.
왕복 티켓을 예약하고 싶습니다.

• return ticket 왕복 표

I'd like to reserve a one-way ticket to San Francisco.
샌프란시스코행 편도 티켓을 예약하고 싶습니다.

I'm leaving on the 1st of August, and returning on the 9th.
8월 1일에 떠나서 9일에 돌아올 겁니다.

Is there a nonstop flight to New York?
뉴욕행 직항 항공편이 있나요?

Economy class, please. 일반석으로 부탁합니다.

대표표현 I need to reserve the company car. 회사 차량을 예약하고 싶은데요.

Are there any company cars available?
이용 가능한 회사 차량이 있습니까?

I will be requiring a company car this Thursday, the 15th.
이번 주 목요일 15일에 회사 차가 필요한데요.

I'd like to make a reservation for a rental car, please.
렌터카를 예약하고 싶습니다.

Wimmer's Tip

비행기 좌석
aisle seat 통로쪽 좌석
window seat 창문석
center seat 중간석

비자를 신청할 때

많은 국가들이 무비자로 방문이 가능하지만, 일부 국가에서는 비자가 필요합니다. 그럴 경우 비자 인터뷰 및 비자 관련 서류를 준비합니다.

대표표현 **I need to make an appointment for a visa interview.**

비자 인터뷰를 예약하고 싶은데요.

I need to apply for a work visa to the United States.

미국 취업비자를 신청해야 합니다.

I need to cancel my visa interview.

비자 인터뷰를 취소하고 싶은데요.

I'm calling to request a letter verifying employment.

취업확인서를 요청하려고 전화 드립니다.   • verify (진실인지) 확인하다

출장을 목적으로 받는 비자임을 간단하게 설명하는 표현입니다.

대표표현 **I'm going to a business conference.**

비즈니스 컨퍼런스에 갈 예정입니다.

The purpose of my travel is to attend a business conference.

제 여행의 목적은 비즈니스 컨퍼런스에 참석하는 것입니다.

I'm traveling to attend a business conference.

비즈니스 회의에 참석하려고 갑니다.

I have to attend an international conference in Boston.

저는 보스턴에서 열리는 국제회의에 참석해야 합니다.

I go to the USA on business.

출장차 미국에 갑니다.

2단계

문장 만들기

핵심 표현을 활용해
문장을 만들어 보세요.

① 다음 주에 출장을 갑니다.　away, business

🎤 ‥‥‥‥‥‥‥‥‥‥‥‥‥‥‥‥‥‥‥‥‥‥‥‥‥‥‥‥‥‥‥‥‥‥

② 예약 좀 하려고요.　reservation

🎤 ‥‥‥‥‥‥‥‥‥‥‥‥‥‥‥‥‥‥‥‥‥‥‥‥‥‥‥‥‥‥‥‥‥‥

③ 항공편을 확인하려고 전화 드립니다.　call, confirm

🎤 ‥‥‥‥‥‥‥‥‥‥‥‥‥‥‥‥‥‥‥‥‥‥‥‥‥‥‥‥‥‥‥‥‥‥

④ 왕복 티켓으로 부탁합니다.　it, round trip

🎤 ‥‥‥‥‥‥‥‥‥‥‥‥‥‥‥‥‥‥‥‥‥‥‥‥‥‥‥‥‥‥‥‥‥‥

⑤ 뉴욕행 직항 항공편이 있나요?　nonstop flight

🎤 ‥‥‥‥‥‥‥‥‥‥‥‥‥‥‥‥‥‥‥‥‥‥‥‥‥‥‥‥‥‥‥‥‥‥

⑥ 비자 인터뷰를 예약하고 싶은데요.　appointment, interview

🎤 ‥‥‥‥‥‥‥‥‥‥‥‥‥‥‥‥‥‥‥‥‥‥‥‥‥‥‥‥‥‥‥‥‥‥

⑦ 비즈니스 컨퍼런스에 갈 예정입니다.　business conference

🎤 ‥‥‥‥‥‥‥‥‥‥‥‥‥‥‥‥‥‥‥‥‥‥‥‥‥‥‥‥‥‥‥‥‥‥

모범 영작

❶ I'll be away on business next week.

❷ I need to make a reservation.

❸ I'm calling to confirm a flight.

❹ It will be a round trip.

❺ Is there a nonstop flight to New York?

❻ I need to make an appointment for a visa interview.

❼ I'm going to a business conference.

3단계

실전 연습

여러분이 주인공이 되어 다음 대화를 영어로 완성하세요.

Speak! 🔊

James

다음 주에 출장을 갑니다.

❶ _____

도쿄에서 볼 만한 것을 추천해 주시겠어요?

❷ _____

Helen

신주쿠와 긴자는 꼭 방문해 보세요.

❸ _____

James

예약 좀 하려고요.

❹ _____

Staff

어디로 가시지요?

❺ _____

James

시애틀에서 뉴욕행 직항 항공편이 있나요?

❻ _____

Staff

언제 출발하길 원하시죠?

❼ _____

James

이번 주 토요일로 부탁합니다. 편도 티켓으로요.

❽ _____

모범 영작

James	❶ I'll be away on business next week.
	❷ Can you recommend some things to see in Tokyo?
Helen	❸ You should definitely visit Shinjuku and Ginza.
James	❹ I would like to make a reservation.
여행사 직원	❺ Where are you going, sir?
James	❻ Is there a nonstop flight to New York from Seattle?
여행사 직원	❼ When would you like to depart?
James	❽ This Saturday, please. It will be a one-way trip.

공항 및 기내에서

통로 쪽 좌석으로 부탁드려요.

강의 및 예문듣기

공항에서 탑승수속을 밟을 때는 원하는 좌석을 말하고 가방을 맡기는 표현을 알아둬야 합니다. 기내에서는 자리를 찾고 음료를 부탁하는 등 승무원에게 요구사항을 전달하는 표현이 필요합니다. 원하는 것을 제대로 말하지 못해서 불편을 겪지 않으려면 이번 Unit의 표현을 잘 익혀 두세요.

🎧 17-1.mp3

준비 단계

패턴 미리보기

공항 및 기내에서 꼭 필요한 패턴 🙌

* 서울행 비행기 체크인하러 왔습니다.
  I'm here to check in for my flight to Seoul.

* 부칠 가방이 2개 있습니다.
  I have two suitcases to check in.

* 가능하면 통로 쪽 좌석으로 부탁드려요.
  I would prefer an aisle seat if possible.

* 마실 것 좀 주시겠습니까?
  Can I have something to drink?

상황 01 **탑승수속을 할 때**

공항에서 탑승수속을 밟는 것을 check in이라고 합니다. 서비스를 요구하고 문의하는 경우에는 가볍게 Can I~?나 Could I~?로 질문하면 됩니다. 조금 더 정중한 표현으로는 May I~?나 Would it be possible to ~?가 있습니다.

대표표현 **I'm here to check in for my flight to Seoul.**

서울행 비행기 체크인하러 왔습니다.

I need to check in. 체크인 좀 하려고요.

Asiana Flight 1132 to Seoul, please. 서울행 아시아나 1132 항공편입니다.

I have two suitcases to check in. 부칠 가방이 2개 있습니다.

Can I take this on the plane? 이것을 기내로 가지고 갈 수 있나요?

대표표현 **I would prefer an aisle seat if possible.**

가능하면 통로 쪽 좌석으로 부탁드려요.

Could I change my seat to a window seat?
창가 쪽 자리로 바꿀 수 있을까요?

Would it be possible to get an upgrade on this flight?
이 비행기에서 좌석 등급을 올릴 수 있을까요?

상황 02 **기내에서**

기내에서 자리를 바꿀 수 있는지 물어볼 때는 조심스러운 어투인 Would it be possible to ~? 혹은 Would you mind ~? 등의 표현을 사용하세요. 음료나 음식을 선택할 때는 간단하게 Can/Could I have ~?라고 하면 됩니다.

대표표현 **Where's my seat?** 제 자리는 어디지요?

Excuse me, but would it be possible to change seats?
(승무원에게) 죄송하지만 자리 좀 바꿔 주실 수 있을까요?

Would you mind trading seats with me so I can sit by my colleague?
제 동료 옆에 앉을 수 있게 저랑 자리 좀 바꿔 주시겠습니까?

Can we sit together? 저희가 같이 앉아도 될까요?

대표표현 Can I have something to drink? 마실 것 좀 주시겠습니까?

I'd like some water, please. 물 좀 주세요.

I will have chicken, please. 저는 치킨으로 주세요.

What beers do you have? 어떤 맥주가 있습니까?

I'd like to request a vegetarian meal. 채식주의 식단으로 부탁해요.

대표표현 Could I have a new pair of headphones, please?

헤드폰 좀 새 것으로 주시겠습니까?

May I get a new pair of headphones? Mine are not working.
헤드폰을 새로 주시겠습니까? 제 것이 작동이 안 됩니다.

It's quite cold here. Can I get an extra blanket?
추워서 그러는데 담요 한 장 더 주실래요?

Could you give me the customs declaration card?
세관 신고서를 주시겠습니까?

상황 03 **입국심사 받고 공항을 나갈 때**

입국심사를 받을 때 방문 이유를 물어보는 경우가 종종 있습니다. 출장으로 왔다고 할 때는 I am here on business.라고 하면 됩니다. 물건을 신고하고 환전할 때, 공항버스 장소를 물을 때 유용한 표현을 살펴봅시다.

대표표현 I'm staying for a week at the Marriot Hotel.

일주일간 메리어트 호텔에 머물 예정입니다.

❗ 머무는 장소 및 기간을 설명할 때는 I'm staying for (기간) at/in (장소)로 말합니다.

I'm here on business. 출장으로 왔습니다.

I'll be here on business for two weeks. 출장차 2주간 있을 것입니다.

I will be here for two weeks. 2주 동안 머무를 예정입니다.

대표표현 I have nothing to declare. 신고할 물품이 없습니다.

• declare (세관에 과세 물품을) 신고하다

I have goods to declare. 신고할 물품이 있습니다.

The carry-on is all I have. 기내 갖고 탄 가방이 전부입니다.

• carry-on (기내) 휴대용 가방

Wimmer's Tip

입국심사 시 답변하는 법
입국수속절차는 빠르게 진행되기 때문에 용건만 간단하게 대답하세요. 출입국 관계자와 영어회화를 하려고 불필요한 대화를 주고받는 사람들이 있는데 오해를 살 수도 있으니 조심하세요.

Wimmer's Tip

Stay or visit?
단기 방문이나 단기 체류가 목적이라면 stay보다는 visit를 사용하세요. 만약 I will stay here.라고 하면 '장기 체류'를 뜻하므로 잘못하면 불법체류자라는 오해를 받을 수 있습니다. 동사 stay를 쓸 때는 오해가 없도록 뒤에 머무는 기간(for)과 장소(at/in)를 붙여서 사용합니다.

Where can I exchange some money? 환전은 어디에서 할 수 있나요?

Where can I grab a cab? 택시는 어디서 잡을 수 있나요?

Where is the airport shuttle stop? 공항 셔틀버스 정거장이 어디에 있죠?

핵심 표현을 활용해
문장을 만들어 보세요.

① 서울행 비행기 체크인하러 왔습니다.   here, check in

🎤 ....

② 부칠 가방이 2개 있습니다.   suitcase, check in

🎤 ....

③ 가능하면 통로 쪽 좌석으로 부탁드려요.   prefer, aisle

🎤 ....

④ 마실 것 좀 주시겠습니까?   can, something

🎤 ....

⑤ 헤드폰을 새 것으로 좀 주시겠습니까?   could, pair, headphones

🎤 ....

⑥ 일주일간 메리어트 호텔에 머물 예정입니다.   stay, Marriot Hotel

🎤 ....

⑦ 공항 셔틀버스를 타려면 어디로 가야 하나요?   should, shuttle bus

🎤 ....

모범 영작

❶ I'm here to check in for my flight to Seoul.

❷ I have two suitcases to check in.

❸ I would prefer an aisle seat if possible.

❹ Can I have something to drink?

❺ Could I have a new pair of headphones, please?

❻ I'm staying for a week at the Marriot Hotel.

❼ Where should I go to take the airport shuttle bus?

3단계
실전 연습

여러분이 주인공이 되어
다음 대화를 영어로
완성하세요.

Speak! 🔊

공항에서 ✈️

Helen
서울행 비행기 체크인하러 왔습니다.
❶

Staff
여권과 전자티켓을 주시겠어요?
❷

Helen
여기 있습니다. 가능하면 통로 쪽 좌석으로 부탁드려요.
❸

입국심사 🛂

Officer
어디에서 머무를 예정인가요? 그리고 얼마나요?
❹

Helen
일주일간 메리어트 호텔에 머물 예정입니다.
❺

Officer
신고 물품이 있습니까?
❻

Helen
신고할 물품이 없습니다.
❼

모범 영작

Helen	❶	I'm here to check in for my flight to Seoul.
공항직원	❷	May I have your passport and e-ticket?
Helen	❸	Here you go. I would prefer an aisle seat if possible.
세관원	❹	Where are you staying? And for how long?
Helen	❺	I'm staying for a week at the Marriot Hotel.
세관원	❻	Anything to declare?
Helen	❼	No, I have nothing to declare.

143

18

룸서비스를 받을 수 있을까요?

강의 및 예문듣기

출장지에 도착하면 숙소를 찾아가서 체크인을 해야 합니다. 출장지에 머무는 동안 응급 상황이 발생하면 대처할 수 있도록 필요한 표현들을 미리 숙지해 둡니다. 또 현지에서 길을 찾거나 대중교통을 이용할 때 유익한 표현들도 배워 봅시다.

🎧 18-1.mp3

준비 단계
패턴 미리보기

숙소 체크인하고 길을 찾을 때 꼭 필요한 패턴 👫

* 3일간 머무를 예정입니다.
  I'll be here for 3 days.

* 제 방으로 룸서비스를 받을 수 있을까요?
  Could I get room service delivered to my suite?

* 이 지역의 지도를 어디서 구할 수 있을까요?
  Where can I find a map of the area?

* 가장 가까운 지하철역이 어디죠?
  Where's the nearest subway station?

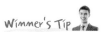

Wimmer's Tip

호텔 체크인을 할 때

체크인은 주로 12시 이후부터
시작되는데 저녁시간을 넘기면
호텔 예약이 취소될 수도 있으
니 체크인 시간이 늦어지면 미
리 전화 연락을 해 둡니다. 경
우에 따라 호텔 키 보증금을 요
구하기도 하는데 이는 체크아
웃 할 때 키를 돌려주면 다시
되돌려 받습니다.

상황 01 **숙소에서 체크인할 때**

숙소에서 체크인을 할 때는 누구 이름으로 예약이 됐는지, 며칠 동안 머물 것인
지 알려줘야 합니다. 그때는 I have a reservation under (이름) for (기간). 의
패턴을 사용하세요.

대표표현 **I have a reservation for Jang-soo Cho.**

조장수라는 이름으로 예약이 되어 있습니다.

I have a reservation under my name.
제 이름으로 예약이 되어 있습니다.

I'll be here for 3 days. 3일간 머무를 예정입니다.

룸서비스 및 세탁 서비스 등을 요구할 때는 Could I get ~? 혹은 I'd like to
request ~ 패턴이 유용합니다.

대표표현 **Could I get room service delivered to my suite?**

제 방으로 룸서비스를 받을 수 있을까요?

Would you please take my luggage to my room?
제 짐을 방으로 가져다 주시겠습니까?

I'd like to request laundry service for room 2201.
2201호 세탁 서비스를 요청하려고 합니다.

I need this shirt ironed. 이 셔츠 좀 다림질해 주세요.

I need a wake-up call at 6:30 a.m., please.
오전 6시 30분 모닝콜 부탁합니다.

Can I have extra towels in my rooms?
제 방에 수건 좀 더 주시겠어요?

대표표현 **Checking out, room 105, please.** 105호 체크아웃 부탁합니다

What time is check-out? 체크아웃은 몇 시죠?

Can I pay by credit card, please? 신용카드로 결제해도 되나요?

Can I take a shuttle bus to the airport? 공항행 셔틀 버스를 탈 수 있나요?

숙소에서 불편사항을 알릴 때

숙박중인 객실에 문제가 생겼거나 불편사항이 있다면 다음과 같은 표현을 사용하여 문제를 해결하세요. 자주 발생하는 상황별 표현을 숙지해 두세요.

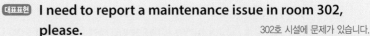

Wimmer's Tip

비즈니스 여행 팁

호텔 객실은 문을 닫으면 자동으로 잠기는 경우가 많으니 외출 시에는 항상 방 열쇠를 소지하도록 합니다. 외출 시 분실의 위험이 있다면 아예 프런트에 맡겨 두는 것이 좋습니다.

대표표현 **I need to report a maintenance issue in room 302, please.** 302호 시설에 문제가 있습니다.

• maintenance (건물·기계 등의) 보수 관리, 유지

There seems to be some problem here. 여기 문제가 있는 것 같습니다.

Can you send someone as soon as possible? 가능한 빨리 누구 좀 보내주시겠어요?

I'm locked out. 문이 안에서 잠겼어요.

대표표현 **I have a leaky sink in room 302.** 302호 세면대에서 물이 샙니다.

The bathroom sink is clogged up. 욕실 세면대가 막혔어요. • clog 막히다, 막히게 하다

The light is not working. 불이 들어오지 않습니다.

The hot water isn't running. 뜨거운 물이 안 나와요.

This room is too cold. 방이 너무 추워요.

This room is too boiling hot. 방이 너무 더워요.

The heater/AC doesn't seem to be working here.
히터가/에어컨이 작동이 안 되는 것 같아요.

• AC 에어컨(= air conditioner)

상황 03 **길을 찾을 때**

길을 찾거나 교통수단에 관해 문의할 때 유익한 표현입니다. 장소를 물어볼 때는 보통 Where can I ~?(어디에서 ~할 수 있나요?) 혹은 Where is ~?(~가 어디죠?)라고 합니다.

대표표현 **Where can I find a map of the area?**
이 지역의 지도를 어디서 구할 수 있을까요?

Can I get directions to your office, please? 사무실까지 찾아가는 법을 알려주시겠어요?

• directions 약도

Sorry to trouble you. I'm looking for the Expo Center. Is this the right way?
실례합니다. 엑스포센터를 찾고 있는데요. 여기로 가면 되나요?

I'm sorry, but could you draw a map for me? 실례지만 약도를 좀 그려 주시겠어요?

대표표현 I'm a stranger here myself.　　　　　　　　저도 여기는 처음입니다.

Where am I? 여기가 어디지요?

⊜ Where are we?

❶ 동반자가 있는 경우 I 대신 we를 쓰기도 합니다.

I'm just visiting as well. I don't know the way. 저도 방문 중이어서 길을 잘 모릅니다.

상황 04　교통수단을 이용할 때

가까운 지하철역이나 버스정거장의 위치를 물을 때는 Where's the nearest ~?(여기서 가장 가까운 ~가 어디죠?)라는 표현을 사용합니다. 교통비는 charge가 아니라 fare라고 하는 것도 기억해 두세요.

대표표현 Where's the nearest subway station?

가장 가까운 지하철역이 어디죠?

How much is the fare? 요금이 얼마죠?

❶ 교통수단의 운임 요금은 fare라고 합니다.

Where should I get off to go to Wall Street? 월스트리트에 가려면 어디서 내려야 하나요?

Which exit should I get out of to get to the Four Seasons Hotel?
포시즌 호텔로 가려면 몇 번 출구로 나가야 하나요?

❶ 선택사항 중에 무엇인지 물을 때는 what보다 which가 정확한 표현입니다.

대표표현 Where do we buy tickets for the subway?

지하철표를 어디에서 사지요?

Can I have a transit card? 교통카드 좀 주세요.

I need a ticket for a bus to San Francisco. 샌프란시스코 가는 버스표 좀 주세요.

Where do I take a bus to San Francisco? 샌프란시스코행 버스는 어디서 타지요?

Excuse me. Do you go to the airport? (버스기사에게) 실례합니다. 이 버스는 공항에 갑니까?

What is the next stop? 다음은 무슨 역이죠?

2단계

문장 만들기

핵심 표현을 활용해
문장을 만들어 보세요.

① 3일간 머무를 예정입니다.   here, day

🎤 ┄┄┄┄┄┄┄┄┄┄┄┄┄┄┄┄┄┄┄┄┄┄┄┄┄┄┄┄

② 제 방으로 룸서비스를 받을 수 있을까요?   room service, deliver, suite

🎤 ┄┄┄┄┄┄┄┄┄┄┄┄┄┄┄┄┄┄┄┄┄┄┄┄┄┄┄┄

③ 105호 체크아웃 부탁합니다.   check out

🎤 ┄┄┄┄┄┄┄┄┄┄┄┄┄┄┄┄┄┄┄┄┄┄┄┄┄┄┄┄

④ 302호 시설에 문제가 있습니다.   report, maintenance issue

🎤 ┄┄┄┄┄┄┄┄┄┄┄┄┄┄┄┄┄┄┄┄┄┄┄┄┄┄┄┄

⑤ 이 지역의 지도를 어디서 구할 수 있을까요?   find, area

🎤 ┄┄┄┄┄┄┄┄┄┄┄┄┄┄┄┄┄┄┄┄┄┄┄┄┄┄┄┄

⑥ 저도 여기는 처음입니다.   stranger, myself

🎤 ┄┄┄┄┄┄┄┄┄┄┄┄┄┄┄┄┄┄┄┄┄┄┄┄┄┄┄┄

⑦ 지하철표를 어디에서 사지요?   ticket, subway

🎤 ┄┄┄┄┄┄┄┄┄┄┄┄┄┄┄┄┄┄┄┄┄┄┄┄┄┄┄┄

모범 영작

① I'll be here for 3 days.

② Could I get room service delivered to my suite?

③ Checking out, room 105 please.

④ I need to report a maintenance issue in room 302, please.

⑤ Where can I find a map of the area?

⑥ I'm a stranger here myself.

⑦ Where do we buy tickets for the subway?

여러분이 주인공이 되어
다음 대화를 영어로
완성하세요.

Speak! 📢

호텔에서 🏨

Helen
제 이름으로 예약이 되어 있습니다. 여기 제 여권입니다.
❶ _____

Hotel Staff
네, 감사합니다. 여기 302호 카드키입니다.
❷ _____

Helen
내일 아침 제 방으로 룸서비스를 받을 수 있을까요?
❸ _____

호텔에서 🏨

Helen
302호 시설에 문제가 있습니다.
❹ _____

Hotel Staff
죄송합니다. 어떤 문제이신지요?
❺ _____

Helen
세면대에서 물이 샙니다.
❻ _____

길을 찾을 때 🗺️

Passerby
이 지역의 지도를 어디서 구할 수 있을까요?
❼ _____

Helen
미안해요, 잘 모르겠어요. 저도 여기는 처음이어서요.
❽ _____

모범 영작

Helen   ❶ I have a reservation under my name. Here is my passport.
호텔직원 ❷ Thank you. Here is the card key to Room 302.
Helen   ❸ Could I get room service delivered to my suite tomorrow morning?
Helen   ❹ I need to report a maintenance issue in room 302, please.
호텔직원 ❺ I'm sorry to hear that. What is the problem?
Helen   ❻ I have a leaky sink.
행인   ❼ Where can I find a map of the area?
Helen   ❽ Sorry, I don't know. I'm a stranger here myself.

149

19 맛집 즐기고 쇼핑하기

메뉴 좀 볼 수 있을까요?

강의 및 예문듣기

해외로 출장이나 여행을 가서도 한국 음식만 고집하는 분들이 있습니다. 한국 음식은 귀국 후에도 얼마든지 먹을 수 있으니 외국에 가면 현지 문화도 체험할 겸 맛집을 미리 알아두어 도전해 보는 것은 어떨까요? 쇼핑 역시 출장의 일부분은 아니지만 귀국 전 짬을 내어 쇼핑시설을 둘러보는 것을 추천합니다.

🎧 19-1.mp3

준비 단계
패턴 미리보기

맛집 즐기고 쇼핑할 때 꼭 필요한 패턴 🙌

＊ 좋은 레스토랑 좀 추천해 주시겠어요?

Can you recommend a nice restaurant?

＊ 창가 쪽 자리로 좀 주시겠어요?

Could we have a table by the window?

＊ 지금 메뉴 좀 볼 수 있을까요?

Could I have a menu now?

＊ 이거 계산해 주세요.

I'd like to pay for this.

1단계
핵심표현 익히기

출장 갈 때 유용한
표현들을 익히세요.

상황 01 **식당을 예약할 때**

맛집을 찾기 위해서는 출장지를 잘 아는 지인이나 현지인에게 추천을 받는 것이 좋습니다. '추천하다'라는 의미인 recommend를 사용하여 Could you recommend a good restaurant?(좋은 레스토랑을 추천해 주시겠어요?)라는 표현을 사용해 보세요.

대표표현 **Can you recommend a nice restaurant?**

좋은 레스토랑 좀 추천해 주시겠어요?

Could you recommend a good, quiet restaurant around this area?
이 근처에 조용하고 괜찮은 식당 좀 추천해 주시겠어요?

We're looking for a really good Italian restaurant.
정말 좋은 이태리 레스토랑을 찾고 있어요.

Do you know any good Italian restaurants? 괜찮은 이태리 식당을 아시나요?

식당을 예약할 때는 '예약하다'는 뜻의 make a reservation이나 reserve를 사용하세요.

대표표현 **Do I need to make a reservation for dinner?**

저녁 식사 하려면 예약해야 되나요?

Can I **make a reservation** for tonight? 오늘 저녁 예약 가능한가요?

I would like to **make a reservation** for three for 7 o'clock tonight.
오늘 저녁 7시로 3명 예약해 주세요.

I would like to **cancel my reservation**, please. 예약을 취소하고 싶습니다.

대표표현 **Could we have a table by the window?**

창가 쪽 자리로 좀 주시겠어요?

Is there a table with a view? 전망 좋은 자리가 있나요?

I want a table in the non-smoking section. 금연석으로 해 주세요.

Is there a table big enough for 15 people? 15명이 앉을 만한 넓은 자리가 있나요?

Could we move to that table over there? 저쪽 테이블로 옮길 수 있을까요?

I'm expecting two more people. 2명이 더 올 겁니다.

상황 02 음식을 주문할 때

음식을 주문할 때는 Can/Could I ~?로 문의하거나 간단하게 I'll have ~라고 말하면 됩니다. 음식 이름을 발음하기가 힘들다면 메뉴판을 가리키거나 숫자로 주문하세요.

대표표현 Could I have a menu now? 지금 메뉴 좀 볼 수 있을까요?

Can we order now? 지금 주문해도 될까요?

What's today's special? 오늘의 특별 요리는 뭔가요?

What's good here? 여기는 뭘 잘하나요?

대표표현 I'll have the tomato spaghetti. 저는 토마토 스파게티로 할게요.

I'll take the filet mignon. 안심 스테이크 주세요.

I'd like the filet mignon. Medium rare, please. 안심 스테이크 주세요. 미디엄 레어로요.

I'd like my steak medium, please. 스테이크를 미디엄으로 주세요.

상황 03 쇼핑할 때

사이즈나 색상을 고를 때는 Do you have this in (색상/사이즈)?을 사용하고, 가격을 물을 때는 간단히 How much ~?라고 문의합니다. 구매하는 게 아니라 그냥 둘러보는 상황이라면 점원에게 I'm just looking.이라고 하면 됩니다.

대표표현 Do you have this in blue? 이걸로 파란색 있나요?

Do you have any others? 다른 것 있나요?

Do you sell souvenirs? 기념품이 있나요?

How much is this? 이거 얼마예요?

대표표현 I'm just looking. 그냥 둘러보고 있습니다.

I don't see anything I like. 마음에 드는 게 없네요.

I'll take another look around. 좀 더 둘러볼게요.

대표표현 I'd like to pay for this. 이거 계산해 주세요.

I'll take this one. 이걸로 할게요.

Could you ring this up? 이거 계산 좀 해주실래요?

• ring up 계산하다 (금전 등록기 소리가 종처럼 울린 데서 유래)

대표표현 I'll pay by credit card. 카드로 계산할게요.

I'll pay by cash. 현금으로 계산할게요.

Can I pay in installments? 할부로 구입할 수 있나요?

• installment 분할, 할부, 할부금

Can I pay on a 3-month installment plan? 3개월 할부로 구입할 수 있나요?

2단계

문장 만들기

핵심 표현을 활용해
문장을 만들어 보세요.

① 좋은 레스토랑 좀 추천해 주시겠어요? recommend, nice

🎤 ....

② 저녁 식사 하려면 예약해야 되나요? need, reservation

🎤 ....

③ 창가 쪽 자리로 좀 주시겠어요? have, window

🎤 ....

④ 지금 메뉴 좀 볼 수 있을까요? have, menu

🎤 ....

⑤ 저는 토마토 스파게티로 할게요. have, spaghetti

🎤 ....

⑥ 이걸로 파란색 있나요? have, in

🎤 ....

⑦ 마음에 드는 게 없네요. see, anything

🎤 ....

모범 영작

❶ Can you recommend a nice restaurant?

❷ Do I need to make a reservation for dinner?

❸ Could we have a table by the window?

❹ Could I have a menu now?

❺ I'll have the tomato spaghetti.

❻ Do you have this in blue?

❼ I don't see anything I like.

여러분이 주인공이 되어
다음 대화를 영어로
완성하세요.

Speak! 📢

레스토랑에서 🍽

Helen 창가 쪽 자리로 좀 주시겠어요?

❶ _____

Waiter 물론이죠. 이쪽으로 오세요.

❷ _____

Helen 지금 메뉴 좀 볼 수 있을까요?

❸ _____

Waiter 메뉴는 테이블에 놓여 있습니다.

❹ _____

쇼핑할 때 📱

Helen 이거 얼마예요?

❺ _____

Clerk 19.90달러입니다.

❻ _____

Helen 이걸로 파란색 있나요?

❼ _____

Clerk 죄송합니다만, 이것은 빨간색만 나와요.

❽ _____

모범 영작

Helen	❶	Could we have a table by the window?
웨이터	❷	Sure. This way, please.
Helen	❸	Could I have a menu now?
웨이터	❹	It's placed on the table.
Helen	❺	How much is this?
직원	❻	It's $19.90.
Helen	❼	Do you have this in blue?
직원	❽	I am sorry, but this only comes in red.

20 출장 후 보고하기

회의는 매우 생산적이었습니다.

강의 및 예문듣기

출장을 다녀오고 나면 처리해야 할 일이 많습니다. 직장동료나 상사에게 업무 복귀를 알리고, 출장에 관한 보고도 해야 합니다. 뿐만 아니라 출장 경비도 처리하고, 출장지에서 방문했던 곳에 감사 및 안부 메시지도 전해야 하지요. 이럴 때 사용하는 표현을 살펴봅시다.

🎧 20-1.mp3

준비 단계
패턴 미리보기

출장 후 보고할 때 꼭 필요한 패턴 🤝

* 출장에서 돌아왔습니다.
  I'm back from a business trip.

* 지출보고서에 교통비는 어떻게 청구하지요?
  How do I claim transportation fees on my expense report?

* 컨퍼런스는 매우 생산적이었습니다.
  The conference was extremely productive.

* 결과가 만족스럽지 않습니다.
  We are not happy with the results.

상황 01 **업무에 복귀할 때**

한동안 자리를 비워서 일이 산더미처럼 쌓여 있다면 I've got so much work piled up.(할 일이 산더미군요.)과 같은 표현을 사용해 보세요.

대표표현 **I'm back from Hong Kong.** 홍콩에서 돌아왔습니다.

I just got back from a business trip. 출장에서 방금 돌아왔습니다.

I'm back to work. 업무에 복귀했습니다.

Back to work! 다시 일을 해야지요!

I'm finally **back**. 드디어 돌아왔습니다.

대표표현 **I've got so much work piled up.** 할 일이 산더미군요.
• pile up 쌓이다

I'm swamped right now. 지금 (일이 많아서) 정신이 없네요.
• be swamped (밀린 업무 등으로) 정신이 없다

I have a lot of **catching up** to do. 업무가 많이 밀렸어요.
• catch up 뒤처진 것을 처리하다, 못 다한 이야기를 나누다

출장 중에 동료들에게 줄 기념품(souvenir)을 구입했다면 선물을 건네면서 출장 이야기를 전해 주세요.

대표표현 **I brought everyone some souvenirs.**
(여러분에게 줄) 기념품을 사왔어요.

I brought you a little something. 작은 선물을 사왔어요.

I got you all some trinkets on my trip. 여행중에 여러분 모두를 위해 기념품을 사왔어요.
• trinket 값싼 작은 장식품, 기념품

상황 02 **출장 보고를 할 때**

상사에게 출장에 대해 보고할 때는 보고서, 출장 경비, 교통비 등을 정리해서 전달합니다. 또한 출장에서의 업무에 대한 브리핑을 해주세요. 성공적이었던 사항과 아쉬웠던 사항들을 함께 정리해 줍니다.

대표표현 **How do I claim transportation fees on my expense report?**
지출보고서에 교통비는 어떻게 청구하지요?
• transportation fee 교통비 • expense report 지출보고서

Where do I report transportation fees on the statement?

입출금 내역서에서 교통비는 어디에 넣을까요?　　　　　　　　　　　• statement 입출금 내역서

To whom do I report all my expenses incurred during the trip?

출장 중 발생한 경비는 누구에게 보고하나요?　　　　　　　　　　　• incur 일어나다, 발생하다

❗ To whom은 '누구에게'라는 의미로 who보다 정중한 표현입니다.

가격 · 수수료 관련 표현

cost는 어떤 상품을 사거나 만드는 데 실제로 들어간 '비용'이라는 의미이고, price는 그렇게 생산된 상품이나 서비스의 판매를 위한 '가격'의 개념입니다. 한편 charge는 '요금' 또는 '비용을 청구하다'라는 뜻입니다. fare는 비행기, 기차, 버스를 탈 때 청구되는 요금이고, fee는 전문적인 서비스나 (교과)과정 등에 청구되는 요금을 의미하지요.

회의 및 출장 결과의 성공을 알릴 때는 productive(생산적인), success(성공) 등의 표현을 사용하세요.

> **대표표현** **The conference was extremely productive.**
>
> 회의는 매우 생산적이었습니다.

The trade show was a success. 무역박람회는 성공적이었습니다.

The meetings couldn't have gone better. 회의는 대단히 좋았어요.

만족스럽지 못한 부분도 함께 보고해 주세요.

> **대표표현** **We are not happy with the results.**　　결과가 만족스럽지 않습니다.

The conference didn't go very well. 회의가 잘 되지 않았습니다.

The trade show was unsuccessful. 무역박람회가 실패했어요.

상황 03 **출장지에 감사 인사를 전할 때**

출장지에서 만났던 담당자에게 간단한 안부 인사와 감사 메시지를 전하는 것이 좋습니다. 단기적인 관계가 아니라 앞으로 팀과 회사를 대표하여 장기적인 관계를 유지해야 하는 경우라면, 같은 회사 해외지점 직원들이라도 감사 및 안부 메시지를 전하는 정성을 보여줍니다.

> **대표표현** **Thank you very much for** your present.　　선물 정말 고맙습니다.
>
> ❗ 특정적인 것을 언급하며 감사의 뜻을 전할 때는 Thank you for~가 적절합니다. 공식적인 표현을 쓰고 싶다면 I appreciate~이 좋습니다.

Thank you very much for the nice dinner. 근사한 저녁 식사 정말 감사했습니다.

Thank you for your hospitality. 환대해 주셔서 감사합니다.　　　　　• hospitality 환대, 접대

I appreciate your hospitality. 환대에 감사합니다.

다양한 감사의 표현을 익힙니다. 간단하지만 매우 유용하여 다양한 상황에서 응용할 수 있습니다.

대표표현 **Thank you for** your concern.　　　　걱정해 주셔서 고맙습니다.

Thank you for everything. 여러 모로 감사합니다.

Thank you for all you've done. 모든 것에 감사드려요.

I can never **thank you enough for** your kind help.
친절히 도와주셔서 얼마나 감사한지 몰라요.

다음 만남을 고대한다고 하려면 look forward to -ing(~를 고대하다)가 유용합니다.

대표표현 **We look forward to seeing you in Korea next time.**

다음에는 한국에서 뵙기를 고대합니다.

When you come to Korea, I will be happy to take you out.
한국에 오시면 제가 기꺼이 구경시켜 드리겠습니다.

Mr. Kim gives his regard to you. 김 과장님께서 안부 전하십니다.

Please keep me posted with all the project details.
프로젝트 세부사항을 모두 저에게 계속 알려 주시기 바랍니다.

1 여러분에게 줄 기념품을 사왔어요. bring, souvenir

🎤 ....

2 할 일이 산더미군요. have got, pile up

🎤 ....

3 비용청구서에 교통비는 어떻게 청구하지요?
claim, transportation fee, expense report

🎤 ....

4 회의는 매우 생산적이었습니다. extremely, productive

🎤 ....

5 결과가 만족스럽지 않습니다. happy, result

🎤 ....

6 선물 정말 고맙습니다. thank, present

🎤 ....

7 다음에는 한국에서 뵙기를 고대합니다. look forward to, next time

🎤 ....

모범 영작

1 I brought everyone some souvenirs.

2 I've got so much work piled up.

3 How do I claim transportation fees on my expense report?

4 The conference was extremely productive.

5 We are not happy with the results.

6 Thank you very much for your present.

7 We look forward to seeing you in Korea next time.

여러분이 주인공이 되어
다음 대화를 영어로
완성하세요.

Speak! 📢))

James
안녕하세요? 저 홍콩에서 방금 돌아왔습니다.
❶ _____

여러분에게 줄 기념품을 사왔어요.
❷ _____

Emily
안녕, 제임스. 고마워요. 오랜만이에요.
❸ _____

James
그러게요. 할 일이 산더미네요.
❹ _____

Emily
회의는 어땠어요?
❺ _____

James
회의는 매우 생산적이었어요.
❻ _____

주요 사안은 모두 전달되었습니다.
❼ _____

아, 그런데 비용청구서에 교통비는 어떻게 청구해야 할까요?
❽ _____

모범 영작

James   ❶ Hello. I'm just back from Hong Kong.
           ❷ I brought everyone some souvenirs.

Emily   ❸ Hi, James. Thank you. Long time no see.

James   ❹ That's right. I've got so much work piled up.

Emily   ❺ How was the conference?

James   ❻ The conference was extremely productive.
           ❼ All the important points were delivered.
           ❽ By the way, how do I claim transportation fees on my expense report?

원만한
직장생활을 위한

사무실·접대 영어

이번 마디에서는 사무실에서 업무의 진행상황을 보고하거나 동료들과 잡담을 나눌 때 필요한 표현들을 알아보고, 외국 방문객 접대 시 한국을 소개하며 사용할 만한 표현들까지 다룹니다. 외국 거래처나 바이어와의 협상이 잘 진행되지 않으면 하루 정도 여유를 두고 근사한 식사를 대접하거나 유적지를 방문하면서 이런 저런 이야기를 나누는 것도 좋습니다. 상대방의 경직된 태도를 바꾸는 전환점이 될 수도 있으니까요. 한국 음식 및 문화에 대한 다양한 소재로 이야기를 펼쳐 나가 보세요. 식사 중에는 상대방이 먼저 언급하기 전까지는 비즈니스에 관련된 얘기는 삼가는 것이 좋습니다.

21

인사하고 축하하기

제 직장동료인 스캇 휴즈 씨를 소개해 드리죠.

강의 및 예문듣기

영어로 업무를 보는 사람들을 만날 때마다 매번 Hi!나 How are you?로만 인사하기에는 뭔가 아쉽고 부족한 느낌이 들 때가 있었을 겁니다. 이번 Unit에서는 만남과 안부 묻기에 필요한 다양한 표현을 학습해 보도록 합시다. 또한 동료의 결혼이나 승진을 축하하는 표현, 좋지 않은 소식을 들었을 때 위로하는 표현 등을 살펴봅시다.

🎧 21-1.mp3

준비 단계

패턴 미리보기

인사하고 축하할 때 꼭 필요한 패턴 🤝

* 제 직장동료인 스캇 휴즈 씨를 소개해 드리죠.
  I'd like you to meet my coworker, Scott Hughes.

* 아니, 이게 누구야!
  Look who's here!

* 축하드려요!
  Congratulations!

* 제 사과를 받아주세요.
  Please accept my apologies.

1단계

핵심표현 익히기

사무실과 접대 자리에서 유용한 표현들을 익히세요.

Wimmer's Tip

다양한 인사법

직장에서의 따뜻한 인사 한마디가 무뚝뚝한 열 마디보다 더 긍정적으로 작용하곤 합니다. 다음 인사표현이 자연스럽게 나오도록 웃으면서 연습해 보세요.

How are you?
How's it going?
How's everything?
How do you feel?
How are things?
How was your weekend?

상황 01 ▶ **인사를 나눌 때**

처음 만난 사이지만 이야기를 들어 온 상대라면 말씀 많이 들었다며 반가운 인사를 나눕니다. 옆에 동료가 있다면 함께 소개해 줍니다.

대표표현 **I'd like you to meet my coworker, Scott Hughes.**
제 직장동료인 스캇 휴즈 씨를 소개해 드리죠.

Jesse has told me so much about you. 제시 씨한테서 말씀 많이 들었습니다.

So we finally meet face-to-face. 드디어 직접 뵙는군요.

I've been wanting to meet you for a long time. 오래 전부터 만나 뵙고 싶었습니다.

간만에 만난 동료나 외부 손님에게 인사하고 안부를 묻는 표현도 살펴봐요.

대표표현 **Look who's here!**
아니, 이게 누구야!

What a surprise to meet you here! 여기서 만날 줄이야!

What have you been up to? 어떻게 지내셨어요?

What brings you here? 여긴 어쩐 일이세요?

간만에 만난 동료나 바이어에게 업무뿐만 아니라 가족 등의 안부를 묻습니다.

대표표현 **How's your family?**
가족들은 잘 있죠?

What about your lovely wife? 부인도 잘 계시죠?

How are your kids? 애들은요?

Say hello to your family for me. 가족들에게 안부 좀 전해주세요.

상황 02 ▶ **Small Talk를 나눌 때**

'오늘 날씨가 덥다더라', '프로젝트 기간을 연장해 주었다더라' 등 자신이 들은 정보를 꺼내며 small talk를 나누는 경우가 많지요. I heard ~(~라고 하더라)를 이용해 다양한 화제를 꺼내서 얘기 나눠 보세요. 이렇게 새로운 토픽으로 대화를 전환할 때는 문장 앞에 By the way(그런데 말이야)라는 표현을 많이 씁니다.

Small Talk

출근해서 동료에게 Good morning.만 하고 마는 인사에서 탈피하여 가볍게 small talk를 나누도록 합시다. Small talk란 날씨, 스포츠, 뉴스, 행사 등에 관해 가볍게 얘기 나누는 것을 말합니다. 이때 종교나 정치 등 논쟁의 여지가 있는 주제는 삼가는 것이 좋습니다.

대표표현 By the way, I heard Jason is not in today.

그런데요, 오늘 제이슨 씨가 안 나온다고 하네요.

By the way, I heard from the weather forecast that it's going to rain cats and dogs. 그런데요, 기상예보를 들었는데 비가 엄청 퍼부을 거예요.

By the way, I heard from the weather forecast that it's going to be boiling hot today. 아, 그런데요, 일기예보에서 그러는데 오늘 날씨가 푹푹 찔 거라고 하네요.

By the way, I heard XP merged with First Star Corporation.

아, 그런데요, XP가 First Star사와 합병했다고 하네요.

'칭찬은 고래도 춤추게 한다'는 말이 있듯이 동료나 부하직원이 잘 처리한 업무가 있다면 바로 칭찬해 주는 센스를 보여주세요.

대표표현 Your last presentation was quite impressive.

지난 번 발표가 아주 인상적이었어요.

You've done well! 정말 잘하셨어요!

How come you speak such good English? 어떻게 그렇게 영어를 잘하세요?

상황 03 축하 및 조의를 표할 때

축하의 대표표현으로는 congratulations, 장례식 등에서 조의의 표현으로는 condolence, sympathy 등의 명사를 사용하세요.

대표표현 Congratulations! 축하드려요!

Well done! 잘하셨어요!

I'm very proud of you. 정말 자랑스럽군요.

My best wishes to you for a bright future! 앞으로 더욱 승승장구하시길 바랄게요!

대표표현 I'm so sorry for your loss. 상심이 크시겠어요.

Please accept my sincere condolences. 심심한 조의를 표합니다. • condolence 애도, 조의

You have my deepest sympathy. 조의를 표합니다.

My heart goes out to you. 마음을 함께합니다.

I know this is a very hard time for your family. 가족들이 많이 힘드시겠어요.

대표표현 **Happy Birthday!**　　　　　　　　　　　　　　　생일 축하해요!

This is for you. 선물이에요.

It isn't much, but I hope you like it. 별거 아니지만, 마음에 들었으면 좋겠네요.

I'm glad you like it. 마음에 든다니 기쁘네요.

대표표현 **Wish you all the best for the New Year!**

새해 모든 일이 잘 이루어지길 빌게요!

Happy new year! 새해 복 많이 받으세요!

May all your wishes come true! 모든 소망이 이루어지길!

Hope you'll have a better year! 더 나은 한 해가 되시길!

I hope everything will be all right. 모든 일이 잘 이루어지길 빌게요.

상황 04 **사과를 할 때**

동료나 상사에게 사과할 일이 있다면 바로 미안함을 전하는 것이 예의입니다. 가벼운 상황이라면 I'm sorry about that. 정도가 무난하고 조금 더 정중하게 사과해야 한다면 Please accept my apologies.가 좋습니다.

대표표현 **Please accept my apologies.**　　　　　　제 사과를 받아 주세요.

I'll be more careful next time. 다음엔 더 주의하도록 하겠습니다.

I shouldn't have said that. 그런 말은 하는 게 아니었어요.

I didn't mean to do that. 그럴 의도는 없었습니다.

I'm sorry about that. 그거 미안했어요.

대표표현 **I accept your apology.**　　　　　　　　마음 쓰지 말아요.

You couldn't help it. 일부러 그런 것도 아니었잖아요.

I won't hold it against you. 마음에 담아두지 않을게요.

Don't let it happen again. 다시는 그러지 마세요.

① 제 직장동료인 스캇 휴즈 씨를 소개해 드리죠.   meet, coworker, Scott Hughes

🎤 --

② 아니, 이게 누구야!   look, who

🎤 --

③ 가족들은 잘 있죠?   how, family

🎤 --

④ 상심이 크시겠어요.   sorry, loss

🎤 --

⑤ 새해 모든 일이 잘 이루어지길 빌게요!   wish, all the best, New Year

🎤 --

⑥ 제 사과를 받아주세요.   accept, apology

🎤 --

⑦ 그런데요, 기상예보를 들었는데 오늘 비가 엄청 퍼부을 거래요.

weather forecast, rain cats and dogs

🎤 --

모범 영작

❶ I'd like you to meet my coworker, Scott Hughes.

❷ Look who's here!

❸ How's your family?

❹ I'm so sorry for your loss.

❺ Wish you all the best for the New Year!

❻ Please accept my apologies.

❼ By the way, I heard from the weather forecast that it's going to rain cats and dogs.

3단계

실전 연습

여러분이 주인공이 되어
다음 대화를 영어로
완성하세요.

Speak! 📣))

Jim
여기서 만날 줄이야!
❶ _____

Helen
어, 안녕하세요, 짐. 어떻게 지내셨어요?
❷ _____

Jim
잘 지냈어요. 여긴 어쩐 일이세요?
❸ _____

Helen
김 차장님 만나러 왔어요.
❹ _____

Jim
가족들은 잘 있어요? 가족들에게 안부 좀 전해주세요.
❺ _____

Helen
잘 지내죠. 음, 저 가봐야 해요. 새해 복 많이 받으세요!
❻ _____

Jim
더 나은 한 해가 되길!
❼ _____

모범 영작

Jim	❶	What a surprise to meet you here!
Helen	❷	Oh, hi, Jim. How have you been?
Jim	❸	I've been alright. What brings you here?
Helen	❹	I am here to meet Mr. Kim.
Jim	❺	How's your family? Say hello to your family for me.
Helen	❻	They are great. Well, I've gotta go. Happy new year!
Jim	❼	Hope you'll have a better year!

22

업무에 관해 대화 나누기

보고서는 끝냈나요?

강의 및 예문듣기

직장 동료나 상사와 출퇴근에 관해 얘기 나눌 때, 업무 진행상황을 묻고 결과를 보고할 때 유용한 표현을 배워봅시다. 상대가 동료인지, 상사인지, 외부 거래처인지에 따라 격이 다른 표현을 사용해야 하는 상황이 있습니다. 이번 Unit의 표현을 잘 익혀서 소통에 문제가 없도록 하세요.

🎧 22-1.mp3

준비 단계

패턴 미리보기

업무에 관해 대화 나눌 때 꼭 필요한 패턴

* 드릴 말씀이 있는데요.
  May I have a word with you?

* 서류 작성하는 것 좀 도와주시면 안 될까요?
  Would you mind helping me with the paperwork?

* 그거 끝냈어요?
  Did you get it done?

* 그만 퇴근하죠.
  Let's wrap it up here.

사무실과 접대 자리에서 유용한 표현들을 익히세요.

상황 01 **업무에 관해 문의할 때**

상사에게 '드릴 말씀이 있는데요.'라고 정중하게 말하고 싶다면 May I have a word with you?가 적절합니다. 급하게 빨리 처리해야 하는 문의사항인 경우 Can I talk to you now, please? 정도면 무난하고요. 상황에 따라 적당한 표현을 골라서 사용하세요.

> **대표표현** **May I have a word with you?** 드릴 말씀이 있는데요.
>
> ❶ have a word with(~와 대화를 나누다)는 다소 정중한 느낌의 표현입니다. 상사에게 말하기 어려운 내용을 꺼낼 때 조심스럽게 말하는 뉘앙스입니다.

I have something to tell you. 드릴 말씀이 있어요.

I would like to have a word with you. 얘기 좀 했으면 합니다.

There is something I need to say to you. 할 말이 있습니다.

A word with you. 할 말이 있어요.

Can I talk to you now, please? 지금 얘기 좀 할 수 있을까요?

Could we talk? 얘기 좀 할까요?

직장 동료나 상사에게 뭔가를 부탁할 때는 Could you ~?(~해 줄래요?)가 무난합니다. 하지만 어려운 부탁의 경우 좀 더 정중하게 Would you mind -ing?를 사용하는 것이 좋겠지요. 상사가 부하직원에게 업무를 지시할 때는 명령문을 사용하기도 합니다.

> **대표표현** **Would you mind helping me with the paperwork?**
> 서류 작성하는 것 좀 도와주시면 안 될까요?

Could you fill in for me? 저 대신 처리 좀 해 주시겠어요? • fill in for ~대신 일을 봐주다

Turn in the report before you leave today. 오늘 퇴근 전까지 보고서 제출해 주세요.

Finish the report by COB today. 오늘 퇴근 전까지 보고서를 끝내세요.

❶ COB는 the close of the business의 약어로서 '업무 종료'를 뜻합니다.

상황 02 **업무 진행 상황을 보고할 때**

업무가 마쳐진 상태를 주로 be done이라고 표현합니다. done 대신 finalized, completed, finished를 사용하면 '완성되다'라는 뜻으로 좀 더 특정적이고 세련된 표현이 됩니다.

대표표현 Did you get it done?　　　　　　　　　그거 끝냈나요?

How's your report coming along? 보고서는 어떻게 돼 가나요?

Would you double-check it? 다시 확인해 주시겠어요?

When do you need the report by? 이 보고서가 언제까지 필요하세요?

진행 상태를 보고할 때는 비율이나 백분율을 사용하면 좀 더 정확하게 전달할 수 있습니다.

대표표현 We've done about half of it.　　　　　　반 정도 했습니다.

⊜ About half of it.

⊜ We are halfway there.

⊜ It's about halfway done.

We are about 25% done. 25% 정도 했습니다.

⊜ We've done about a quarter of it.

대표표현 It will be done by Wednesday.　　　　수요일까지 끝내겠습니다.

I will be done with this report by Friday. 이 보고서를 금요일까지는 끝내겠습니다.

I will have this report done by tomorrow. 내일까지 이 보고서를 마치겠습니다.

❗ have A p.p.는 'A가 ~되도록 하다'라는 뜻이에요.

By Wednesday. 수요일까지요.

I'll make sure it will be done by Thursday. 목요일까지 꼭 완성되도록 하겠습니다.

❗ 지정 기간까지 꼭 하겠다는 강한 확신을 심어줄 때 쓰는 표현입니다.

상황 03　출퇴근 관련해서 문의할 때

조퇴를 하거나 휴가를 낼 때는 I need to~나 I'll~을 써서 얘기하면 되는데, 이런 얘기를 꺼내는 게 조심스러운 분위기라면 May I~?나 Do you mind if~?(~해도 괜찮겠습니까?)를 사용하는 게 좋습니다.

대표표현 Do you mind if I take off early?　　　조퇴해도 될까요?

❗ mind는 '~신경 쓰다, 꺼리다'라는 뜻으로, 이 질문에 대한 답변은 yes가 부정, no가 긍정이 되니 주의하세요.

171

May I leave early today? 오늘 조퇴해도 될까요?

May I take the rest of the day off? 조퇴해도 될까요?

I'll take my annual/monthly leave this time. 이번에 연차/월차를 쓰겠습니다.

I think I need to go home early. 일찍 퇴근해야 할 것 같아요.

I've got to go a bit early tonight. 오늘 저녁에 좀 일찍 가 봐야 합니다.

**지각·조퇴 등으로
사과할 때**

지각을 하면 I'm sorry I'm late.(지각해서 죄송합니다.)라고 사과할 때가 많습니다. 그런데 지각 사유가 타당하다면 사과보다는 유감을 표하는 것이 좋습니다. 항상 미안하다고 하면 실없는 사람으로 비추어질 수도 있으니까요. 이럴 때는 I'm sorry 뒤에 but을 붙여서 I'm sorry, but I will be late this morning.(유감스럽게도 오늘 아침에 좀 늦을 것 같아요.)과 같이 말하면 됩니다.

대표표현 **Let's wrap it up here.**　　　　그만 퇴근하죠.

Let's call it a day. 그만 퇴근하죠.

You're leaving already? 벌써 퇴근해요?

I will leave first. 먼저 퇴근합니다.

I can't take off now. 저는 지금 퇴근 못 해요.

I still have some work to do. 아직 할 일이 있어요.

I will catch up on it tomorrow. 그건 내일 하겠습니다.　　　• catch up on 뒤처진 일을 만회하다

핵심 표현을 활용해
문장을 만들어 보세요.

① 드릴 말씀이 있는데요. may, word

🎤 _____

② 서류 작성하는 것 좀 도와주시면 안 될까요? mind, paperwork

🎤 _____

③ 조퇴해도 될까요? mind, take off early

🎤 _____

④ 그거 끝냈나요? get it done

🎤 _____

⑤ 반 정도 했습니다. done, about half

🎤 _____

⑥ 수요일까지 끝내겠습니다. it, done, by

🎤 _____

⑦ 지난 번 당신의 발표는 아주 인상적이었습니다. last, quite, impressive

🎤 _____

모범 영작

① May I have a word with you?

② Would you mind helping me with the paperwork?

③ Do you mind if I take off early?

④ Did you get it done?

⑤ We've done about half of it.

⑥ It will be done by Wednesday.

⑦ Your last presentation was quite impressive.

여러분이 주인공이 되어 다음 대화를 영어로 완성하세요.

Speak! 📢

Helen 드릴 말씀이 있어요.
① _____

Mike 네. 무슨 일이지요?
② _____

Helen 서류 작성하는 것 좀 도와주시면 안 될까요?
③ _____

Mike 문제 없어요.
④ _____

보고서는 끝냈나요?
⑤ _____

Helen 반 정도 했습니다. 수요일까지 끝내겠습니다.
⑥ _____

Mike 그만 퇴근하죠.
⑦ _____

> **모범 영작**

Helen   **①** I have something to tell you.

Mike   **②** Sure. What is it?

Helen   **③** Would you mind helping me with the paperwork?

Mike   **④** No problem.
         ⑤ Did you get the report done?

Helen   **⑥** We've done about half of it. It will be done by Wednesday.

Mike   **⑦** Let's wrap it up here.

23 거래처 방문하기

에반스 씨를 뵙기로 했는데요.

강의 및 예문듣기

거래처에 방문하기 전에는 미리 전화로 약속을 잡아야 합니다. 일이 생겨서 약속을 연기하거나 취소해야 하는 상황이 생기면 꼭 미리 전화해서 양해를 구하도록 합니다. 거래처에 방문하여 만나기로 한 사람을 찾을 때, 반대로 방문자를 맞이할 때 사용하는 표현 등을 살펴봅시다.

🎧 23-1.mp3

준비 단계
패턴 미리보기

거래처를 방문할 때 꼭 필요한 패턴 👫

* 에반스 씨와 약속이 있어요.
  I have an appointment with Mr. Evans.

* 먼 길 와 주셔서 감사합니다.
  Thank you for travelling such a long distance.

* 마실 것 좀 드릴까요? 차나 커피 어떠세요?
  Can I get you a drink? Some tea or coffee?

* 즐거운 시간이었습니다.
  I had a very good time.

175

사무실과 접대 자리에서 유용한 표현들을 익히세요.

Wimmer's Tip

Small Talk 주제 ①
비즈니스 만남이라고 해도 항상 사업 얘기만 할 수는 없으므로 대화 중간에 다음과 같은 질문을 하면서 small talk를 나눠보세요.

How was your flight?
비행기 여행은 어떠셨습니까?

How long is your business trip for?
출장이 얼마 동안이세요?

How's business?
사업은 잘 되세요?

상황 01 **약속을 잡거나 변경할 때**

약속을 잡을 때는 언제(when), 어디서(where), 몇 시에(what time) 만날 것인지 확인해야 합니다.

대표표현 When is a good time for you? 언제가 좋으세요?

When shall we meet? 언제 만날까요?

When would be a good time for me to come over? 제가 언제 방문하면 좋을까요?

Where shall we meet? 어디서 만날까요?

약속시간을 변경하거나 취소해야 하는 경우에는 꼭 미리 통보하는 것이 예의입니다.

대표표현 I'm afraid I have to cancel our meeting.
죄송하지만 회의를 취소해야 할 것 같습니다.

I'm wondering if you could postpone our meeting on Tuesday.
화요일 회의를 연기해 주실 수 있을까 해서요.

I'm wondering if we could postpone our meeting until next Monday.
회의를 다음 주 월요일로 미룰 수 있을까 해서요.

I'm sorry for such short notice. 이렇게 갑작스럽게 알려드려 죄송합니다.

• short notice 촉박한 통보

Wimmer's Tip

Small Talk 주제 ②

How do you like Korean food?
한국 음식은 어떠세요?

How do you get around in Seoul?
서울에서 어떤 교통수단을 사용하세요?

How did you learn Korean?
한국어를 어떻게 배우셨나요?

Your Korean is really good.
한국어를 굉장히 잘하시네요.

상황 02 **거래처를 방문할 때**

거래처에 방문했을 때는 만나기로 한 상대의 이름을 얘기하고 안내를 기다립니다. 상대의 직책이나 부서까지 말해야 할 때도 있으므로 미리 정확히 알고 있는 것이 좋습니다.

대표표현 I have an appointment with Mr. Evans.
에반스 씨와 약속이 있어요.

I'm here to see Mr. Evans. 에반스 씨를 만나러 왔습니다.

Could you please tell Mr. Evans I'm here?
에반스 씨에게 제가 왔다고 전해주시겠어요?

방문객을 안내할 때는 방문에 대한 감사 인사를 하고 간단한 음료를 대접합니다.

대표표현 **Thank you for travelling such a long distance.**

이렇게 먼 길 와 주셔서 감사합니다.

Did you have any trouble getting here? 찾아오시는 데 어려움은 없으셨나요?

⊜ Did you have any trouble finding us?

대표표현 **Can I get you a drink? Some tea or coffee?**

마실 것 좀 드릴까요? 차나 커피 어떠세요?

Would you like something to drink?
뭐 마실 것 좀 드릴까요?

Here are some drinks and snacks. Help yourself.
여기 음료와 다과가 있습니다. 맘껏 드세요.

❶ Help yourself.는 음식을 권하면서 '맘껏 편히 드세요'라는 뜻으로 쓰입니다.

May I take your jacket? 외투를 걸어드릴까요?

Let me carry the luggage for you. 제가 짐을 들어다 드리지요.

상황 03 **방문을 마칠 때**

방문을 마칠 때는 서로 연락처를 교환하고 방문에 감사하는 표현으로 마무리를
합니다. 다음 만남을 약속하기도 하고 친근한 사이라면 식사나 술자리를 제안할
수도 있습니다.

대표표현 **How can I reach you?**

어떻게 연락 드리면 될까요?

Let me give you my business card. 제 명함을 드릴게요.

Here's my email address. 여기 제 이메일 주소 드릴게요.

대표표현 **I'm sorry, but I must go now.**

죄송하지만 이제 가봐야겠어요.

It's been nice talking to you. 말씀 나눠서 즐거웠습니다.

It was nice meeting you. 만나 뵙게 되어 기뻤습니다.

만남 제의를 수락할 때

That's very nice of you.
Thank you.
친절하시군요. 감사합니다.

Sure, why not?
그럼요. 물론이지요.

I'd be happy to.
기꺼이 가지요.

만남 제의를 거절할 때

Thank you, but I already
have plans tonight.
Maybe some other time.
감사하지만 오늘 저녁에는 선약이
있네요. 다음에 하지요.

I wish I could, but I'm
leaving tonight.
같이 가고 싶지만 오늘 저녁에 떠
납니다.

대표표현 **I had a very good time.**   즐거운 시간이었습니다.

Thanks for your time. 시간 내 주셔서 감사합니다.

⊜ Thank you for spending time with us.

어느 정도 친해진 사업 상대에게 사업 외 만남을 주선하는 것도 인맥을 쌓아가는 방법이지요.

대표표현 **How about going for a drink after work?**

퇴근 후에 술 한잔 어때요?

Do you have time for coffee? 커피 마실 시간 있어요?

Let's meet on Friday after work. 금요일 퇴근 후에 만나요.

Can I take you out for dinner tonight? 오늘 저녁식사를 대접하고 싶은데요.

Why don't we go for a drink afterwards? 끝나고 한잔 하러 갈까요?

We are planning to go out for dinner tonight. Would you like to join us?

저희 끝나고 저녁 먹으러 갈 예정인데 같이 가실래요?

2단계
문장 만들기

핵심 표현을 활용해
문장을 만들어 보세요.

❶ 제가 언제 방문하면 될까요? would, good time, come over

🎤 ....

❷ 이렇게 먼 길 와 주셔서 감사합니다. such, distance

🎤 ....

❸ 마실 것 좀 드릴까요? 차나 커피 어떠세요? get, drink

🎤 ....

❹ 어떻게 연락 드리면 될까요? how, reach

🎤 ....

❺ 죄송하지만 이제 가봐야겠어요. must, now

🎤 ....

❻ 말씀 나눠서 즐거웠습니다. nice, talk

🎤 ....

❼ 퇴근 후에 술 한잔 어때요? how about, drink, after work

🎤 ....

모범 영작

❶ When would be a good time for me to come over?

❷ Thank you for travelling such a long distance.

❸ Can I get you a drink? Some tea or coffee?

❹ How can I reach you?

❺ I'm sorry, but I must go now.

❻ It's been nice talking to you.

❼ How about going for a drink after work?

Speak! 📢

전화로 약속시간을 미룰 때

Anna
미팅을 다음 주 월요일로 미룰 수 있을까 해서요.
❶ _____

너무 갑작스럽게 알려드려 죄송합니다.
❷ _____

Evans
괜찮습니다. 그날 같은 시간 제 사무실에서 뵙죠.
❸ _____

상대방 회사를 방문할 때

Anna
에반스 씨를 만나러 왔습니다.
❹ _____

Evans
찾아오시는 데 어려움은 없으셨나요?
❺ _____

Anna
아니요, 전혀요. 약도가 도움이 되었습니다.
❻ _____

Evans
마실 것 좀 드릴까요? 차나 커피 어떠세요?
❼ _____

모범 영작

Anna   ❶ I'm wondering if we could postpone our meeting until next Monday.
        ❷ I'm sorry for such short notice.

Evans   ❸ No problem. See you in my office at the same time then.

Anna   ❹ I'm here to see Mr. Evans.

Evans   ❺ Did you have any trouble getting here?

Anna   ❻ No, not at all. The directions helped me.

Evans   ❼ Can I get you a drink? Some tea or coffee?

24

접대 및 회식하기

이곳은 아주 전통적인 한식당이지요.

사람들은 인종을 불문하고 음식 앞에서는 부드러워진다고 하지요. 회의나 협상이 잘 진행되지 않으면 바이어나 협상 상대에게 근사한 식사를 대접하며 이런 저런 이야기를 나눠보는 것도 좋습니다. 상대방의 음식 취향을 먼저 물어보고 혹시 못 먹는 음식이 있는지 조사하는 것은 필수입니다. 비즈니스 접대 장소는 가능하면 고급 레스토랑으로 선택합니다. 잘 알고 지내는 사이라면 소박한 곳도 좋지만 비즈니스 만남이라면 상대방을 최고로 여겨 대접하는 것이 좋습니다. 접대와 회식에서 유용하게 사용할 수 있는 표현을 배워봅시다.

🎧 24-1.mp3

준비 단계

패턴 미리보기

접대 및 회식 자리에서 꼭 필요한 패턴 🤝

* 이곳은 아주 전통적인 한식당이지요.
  This is a very traditional Korean restaurant.

* 여기는 신선한 음식을 제공하지요.
  They serve fresh food.

* 건배합시다!
  Let's have a toast!

* 한 잔 더 드시겠어요?
  Would you care for one more drink?

사무실과 접대 자리에서 유용한 표현들을 익히세요.

외국인 접대 시 주의사항

대부분의 사람들이 일방적으로 접대 계획을 짜고 통보하는 경향이 있는데 이것은 상대방의 취향을 무시하는 행동입니다. 상대의 취미가 무엇인지 물어본 후 몇 가지 계획을 제시하여 상대방이 원하는 것을 선택하도록 하세요. 요즘은 술자리보다 영화, 골프, 산행, 공연 관람, 맛집 탐방 등 다양한 활동을 선호하는 추세입니다. 상대방의 문화 및 배경, 언어를 고려하여 관심거리가 일치하는 활동을 선택하도록 합니다.

상황 01 🍽 **식당 소개하고 주문할 때**

식사나 회식 자리를 마련한 측이 식당이 어떤 특징이 있는지 소개하고, 그 식당의 대표 메뉴나 잘하는 음식 등을 추천해 줍니다. 그러면서 자연스럽게 이야기를 전개해 나갑니다.

대표표현 **This is a very traditional Korean restaurant.**

여기는 아주 전통적인 한식당이지요.

This is a very famous restaurant.
여기는 아주 유명한 식당이지요.

This restaurant is always jammed with people. Glad we reserved our table.
이 식당은 항상 사람들로 붐벼요. 우리 자리를 예약해 두길 잘했군요.

• be jammed with ~으로 붐비다, 꽉 차다

This is one of the best Korean restaurants in Seoul.
여기는 서울에 있는 최고 한식당 중 한 곳입니다.

대표표현 **They serve fresh food.** 여기는 신선한 음식을 제공하지요.

They serve the finest steak.
여기는 최고의 스테이크를 제공합니다.

This place is very famous for salmon dishes.
이곳은 연어 요리로 굉장히 유명합니다.

This is called bulgogi.
이것은 '불고기'라고 합니다.

상대방보다 내가 먼저 도착한 경우 주문을 하지 않고 기다리는 것이 예의입니다. 하지만 상대방이 먼저 온 경우라면 혹시 주문을 했는지 물어본 후 주문을 합니다.

대표표현 **Did you order something?** 뭔가 주문하셨는지요?

Have you ordered already? 벌써 주문하셨습니까?

What should we order? 뭘 주문할까요?

What would you like to drink? 뭘 마실래요?

회식이나 접대 시 꼭 알아야 할 표현으로 '건배'에 관한 표현이 있지요. '건배하다'는 have a toast라고 합니다. 주량에 관한 질문도 자주 주고받으니 관련 표현도 알아두세요.

대표표현 Let's have a toast!
건배합시다!

Cheers! 건배!

What shall we drink to? 뭘 위해 건배할까요?

To our health! 건강을 위하여!

Here's to the prosperity of our business!
우리 사업의 번창을 위하여!
· prosperity 번영. 번창

Bottoms up! 원샷!

Wimmer's Tip

계산할 때 유용한 표현

I'll take care of the check.
제가 계산하지요.

Let me pay for the bill.
제가 내겠습니다.

This is my treat.
제가 쏩니다.

Why don't we split the bill? 각자 내지요.

Thank you so much for your treat.
감사히 잘 먹었습니다.

It's my treat next time around.
다음엔 제가 살게요.

대표표현 How much do you usually drink?
주량이 어느 정도 되시나요?

I'm a light drinker.
저는 술을 잘 못 마십니다.

I'm a moderate drinker.
저는 술을 보통으로 마십니다.
· moderate 보통의. 중간의

You're a heavy drinker.
술을 잘하시는군요.

I can hold my liquor well.
저는 술을 마셔도 잘 안 취합니다.
· hold one's liquor (술을 마셔도) 취하지 않다. 술에 강하다

I probably drink more than I should.
제가 술을 좀 과하게 마시는 편이죠.

대표표현 You are drunk.
술 취하셨군요.

I think you've had enough.
많이 드신 것 같아요.

I drank so much I passed out.
술을 너무 많이 마셔서 필름이 끊겼어요.

2차로 이동하는 것을 bar hopping이라고 합니다. 이는 여러 술집을 돌아다니며 마신다는 의미이지요. 상대가 2차를 거절하는 경우 너무 강요하지 말고 잘 돌아가라고 인사를 나누고, 술이 취했다면 대리기사를 불러 주는 등 다음 표현들을 참고해 보세요.

대표표현 Let's go have another round. 한 잔 더 하러 갑시다.

Shall we hop to another bar? 다른 술집으로 옮길까요?

Shall we go bar hopping to a different place?
다른 곳으로 2차 갈까요? • go bar hopping 여러 술집을 돌아다니며 마시다

This is my favorite hang-out. 이곳은 제 단골집입니다. • hang-out 자주 가는 곳

대표표현 Would you care for one more drink? 한 잔 더 드시겠어요?

That's enough for me. 저는 그만 마시겠습니다.

I got tipsy. 저는 약간 취했습니다. • tipsy 술이 약간 취한

대표표현 Did you have a good time? 즐거운 시간 보냈어요?

It's been great to be here. 정말 좋았습니다.

I really enjoyed your party. 파티가 정말 즐거웠습니다.

I will call a designated driver. 대리 운전기사를 부를 거예요.

Drive carefully! 운전 조심해 가세요!

핵심 표현을 활용해
문장을 만들어 보세요.

1 벌써 주문하셨습니까? order, already

🎤 _____

2 여기는 신선한 음식을 제공하지요. serve, fresh

🎤 _____

3 건배합시다! toast

🎤 _____

4 주량이 어느 정도 되시나요? how much, usually

🎤 _____

5 한 잔 더 드시겠어요? would, care for

🎤 _____

6 다른 곳으로 2차 갈까요? shall, bar hopping

🎤 _____

7 즐거운 시간 보냈어요? have, time

🎤 _____

모범 영작

❶ Have you ordered already?

❷ They serve fresh food.

❸ Let's have a toast!

❹ How much do you usually drink?

❺ Would you care for one more drink?

❻ Shall we go bar hopping to a different place?

❼ Did you have a good time?

여러분이 주인공이 되어
다음 대화를 영어로
완성하세요.

Speak! 🔊

Han 벌써 주문하셨습니까?

❶ _____

Mike 아니요, 아직입니다. 저도 방금 도착했어요.

❷ _____

Han 여기는 서울에 있는 최고 한식당 중 한 곳입니다.

❸ _____

Mike 그것 좋군요.

❹ _____

Han 주량이 어느 정도 되시나요?

❺ _____

Mike 저는 술을 좀 과하게 마시는 편이죠.

❻ _____

Han 하하. 저랑 같네요. 건배하시죠!

❼ _____

Mike 우리 사업의 번창을 위하여!

❽ _____

모범 영작

Han ❶ Have you ordered already?

Mike ❷ No, not yet. I've just arrived.

Han ❸ This is one of the best Korean restaurants in Seoul.

Mike ❹ That's great.

Han ❺ How much do you usually drink?

Mike ❻ I probably drink more than I should.

Han ❼ Haha. That makes two of us. Let's have a toast!

Mike ❽ Here's to the prosperity of our business!

25 우리 문화 알려주기

한국은 4계절이 뚜렷합니다.

강의 및 예문듣기

한국에 방문한 외국 거래처 직원에게 무조건 한국 음식만 권하거나 Do you know Psy? 등을 물어보면서 한류나 K-Pop에만 초점을 맞춰서 안내하는 것은 무척 아쉬운 일입니다. 한국의 전통을 잘 보여주는 한식당에 데리고 가서 한국의 식문화에 대해 자세히 설명해 주고, 유적지나 관광명소 등을 함께 방문하면서 우리 문화와 역사를 체험하게 해주세요. 나아가 한국의 지리나 기후, 사회적 문제에 관심을 갖는 외국인들도 많으므로 관련된 표현들을 미리미리 준비해두는 것이 좋습니다.

🎧 25-1.mp3

준비 단계
패턴 미리보기

우리 문화 알려줄 때 꼭 필요한 패턴 👫

* 이거 드셔보신 적 있나요?
Have you tried it before?

* 이건 불고기예요. 한국식 볶은 쇠고기이지요.
It's bulgogi. It's Korean-style stir-fried beef.

* 한국식 젓가락은 쇠로 만들어졌어요. 이렇게 잡는 겁니다.
Korean chopsticks are made of steel. Here's how you hold them.

* 현대적인 쇼핑장소와 전통적인 관광명소 중 어느 것을 선호하세요?
Which do you prefer, modern shopping areas or traditional tourist attractions?

상황 01 **음식을 소개할 때**

음식을 소개할 때는 요리 이름만 알려주기보다는 어떤 재료가 사용되고 어떤 맛이 나는지 등을 구체적으로 설명해 주면 좋습니다.

대표표현 **Have you tried it before?** 이거 드셔보신 적 있나요?

❗ 과거 경험을 묻는 질문인 Have you p.p.?(~한 적이 있나요?)를 사용해서 물어보세요.

Have you eaten kimchi before?
전에 김치를 드셔보신 적 있나요?

Have you tried traditional Korean liquor?
한국 전통주를 드셔보신 적 있으신가요? • liquor (특히 독한) 술

Have you been to this restaurant before? It's very famous for fresh fish.
전에 이 식당에 와 보신 적 있으십니까? 이곳은 신선한 생선으로 무척 유명하지요.

대표표현 **It's bulgogi. It's Korean-style stir-fried beef.**
이건 불고기예요. 한국식 볶은 쇠고기이지요.

It's bibimbap. "bibim" means "mix," and "bap" means "rice." It has healthy vegetables, some meat, and an egg. Mix it well with this hot pepper paste.
비빔밥이에요. '비빔'은 '섞다'라는 뜻이고 '밥'은 rice이지요. 몸에 좋은 야채, 고기, 그리고 계란이 들어 있어요. 이 고추장과 함께 잘 섞으세요.

This is Gujeolpan. You wrap those side dishes with this thin flour pancake. It's like a small burrito.
이건 구절판이에요. 같이 나온 반찬을 이 얇은 밀가루전에 마세요. 작은 부리토와 같지요.

It's called "pajeon," which is a Korean-style pancake or pizza, I should say, that contains green onion and other vegetables and some seafood.
'파전'이라고 합니다. 한국식 팬케이크나 피자라고 할 수 있겠네요. 파와 다른 야채, 해산물이 들어가죠.

식사를 하면서 요리에 관한 특별한 도구나 식기가 있다면 알려주세요. 한국식 식사예절 등 음식에 관련된 재미있는 얘깃거리가 많습니다.

대표표현 **Korean chopsticks are made of steel. Here's how you hold them.** 한국 젓가락은 쇠로 만들어졌어요. 이렇게 잡는 겁니다.

There is a grill attached to the table, and we grill the meat ourselves here.
식탁에 석쇠가 붙어 있어서 여기서 우리가 직접 고기를 굽지요.

We cook the stew on the table here and serve it hot.
찌개를 식탁 위에서 요리하고 뜨거울 때 먹지요.

These are special plates with gold patterns.
이 접시는 금 무늬가 있어서 특별합니다.

상황 02 **관광지 · 명소를 안내할 때**

무조건 한국적인 명소를 방문하도록 권유하기보다는 상대방이 선호하는 장소가 있는지 먼저 물어보는 것이 좋습니다. Which do you like/prefer ~?(어느 곳을 좋아해요/더 좋아해요?)를 사용해서 물어보세요.

대표표현 **Which do you prefer, modern shopping areas or traditional tourist attractions?**

현대적인 쇼핑장소와 전통적인 관광명소 중 어느 것을 선호하세요?

Which do you prefer, a busy shopping area or a quiet park?
붐비는 쇼핑장소와 조용한 공원 중 어디를 선호하세요?

Which do you like better, visiting Seoul Grand Park or hiking Bukhansan Mountain?
서울대공원을 방문하는 것과 북한산을 등산하는 것 중 어떤 것이 더 좋아요?

Where would you like to go, Namsan Mountain or Dongdaemoon Market?
남산과 동대문시장 중 어디에 가고 싶으세요?

상대방의 관광 선호지를 파악한 후 어디를 안내할 것인지 관광일정을 간단히 설명해 주세요. take A to B(A를 B로 안내하다)를 사용하면 됩니다.

대표표현 **I will take you first to Changdeokgung Palace to show you some traditional Korean architecture.**

먼저 창덕궁으로 안내해서 한국의 전통적인 건축물을 보여드리지요.

I will take you to the famous hot spring in Suwon first.
먼저 수원에 있는 유명한 온천으로 안내할게요. · hot spring 온천

Let me guide you to Gyeongbokgung Palace first followed by Dosan Park.
먼저 경복궁을 안내해 드리고 그 다음에는 도산공원을 안내해 드리지요.

· followed by 뒤이어, 잇달아

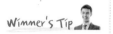

Wimmer's Tip

관광 가이드 이용하기
관광지를 안내할 때 안내하는 사람이 그 관광지에 대해 잘 모르면 길을 잃거나 설명을 제대로 못하는 경우가 생깁니다. 이를 예방하기 위해 전문 관광 가이드와의 단체 관람을 문의해보는 것도 방법입니다. 특히 역사나 문화재에 관한 설명은 박물관 큐레이터나 전문 해설사의 도움을 받는 것이 좋습니다. 영어 가이드 프로그램 시간 등을 미리 알아두어 계획을 짜도록 하세요.

상황 03 **지리 · 기후 · 문화에 대해 설명할 때**

한국의 지리 · 기후 · 문화 등에 대해 설명을 하려면 정확한 정보를 미리 찾아 두는 것이 좋습니다. 비즈니스 접대 시 외국인들이 한국에 관해 궁금해 하면서 지리나 인구, 역사 등에 관해 질문을 하곤 하는데, 영어를 몰라서가 아니라 지식이 없어서 대답을 못하는 경우가 많기 때문입니다.

대표표현 **The tallest mountain in Korea is Baekdusan Mountain.**

한국에서 가장 높은 산은 백두산입니다.

The second tallest mountain is Hallasan Mountain.
두 번째로 높은 산은 한라산입니다.

There are many rivers in Korea including the Hangang River and Nakdonggang River.
한국에는 한강, 낙동강을 포함해서 강이 참 많아요.

Mountains occupy up to 70% of the total area of South Korea.
남한의 전체 면적의 70%를 산이 차지하고 있습니다.

대표표현 **Korea has dynamic weather with four distinct seasons.**

한국은 4계절이 뚜렷한 역동적인 날씨를 보입니다.

Korea has a monsoon climate in summer.
한국은 여름에 장마철 기후를 보입니다.   • monsoon 우기, 장마

Korea has a very dry cold winter.
한국의 겨울은 매우 건조하고 추워요.

The Korean peninsula is located between 33 degrees and 43 degrees of the northern latitude. 한반도는 북위 33도와 43도 사이에 위치하고 있어요.   • latitude 위도

인구에 대한 설명은 population(인구), around, about이란 표현을 사용하여 전해 줍니다.

대표표현 **The population of Korea, North and South combined, is around 70~80 million.**

북한과 남한을 합친 한국의 인구는 약 7~8천만 명 사이입니다.

The total population of South Korea is about 51 million.
남한의 총 인구는 약 5100만 명입니다.

About 10 million people live in Seoul, which is roughly 20% of the population.
천만 명 정도의 사람들이 서울에 살고 있는데, 이것은 인구의 약 20퍼센트이지요.

'~로 잘 알려져 있다'고 할 때 그것이 긍정적인 사항이라면 be famous for를 사용하고, 부정적이거나 중립적인 정보라면 be known for나 be known to be를 사용합니다.

대표표현 **Korea is known to be a very competitive society.**

한국은 매우 경쟁이 심한 사회로 알려져 있습니다.

Korea is known to be "a miracle of the Han river."

한국은 '한강의 기적'으로 잘 알려져 있지요.

Korea is known to have a very high suicide rate.

한국은 자살률이 높은 것으로 알려져 있습니다.

Korea is known for being the OECD country with the longest working hours.

한국은 OECD 국가 중 근무시간이 가장 긴 것으로 알려져 있지요.

① 김치를 드셔보신 적 있나요? try, before

🎤 ....

② 한국 젓가락은 쇠로 만들어졌어요. 이렇게 잡는 겁니다. chopsticks, steel, hold

🎤 ....

③ 현대적인 쇼핑장소와 전통적인 관광명소 중 어느 것을 선호하세요?

prefer, modern, traditional

🎤 ....

④ 먼저 창덕궁으로 안내해서 한국의 전통적인 건축물을 보여드리지요.

take, Changdeokgung Palace, architecture

🎤 ....

⑤ 한국은 4계절이 뚜렷한 역동적인 날씨를 보입니다. dynamic, distinct

🎤 ....

⑥ 북한과 남한을 합친 한국의 인구는 약 7~8천만 명입니다.

population, combined, million

🎤 ....

⑦ 한국은 OECD 국가 중 근무시간이 가장 긴 것으로 알려져 있지요.

known for, working hours

🎤 ....

모범 영작

❶ Have you tried Kimchi before?

❷ Korean chopsticks are made of steel. Here's how you hold them.

❸ Which do you prefer, modern shopping areas or traditional tourist attractions?

❹ I will take you first to Changdeokgung Palace to show you some traditional Korean architecture.

❺ Korea has dynamic weather with four distinct seasons.

❻ The population of Korea, North and South combined, is around 70~80 million.

❼ Korea is known for being the OECD country with the longest working hours.

여러분이 주인공이 되어
다음 대화를 영어로
완성하세요.

Speak!

Han 전에 이거 드셔보신 적 있나요?

① _____

David 그런 것 같긴 한데, 제가 먹어본 것이랑 같은 것인지는 잘 모르겠네요.

② _____

Han 이건 불고기예요. 한국식 볶은 쇠고기이지요.

③ _____

식탁에 석쇠가 붙어 있어서 여기서 우리가 직접 고기를 굽지요.

④ _____

David 매우 맛있네요.

⑤ _____

Han 먼저 창덕궁으로 안내해서 한국의 전통적인 건축물을 보여드릴게요.

⑥ _____

David 한국에는 산이 참 많네요.

⑦ _____

Han 네. 남한의 전체 면적의 70%를 산이 차지하고 있어요. 한국에서 가장 높은 산은 백두산이지요.

⑧ _____

모범 영작

Han ❶ Have you tried it before?

David ❷ I think I have, but I'm not sure if it's the same thing I had.

Han ❸ It's bulgogi. It's Korean-style stir-fried beef.

❹ There is a grill attached to the table, and we grill the meat ourselves here.

David ❺ This is very good.

Han ❻ I will take you first to Changdeokgung Palace to show you some traditional Korean architecture.

David ❼ There are many mountains in Korea.

Han ❽ Yes. Mountains occupy up to 70% of the total area of South Korea. The tallest mountain in Korea is Baekdusan Mountain.

급할 때 바로바로
베껴 쓰는
비즈니스 표현사전

여섯째 마디 · 직장생활 기본 표현
일곱째 마디 · 업무 관련 전문 표현

오기로 한 영어 전화가 있어서 잔뜩 긴장하고 있나요? 외국 바이어와의 미팅에서 주눅 들지 않고 영어로 상대를 설득해낼 수 있을지 걱정하고 있다고요? 이제 걱정하지 마세요. 인사하기, 거래처 방문하기 같은 기본적인 업무부터 회의하기, 협상하기, 해외출장 같은 전문적인 업무까지 비즈니스 상황에 필요한 영어 문장들을 35개 주제로 분류하여 원하는 문장을 바로바로 찾아볼 수 있도록 했습니다. 평상시 둘째 마당에 수록된 표현을 학습해 두고, 실전에 부딪치기 전에 필요한 부분을 찾아서 잠깐 복습을 한다면, 누구든지 실전 상황에 효과적으로 대응할 수 있을 것입니다.

직장생활
기본 표현

인사하기, 소개하기부터 일정 보고하기, 잡담 나누기까지 기본적인 비즈니스 업무에 필요한 영어 문장을 12개의 주제로 분류하여 각 상황에 맞는 문장을 뽑아 쓸 수 있도록 구성했습니다. 각 문장에서 핵심패턴에 속하는 부분은 검정색 글씨로, 상황에 따라 단어를 바꿔 넣을 수 있는 부분은 회색 글씨로 표시해 두어 어떤 상황에서도 편리하게 활용할 수 있습니다.

인사 ①

인사하기

예문듣기

인사 및 안부 묻기

🎧 26-1.mp3

001	안녕하세요!	Hi! / Hello! / Hey! / Yo! / Good morning. / Morning. / Good afternoon. / Afternoon. / Good evening. / Evening. ❗ Hey!는 친한 사이에만 사용하고, Yo!는 친구 같은 동료에게만 사용하세요.
002	오늘 어때요?	How are you? / How's it going? / How's everything? / How do you feel?
003	오늘 아침 기분이 어때요?	How are you feeling this morning?
004	일은 좀 어때요?	How are things?
005	주말은 어땠어요?	How was your weekend?
006	좋아요.	I'm fine. / Never better. / Not too bad. / Great. / Fantastic.
007	다 잘 되고 있어요.	Everything is going great.
008	특별한 일은 없어요.	Nothing special.
009	늘 똑같죠, 뭐.	Same old, same old.
010	계속 바빴어요.	Keeping busy.
011	좋은 일 있어요?	What's new in your life?
012	무슨 안 좋은 일 있어요?	Is there something wrong? / What's wrong? / What's the matter?
013	기운이 없어 보이네요.	You look down.
014	최악이에요.	I feel terrible.
015	스트레스가 심해요.	I am stressed.

016	다시 만나서 반가워요!	Nice to see you again! / It's nice to meet you again!
017	어, 톰 아니에요?	Oh, Tom, is that you?
018	오랜만이네요.	Long time no see. / It's been a while. / I haven't seen much of you lately. / I haven't seen you in years. / I haven't seen you in ages.
019	요즘 왜 이렇게 안 보였어요?	Where have you been?
020	세월 참 빠르네요!	How time flies!
021	어쩜 이렇게 그대로세요. (하나도 안 변했네요.)	You haven't changed at all. / You haven't changed a bit.
022	그 동안 연락 못해서 미안해요.	I'm sorry about not keeping in touch.
023	연락하고 싶었어요.	I wanted to get a hold of you. • get a hold of 손에 쥐다, 연락하다
024	이게 누구야! 내 친구, 데이지잖아!	Look who's here! My friend, Daisy!
025	여기서 만날 줄이야!	What a surprise to meet you here! / Never thought I'd meet you here!
026	여긴 어쩐 일이세요?	What brings you here?
027	정말 세상 좁군요!	What a small world! / It's a small world!
028	어떻게 지내셨어요?	What have you been up to? / How have you been?

첫만남 인사하기   🎧 26-3.mp3

029	처음 뵙겠습니다.	How do you do?
030	저는 제시 김입니다.	My name is Jesse Kim. / I'm Jesse Kim.
031	MK 인터내셔널의 스튜어트 팔머라고 합니다.	I'm Stuart Palmer from MK International.
032	만나서 반갑습니다.	Nice to meet you. / Pleased to meet you. / It's a pleasure to meet you.
033	폴이라고 불러 주세요.	Please call me Paul.
034	신디라고 불러도 될까요?	Do you mind if I call you Cindy?

035	제임스 김이시죠?	Are you Mr. James Kim?
036	말씀 많이 들었어요.	I heard a lot about you.
037	만나서 반갑습니다.	I'm pleased to meet you.
038	드디어 만나 뵙게 되어 영광입니다.	I'm honored to meet you finally.

대중을 상대로 인사하기 26-4.mp3

039	안녕하세요, 여러분?	Hello everyone. / Good morning all! / How do you do everyone?
040	오늘 이렇게 와 주셔서 감사합니다.	Thanks for being here today.
041	모두 만나 뵙게 되어 반갑습니다.	It's nice to see everyone.
042	ABC 회사에 오신 것을 환영합니다.	Welcome to ABC Company.

27 인사 ②

소개하기

예문듣기

동료 소개하기

🎧 27-1.mp3

043	제 직장동료인 스캇 휴즈 씨를 소개해 드리죠.	I'd like you to meet my coworker, Scott Hughes. / Let me introduce my coworker, Scott Hughes. / May I introduce my colleague, Scott Hughes?
044	이 분이 제 직장동료인 스캇 휴즈 씨입니다.	This is my colleague, Scott Hughes.
045	제 직장동료 스캇 휴즈 씨를 만난 적 있나요?	Have you met my coworker, Scott Hughes?
046	제시 씨한테서 말씀 많이 들었습니다.	Jesse has told me so much about you. / Jesse often speaks of you.
047	드디어 직접 뵙는군요.	So we finally meet face-to-face.
048	오래 전부터 만나 뵙고 싶었습니다.	I've been wanting to meet you for a long time.
049	죄송하지만, 이름이 어떻게 되신다고 하셨죠?	I'm sorry. What was your name again? / I'm sorry. I didn't catch your name.
050	제가 이름을 잘 기억하지 못해요.	I'm terrible with names.
051	말씀 많이 들었습니다.	I've heard a lot about you.

직업 소개하기

🎧 27-2.mp3

052	무슨 일 하세요?	What do you do? / What do you do for a living? / What is your occupation? / Where do you work?
053	어느 직종에 일하세요?	What line of work are you in?
054	저는 영업사원입니다.	I'm a salesman. / I'm in sales.
055	저는 소프트웨어 엔지니어입니다.	I work as a software engineer. / I'm a software engineer.
056	지금은 개인사업을 하고 있습니다.	I work for myself at the moment. / I'm self-employed.

057	일은 마음에 드세요?	Do you like your work?
058	새 직장은 어때요?	How's your new job?

회사 소개하기

🎧 27-3.mp3

059	어느 회사에 다녀요?	What company do you work for? / Who do you work for? / Where do you work? / Which company are you with?
060	저는 ABC 회사에 다녀요.	I work for ABC company. / I work at ABC company. / I'm with ABC company.
061	저희 회사는 서울에 있습니다.	Our company is located in Seoul.
062	저희 본사는 런던에 있습니다.	Our headquarters is in London. • headquarters 본사
063	무슨 일을 하는 회사인가요?	What does your company do?
064	어떤 사업을 하는 회사인가요?	What business are you in?
065	패션사업을 하고 있습니다.	We're in fashion. / We're in the fashion business. / We sell clothes.
066	가전제품을 제조합니다.	We manufacture electronic appliances. • appliance (가정용) 기기
067	우리의 주요 제품은 복사기입니다.	Our major products are copying machines.

업무 소개하기

🎧 27-4.mp3

068	(그 회사에서) 어떤 업무를 하세요?	What do you do there? / What are you in charge of?
069	해외 마케팅을 담당하고 있습니다.	I'm responsible for overseas marketing. / I'm in charge of overseas marketing. / I take care of overseas marketing.
070	어느 부서에 계세요?	What department are you in?
071	인사부에서 일합니다.	I work in the human resources department.
072	품질관리부에서 일합니다.	I'm in quality control.

201

073	지금 사업은 어때요?	How's business at the moment? / How's business coming along? / How's business going?
074	좋았다 나빴다 해요.	It's very up and down.
075	매출은 얼마나 되나요?	What is the turnover? • turnover 총매출

근무환경 설명하기

🎧 27-5.mp3

076	회사 이야기 좀 해봐요.	Tell me more about your company.
077	여기서 오래 일하셨어요?	Have you been here long?
078	그 회사에 얼마나 다니셨어요?	How long have you been there? / How long have you been with them?
079	거기서 일하기 어떤가요?	How do you like working there? / How do you like your job?
080	거기서 일하기 좋으세요?	Do you enjoy working there?
081	새로운 직장은 일하기 어때요?	How do you like your new job?
082	아직까진 괜찮아요. 여기 사람들이 아주 친절하고 항상 도와주려고 해요.	So far so good. The people here are quite nice and supportive.
083	그거 잘됐네요!	Good for you!
084	직장에서 복장 규정은 어떤가요?	What's the dress code where you work?
085	하루에 근무 시간이 어떻게 돼요?	How many hours do you work a day?
086	몇 시에 출근하나요?	What time do you go to work? / What time do you report to work? / What time do you punch in? • punch in 출근 시간을 찍다, 출근하다
087	몇 시에 퇴근하나요?	What time do you get off work? / What time do you call it a day? / What time do you go for the day? / What time do you punch out? • punch out 퇴근 시간을 찍다, 퇴근하다
088	시간 외 근무를 자주 하나요?	Do you often work overtime?
089	주말에도 근무하나요?	Do you work on weekends? / Do you work on weekends as well?
090	우리 회사는 주 5일제입니다.	My company has a five-day workweek.

091	저희는 격주로 토요일에 쉽니다.	We get every other Saturday off.
092	우리는 2교대로 근무합니다.	We work on a two-shift system.
093	우리 회사는 뉴욕과 파리에 지사가 있습니다.	We have branch offices in New York and Paris.
094	연봉이 얼마인지 물어봐도 될까요?	Would you mind if I ask you how much you earn? / How much do you get paid?
095	힘드시겠어요.	That must be demanding. • demanding 부담이 큰, 힘든
096	보람 있으시겠어요.	That must be rewarding. • rewarding 보람 있는

승진 및 급여

🎧 27-6.mp3

097	저는 내년에 승진될 겁니다.	I expect to be promoted next year.
098	내년에 승진하고 싶어요.	I hope to be promoted next year.
099	내년에 상무이사가 됐으면 해요.	I hope to be a managing director next year. • managing director 상무이사
100	팀장이 되면 좋아요.	It is nice to be a team head.
101	이제 책임감을 더 느껴요.	I have more responsibilities now.
102	저는 10퍼센트 급여 인상을 원합니다.	I want to get a pay raise of 10 percent.
103	성과급을 받고 싶어요.	I want to have a performance-based pay. • performance-based pay 성과급
104	성과급이 있습니다.	We have performance-based pay.
105	어떤 특별 혜택을 받으세요?	What perks do you have? • perks 비금전적 혜택
106	승진 축하해요!	Congratulations on your promotion!
107	당신은 그럴 자격이 있어요.	You deserve it.
108	내년에 퇴직해요.	I am retiring next year.
109	저는 부산으로 전임합니다.	I am transferring to Busan.

사무기기 이용하기

예문듣기

복사기 및 팩스

🎧 28-1.mp3

110	양면 복사를 해드릴까요?	Do you want them to be printed on both sides?
111	양면으로 복사해 줘요.	Please print it double-sided.
112	단면복사 해 주세요.	Print one-sided, please.
113	B4로 확대 복사해 드릴까요?	Do you want them to be enlarged to B4?
114	이 페이지를 75%로 축소해 주실래요?	Could you please reduce this page to 75%?
115	이 복사기가 고장 난 것 같아요.	This copier seems to be out of order. / This Xerox seems to be out of order.
116	기계에 문제가 있어요.	There is mechanical trouble.
117	카트리지를 갈아야 해요.	We need to replace the cartridge.
118	복사기에 용지가 다 떨어졌네요.	The copying machine is out of paper. / The copier is out of paper.
119	이 복사기가 고장 났어요.	This copier is broken. / This copy machine is out of order.
120	복사기에 종이가 걸렸어요.	It has a paper jam. / The copier has a paper jam. / There is a paper jam.
121	이 팩스기 어떻게 사용하는지 아시나요?	Do you know how to use this fax machine?
122	이걸 팩스로 보내 드리지요.	I will fax this to you.
123	제가 보낸 팩스 받아 보셨나요?	Did you get my fax?
124	그 서류를 팩스로 보내 주시겠어요?	Would you like to fax the documents?
125	당신 팩스가 아직 오지 않았어요.	Your fax didn't come through yet.
126	이 팩스기는 고장 났어요.	This fax machine broke down.

127	엔진 고장이네요.	There is an engine failure.
128	잉크가 떨어졌네요.	The ink is out.

에어컨

 28-2.mp3

129	에어컨이 작동 안 해요.	The air conditioner is not working.
130	필터를 갈아야겠어요.	We should change the filter.
131	점검하도록 기사를 불러요.	Call the technician for a check-up.
132	점검하도록 AS센터에 전화해요.	Call the after-service center for a check-up.
133	에어컨이 시원하지 않아요.	The air conditioner isn't cooling enough.
134	에이컨 온도를 내려[올려] 주세요.	Please turn down/up the air-conditioner.

컴퓨터

 28-3.mp3

135	이 컴퓨터가 고장인 것 같아요.	There is something wrong with this computer.
136	ID랑 비밀번호 아세요?	Do you know the ID and the password?
137	이 소프트웨어 사용법을 아세요?	Do you know how to use this software?
138	소프트웨어를 업데이트해야 해요.	We need to update the software.
139	당신 컴퓨터에 파워포인트가 설치되어 있나요?	Does your computer have Power Point installed?
140	내 컴퓨터가 얼었어요.	My computer is frozen.
141	컴퓨터가 바이러스에 감염되었어요.	The computer is infected with a virus.
142	백신 프로그램을 설치하세요.	Install an antivirus[vaccine] program.

* antivirus (컴퓨터) 바이러스 퇴치용인

143	보고서를 엑셀 형식으로 제출해야 하는데, 어떻게 하는지 모르겠어요.	I'm supposed to submit a report in Excel format, but I'm not sure how to do that.
144	엑셀을 어떻게 사용하는지 전혀 모르신다는 말씀인가요?	Do you mean you don't know how to use Excel at all?
145	엑셀 사용법은 알아요. 그저 회사 인트라넷 이메일에 첨부할 수 있는 형식으로 저장하는 방법을 모르겠어요.	I know how to use Excel. I just don't know how to save it in a format that I can attach to the company intranet email.
146	그것을 제 USB에 저장해 주세요.	Save it onto my USB memory stick.

147	퇴근시 컴퓨터 전원을 끄세요.	Please turn off the computer when you leave the office.
148	내 의자는 낡았어요. 흔들거려요.	My chair is worn out. It wobbles.

• wobble 흔들리다

인터넷

 28-4.mp3

149	인터넷 접속은 어떻게 하죠?	How do I get on the Internet?
150	이 인터넷이 굉장히 느리네요.	This Internet is very slow.
151	내 이메일 받았어요?	Did you get my email?
152	이메일 보낼 때 나를 참조로 넣어줘요.	Please cc me when you send an email.
153	인트라넷에 어떻게 접속하나요?	How do I get connected to the intranet? / How do I connect to the intranet?
154	ID가 뭐예요?	What is your ID?
155	트위터 계정이 뭐예요?	What is your Twitter account?
156	MSN 계정이 뭐예요?	What is your MSN account?
157	메신저에 저를 추가하세요.	Add me to your messenger.
158	그녀를 내 메신저에서 차단시킬 겁니다.	I will block her from my messenger.
159	이 근처 식당을 검색하게 네이버로 가요.	Go to Naver to search for restaurants near here.
160	자료를 검색하게 구글로 가세요.	Go to Google to search for information.
161	검색창에 그냥 "e-business"라고 치세요.	Simply type "e-business" in the search box.
162	난 독수리 타법으로 쳐요.	I type two-fingered.
163	페이스북은 어떻게 접속하죠?	How do I get on Facebook?
164	홈페이지 주소가 어떻게 돼요?	What is your homepage address?
165	열려 있는 창을 닫아요.	Close the windows that are open.
166	접속하셨나요?	Are you on?

29 회사생활 ②

조퇴하고 휴가 내기

예문듣기

지각 및 결근

🎧 29-1.mp3

167	당신 또 지각이군요.	You are late again.
168	늦어서 죄송합니다.	I am sorry I am late. / I apologize for being late. / I apologize for my tardiness. / My apologies for being late this morning. • tardiness 느림, 지각
169	왜 늦었죠?	Why were you late? / What was holding you up? • hold up 지연시키다
170	늦은 이유를 말해주세요.	You should give me a good excuse for being late.
171	알람이 안 울렸어요.	My alarm didn't go off. • go off (알람, 경보기 등이) 울리다
172	강남에서 교통체증이 심했어요.	There was heavy traffic in Gangnam.
173	보고서가 거의 완벽했어요.	Your report was almost perfect. / Your report was spotless. • spotless 티끌 하나 없는, 흠잡을 데 없는
174	아이가 오늘 아침에 아팠어요.	My baby was sick this morning.
175	늦잠 잤어요.	I slept in.
176	길 한복판에서 차가 멈췄어요.	My car stopped in the middle of the street.
177	오늘 아침에 몸이 안 좋았어요.	I wasn't feeling well this morning.
178	다시는 안 늦을게요.	I won't be late again. / I promise I will never be late again. I promise to be on time from now on. / This won't happen again. I won't be tardy anymore. • tardy 느린, 늦은
179	시간 잘 맞추겠습니다.	I'll be punctual.

180	그는 항상 늦어요.	He is always behind time.
181	제가 좀 늦을 것 같습니다.	I think I will be late.
182	곧 도착합니다.	I will be there soon.
183	이번 달에 다섯 번째 지각이군요.	This is your fifth time being late this month.
184	저는 지각할 뻔했어요.	I could have been late. / I was almost late.
185	시말서 제출하세요.	You have to turn in a written apology. • written apology 사과문, 시말서
186	무슨 일 있어요?	What's wrong?
187	감기 기운이 있는 것 같아요.	I think I'm coming down with a cold. • come down with (병에) 걸리다
188	오늘 못 나갈 것 같아요.	I don't think I can make it today.
189	이번 주에 벌써 세 번째 결근이군요.	It's your third absence this week.
190	그는 무단결근을 했어요.	He took a day off without notice.

휴가 및 조퇴

🎧 29-2.mp3

191	내일 병가를 내야겠어요.	I need to get sick leave tomorrow. • sick leave 병가
192	하루 휴가를 내려고요.	I'm taking a day off.
193	이번에 연차/월차를 사용하겠습니다.	I'll take my annual/monthly leave this time.
194	조퇴해도 될까요?	Do you mind if I take off early? / May I take the rest of the day off? / May I leave early today? / May I have half a day off?
195	좀 일찍 가봐야 해서요.	I've got to go a bit early. / I think I need to go home early.
196	아파서 조퇴해야 했어요.	I had to leave early because I was sick.
197	개인적인 볼일이 있어요.	I've got some personal matters to take care of. / I need to take care of some personal business.
198	어머니가 아파서 병원에 입원하셨어요.	My mom is sick in the hospital.
199	아들 졸업식에 참석해야 합니다.	I need to attend my son's graduation ceremony.

퇴근하기

200	그만 퇴근하죠.	Let's wrap it up here. / Let's call it a day.
201	먼저 퇴근합니다.	I will leave first.
202	벌써 퇴근해요?	You're leaving already?
203	7시에 퇴근했어요.	I took off at seven. *take off (서둘러) 떠나다
204	난 지금 퇴근 못 해요.	I can't leave. / I can't take off now.
205	아직 할 일이 있어요.	I still have some work to do.
206	그건 내일 하겠습니다.	I will catch up on it tomorrow.
207	그분은 퇴근하셨어요.	He called it a day. / He's not in the office now.
208	오늘은 일찍 퇴근했어요.	I left work early today.
209	퇴근했다고 말해 주세요.	Tell him that I'm gone for the day.

29

조퇴하고 휴가 내기

30

거래처 방문하기

예문듣기

거래처 방문하기

거래처 방문하기

 30-1.mp3

210	실례합니다.	Excuse me.
211	어떻게 오셨어요?	How may I help you? / What can I do for you?
212	에반스 씨와 약속이 있어요.	I have an appointment with Mr. Evans.
213	에반스 씨를 뵙고 싶은데요.	I'd like to meet Mr. Evans.
214	에반스 씨를 뵈러 왔어요.	I'm here to see Mr. Evans.
215	에반스 씨를 뵐 수 있을까요?	Could you help me to meet Mr. Evans?
216	오후 2시에 회의가 있어서 왔습니다.	I'm here to have a meeting at 2:00 p.m.
217	에반스 씨에게 제가 왔다고 전해 주시겠어요?	Could you please tell Mr. Evans I'm here?
218	미리 약속은 하셨나요?	Did you have an appointment? / Have you made an appointment before? / Is he expecting you?
219	에반스 씨가 기다리고 계십니다.	Mr. Evans is expecting you.

방문객 안내하기

 30-2.mp3

220	이쪽으로 오시죠.	Please follow me. / This way, please. / Why don't you come this way?
221	죄송하지만, 그분은 긴급회의 중이어서 몹시 바쁘세요.	I'm so sorry, but he is extremely busy in an urgent meeting.
222	죄송하지만, 에반스 씨가 지금 무척 바쁘셔서 만나실 수 없습니다.	I'm so sorry, but Mr. Evans is very busy and can't see you at the moment.
223	앉으세요.	Please have a seat. / You may have a seat.
224	저기에 앉으시겠어요?	Would you like to sit over there?

25	잠시 기다리시겠어요?	Would you mind waiting for a while?
26	마실 것 좀 드릴까요?	Would you like something to drink? / Can I get you something to drink?
27	무슨 음료를 드릴까요?	What would you like to drink?
28	커피 드릴까요?	Would you like some coffee? / Would you care for some coffee?
29	커피 드릴게요.	Let me get you some coffee.
30	커피 주세요.	Coffee, please. / I would like some coffee, please. / Could I have coffee? / Coffee would be nice[fine].
31	네, 주세요.	Yes, please. / Sure. Thanks. / Okay. Thanks.
32	괜찮습니다.	No, thank you. / No. Thanks anyway. / I won't have anything. Thanks.
33	말씀 중에 죄송한데요.	I'm sorry to interrupt. / Sorry to interrupt.
34	에반스 씨, 손님이 오셨습니다.	You have a visitor, Mr. Evans.
35	에반스 씨, MK 인터내셔널의 스미스 씨가 기다리십니다.	Mr. Evans, Mr. Smith from MK International is waiting for you.
36	에반스 씨, ABC재단의 하워드 씨가 뵈러 오셨습니다.	Mr. Evans, Mr. Howard from ABC Foundation is here to see you.
37	에반스 씨, 스미스 씨가 프로젝트 지원 차 방문하셨습니다.	Mr. Evans, Mr. Smith visited to help us on the project.
38	곧 보러 가겠다고 전해줘요.	Tell him I'll see him in just a moment.
39	에반스 씨가 곧 오실 거예요.	Mr. Evans will be with you in a moment. / Mr. Evans will be with you shortly.
40	회의 마무리하고, 5분 후에 만나러 오실 겁니다.	He is finishing up a meeting and will be with you in five minutes.

명함 및 연락처 교환하기

🎧 30-3.mp3

41	처음 뵙겠습니다.	How do you do?
42	여기 제 명함입니다.	Here's my business card.
43	감사합니다. 여기 제 명함 드릴게요.	Thank you. Here's mine.

244	명함 좀 주시겠어요?	Could I have your name card, please?
245	물론이죠. 여기 있습니다.	Sure. Here it is. / Sure. Here you are.
246	제 명함은 있으세요?	Have you got my card?
247	연락처 좀 알려주시겠어요?	How can I reach you? / How can I contact you? / How can I get in touch with you?
248	제 명함 드릴게요.	Let me give you my card. / Let me give you my business card.
249	여기 제 이메일 주소 드릴게요.	Here's my email address.

대화 마무리하기　　　　　　　　🎧 30-4.mp3

250	죄송하지만 이제 가봐야겠어요.	I'm sorry, but I must go now. / I'm sorry, but I have to go now. / I'm afraid I have to leave now.
251	말씀 나눠서 즐거웠습니다.	It's been nice talking to you. / It's been great talking with you.
252	만나 뵙게 되어 기뻤습니다.	It was nice meeting you. / It was a pleasure meeting you. / It's been a real pleasure. / I really enjoyed meeting you.
253	시간 내 주셔서 감사합니다.	Thanks for your time. / Thanks for taking the time to talk with me.
254	언제 점심식사 같이 해요.	Let's have lunch some other time.
255	이메일로 연락하도록 해요.	Let's keep in touch by e-mail.

해외 바이어 안내하기　　　　　　🎧 30-5.mp3

256	한국에는 언제 도착하시나요?	When will you be arriving in Korea?
257	서울에는 언제 도착하시나요?	When are you going to arrive in Seoul?
258	어떤 항공편이죠?	What flight? / Which flight? / What is your flight number?
259	영국항공 723편으로 갑니다.	I'm coming in on British Airlines, flight number 723.

260	제가 공항에 마중 나갈까요?	Would you like to meet me at the airport?
261	공항에 마중 나가겠습니다.	I'll meet you at the airport.
262	폐가 안 된다면, 그렇게 해주시면 고맙겠습니다.	If it's no trouble, that would be great.
263	제가 어떻게 알아보지요?	How can I recognize you?
264	당신 이름이 적힌 검정색 표지판을 들고 있겠습니다.	I'll have a black sign with your name on it.
265	고맙습니다만, 그러실 필요 없습니다.	Thanks a lot, but don't bother.
266	공항에서 호텔까지 교통편을 준비하겠습니다.	I'll arrange transportation from the airport to the hotel.
267	헬레나 베이커 씨입니까?	Are you Helena Baker? / You must be Helena Baker. / Helena Baker?
268	MK 인터내셔널의 스튜어트 팔머라고 합니다.	I'm Stuart Palmer from MK International.
269	한국에 오신 것을 환영합니다!	Welcome to Korea!
270	만나 뵙고 싶었습니다.	I've been looking forward to meeting you.
271	드디어 이렇게 만나 뵙는군요.	We finally get a chance to meet.
272	비행은 어떠셨어요?	How was your flight?
273	여행은 좋으셨나요?	Did you have a good journey?
274	비행은 아주 편안하고 빨랐어요.	It was very smooth and fast.
275	너무 오랜 비행이었어요.	It was quite a long flight.
276	시차 때문에 조금 피로해요.	I'm feeling a little jet lagged. • jet lagged 시차로 피곤한
277	이곳은 첫 방문이십니까?	Is this your first visit here?
278	서울은 이번이 두 번째 방문입니다. 처음엔 무역 박람회 참석 차 왔었습니다.	This is my second visit to Seoul. The first time I came here was to join a trade fair.
279	내일 아침 호텔에 픽업하러 가겠습니다.	I'll pick you up at the hotel tomorrow morning.

31

동료와의 대화 ①

칭찬하고 감사하기

예문듣기

상대방 칭찬하기

🎧 31-1.mp3

280	멋지네요! / 대단하세요!	Great! / Wonderful! / Awesome!
281	정말 잘하셨어요!	You've done well! / You did a good job!
282	지난번 발표가 아주 인상적이었어요.	Your last presentation was quite impressive.
283	영어를 어떻게 그렇게 잘하세요?	How come you speak such good English?
284	정말 재밌네요!	How interesting!
285	정장 멋지네요.	I like your suit.
286	머리 예쁘네요.	I like your hair.
287	넥타이가 잘 어울려요.	Your tie suits you well.
288	드레스가 예쁘네요.	Nice dress! / What a nice dress! / That's a lovely[pretty] dress. / I like[love] your dress.
289	쫙 빼입으셨네요.	You're all dressed up. / You're dressed to kill. / You're all dolled up.　• doll up 차려입다. 빼입다
290	가방이 드레스하고 잘 어울려요.	Your bag goes well with your dress.
291	그 가방은 어디서 사셨어요?	Where did you get that bag? / Where did you buy that bag? / Can I ask where you got it?
292	잘 사셨네요.	That's a good buy.
293	그 양복이 잘 어울려요.	That suit looks good on you. / That suit becomes you well.
294	그 구두하고 드레스하고 너무 잘 어울리네요.	Your shoes match your dress perfectly.
295	헤어스타일 바꾸셨네요.	You've changed your hairstyle.
296	나이에 비해 젊어 보이세요.	You look young for your age.

297	눈이 참 예쁘네요.	You have beautiful eyes.
298	어떻게 몸매를 유지하세요?	How do you keep in shape?
299	취향이 정말 좋으시네요!	You have very good taste!

칭찬에 답하기

 31-2.mp3

300	칭찬해 주셔서 감사합니다.	Thank you for your compliment. / Thank you. / Thank you for saying so.
301	과찬의 말씀이십니다.	I'm so flattered.
302	너무 비행기 태우지 마세요.	Don't make me blush.
303	그렇게 말씀해 주시니 기분 좋네요. 감사합니다.	It's good to hear that. Thank you.
304	그렇게 말씀해 주시니 정말 친절하세요.	It's very kind of you to say so.
305	정말 친절하시네요!	That's very kind[nice] of you!

감사하기

 31-3.mp3

306	대접해 주셔서 감사해요.	Thank you for your treat.
307	좋은 친구가 돼줘서 고마워요.	Thank you for being a good friend.
308	저희에게 좋은 멘토가 돼 주셔서 감사해요.	I appreciate you for being a good mentor for us.
309	함께 일할 수 있어서 즐거웠어요.	I have enjoyed being able to work with you. / It was my pleasure working with you.
310	친절 감사해요.	I appreciate your kindness.
311	함께 시간 보내서 즐거웠어요.	I have enjoyed spending some time with you.
312	함께 일하게 되어 감사하게 생각해요.	I feel grateful for working with you.
313	별 말씀을요.	Don't mention it. / No problem. / No worries.
314	친절한 위로의 말씀 무척 감사드려요.	Thank you so much for your kind words of consolation.　　　　　　　• consolation 위안, 위로
315	우리 사이에 무슨 감사예요?	No need to mention it. / Any time. / For a friend like you, any time. (당신 같은 친구라면 언제든지요.)

사과하기

 31-4.mp

316	오해해서 미안해요.	I'm sorry I misunderstood you.
317	약속을 못 지켜서 미안해요.	I'm sorry I missed our appointment.
318	이것에 대해 보고하지 않은 것은 제 실수였습니다.	It was my mistake not to report you on this.
319	먼저 전화 드리지 않은 것은 제 실수였습니다.	It was my mistake not to call you first.
320	당신이 이걸 마친 걸 몰랐네요.	I didn't know you finished this.
321	아팠는지 몰랐네요.	I didn't know that you were sick.
322	오해한 것 사과 드려요.	I apologize for misunderstanding you.
323	미안해요. 제 잘못이에요.	I'm sorry, it's my fault. / Sorry, my bad.
324	우리 사이에 기분 상한 거 아니죠?	No hard feelings between us, right?
325	사과를 받아들일게요.	Apologies accepted.
326	사과할 필요 없어요.	No need to apologize.

경조사 챙기기

 31-5.mp

327	결혼 축하해요!	Congratulations on your marriage!
328	다음 달 결혼하신다는 소식 들었어요.	I heard that you are getting married next month.
329	저는 그 사람 축의금으로 5만원을 내요.	I'm giving him 50,000 won as a congratulatory gift. • congratulatory 축하의
330	새집으로 이사하셨다고 들었어요.	I heard that you moved to a new house.
331	너무 안됐네요.	That's too bad.
332	그거 유감이군요.	I'm sorry to hear that.
333	부인이 입원하셨다니 유감이군요.	I am sorry to hear that your wife is in the hospital.
334	대희 씨의 아버님이 돌아가셨다니 유감이군요.	I am sorry to hear that Dea-hee's father passed away.
335	삼가 고인의 명복을 빌어요.	I'm sorry for your loss. / Sorry for your loss.
336	부의금으로 10만원을 냈어요.	I offered 100,000 won as condolence money. • condolence 애도, 조의

32

동료와의 대화 ②

동료와의 대화 ②

Small Talk 나누기

예문듣기

가족안부 묻기

🎧 32-1.mp3

337	가족들은 잘 계시죠?	How's your family? / How's everyone at your house? / How are your parents?
338	아내분도 잘 계시죠?	What about your lovely wife?
339	애들은요?	How are your children?
340	여동생은 잘 있어요?	How's your sister?
341	저도 최근에 그 애 소식을 못 들었어요.	I haven't heard from her lately either.
342	부인께 안부 좀 전해주세요.	Please give my regards to your wife.
343	가족에게 안부 좀 전해주세요.	Say hello to your family for me. / Please send my regards to your family.
344	애들이 몇 살이라고 했죠?	How old did you say your kids were again?
345	아기는 잘 있어요?	How's the baby doing?
346	아기가 몇 개월[살]이죠?	How old is your baby?
347	부쩍 크고 있어요.	She is growing fast.

날씨 얘기하기

🎧 32-2.mp3

348	내일 소나기가 올 확률이 80%라네요.	There is an 80% chance of showers tomorrow. ・ shower 소나기
349	오늘 날씨 정말 안 좋네요!	What gloomy weather we're having! ・ gloomy 어둑어둑한, 음울한
350	구름 한 점 없는 맑은 날이네요.	It's clear as a bell.
351	정말 지긋지긋한 비로군요.	It's raining non-stop.

352	그런데요, 일기예보에서 그러는데 비가 엄청 퍼부을 거라고 하네요.	By the way, I heard from the weather forecast that it's going to rain cats and dogs.
		· rain cats and dogs 비가 억수같이 쏟아지다
353	그런데 말이죠. 일기예보를 들으니 오늘 굉장히 덥다네요. 섭씨 34도까지 오른대요.	By the way, I heard from the weather forecast that it's going to be boiling hot today. It's gonna go up to 34 degrees Celsius!
354	살을 에는 듯한 추위네요.	It's freezing here.
355	곧 봄이네요.	Spring is just around the corner.
356	더 좋을 수 없네요.	Never been better.

동료와 잡담하기

 32-3.mp3

357	어젯밤 축구 경기 보셨어요?	Did you watch the soccer game last night?
358	어젯밤 〈프렌즈〉 봤어요?	Did you watch Friends last night?
359	영화 〈배트맨 리턴즈〉 봤어요?	Did you watch the movie, Batman Returns?
360	주말에 주로 뭐 하세요?	What do you usually do on the weekend?
361	어제 저녁 퇴근 후에 콘서트 보러 갔어요.	I went to the concert last night after work.
362	어떤 종류의 스포츠를 좋아해요?	What kind of sports do you like?
363	매일 아침 운동을 하고 나면 기분이 좋아요.	I feel better after working out every morning.
364	주식 투자해요?	Do you invest in stocks?
365	존이 그만둔다는 거 들었어요?	Did you hear that John is quitting?
366	존이 그만뒀다는 거 들었어요?	Did you hear that John quit?
367	새로운 사장님이 오셨다는 것 들었어요?	Did you hear that our new CEO has arrived?
368	미란 씨가 결혼한다는 것 들었어요?	Did you hear that Miran is getting married?
369	점심으로 뭐 먹고 싶어요?	What do you feel like eating for lunch?
370	회의 어떻게 됐어요?	How did the meeting come along?

33

동료와의 대화 ③

여가시간에 대해 대화하기

예문듣기

퇴근 후 활동

🎧 33-1.mp3

371	퇴근 후 무슨 계획 있어요?	What are you planning to do after work?
372	퇴근 후 아무 계획도 없어요.	I've got nothing planned after work.
373	오늘 저녁 아무 계획도 없어요.	I've got nothing planned for tonight.
374	뭐 함께 할까요?	Do you want to do something?
375	저는 퇴근 후 데이트해요.	I've got a date after work.
376	한잔 하러 갑시다.	Let's go out for a drink.
377	함께 저녁 먹으러 가죠.	Let's go out for dinner together.
378	저도요!	I'm in!
379	오늘 저녁에 뭐 좀 처리할 게 있어요.	I have to work on something tonight.
380	오늘 저녁에 부모님 댁에 가야 해요.	I have to visit my parents' tonight.
381	오늘 밤 야근입니다.	I work overtime tonight.

자기계발

🎧 33-2.mp3

382	저는 프레젠테이션 수업을 듣고 있어요.	I'm taking a course on presentation.
383	저는 댄스 수업을 듣고 있어요.	I'm taking dance lessons.
384	저는 명상을 배웠어요.	I learned meditation. ・ meditation 명상, 묵상
385	이 소프트웨어 사용법을 배웠어요.	I learned how to use this software.
386	이것은 제 일에 집중하는 데 도움이 돼요.	This helps me focus on my work.
387	이것은 제 여가를 즐기는 데 도움이 돼요.	This helps me enjoy my free time.
388	제 영어실력을 다시 연마하고 싶어요.	I want to brush up on my English.

・ brush up ～의 공부를 다시 하다

219

389	독학하면서 회계업무를 해요.	I am a self-taught accountant.	· self-taught 독학한
390	승진하려면 좋은 토익 점수가 필요해요.	I need a good TOEIC score in order to get a promotion.	
391	운동으로 몸을 유지해요.	I keep myself fit.	

휴가 계획

 33-3.mp3

392	올해 휴가계획은 어때요?	What's your vacation plan like this year?
393	올 여름엔 홍콩에 가요.	I'm off to Hong Kong this summer.
394	올 여름엔 하와이에 가요.	I'm off to Hawaii this summer.
395	제주도에 갈 계획입니다.	I am planning to go to Jeju Island.
396	제 휴가는 7월 25일부터 8월 2일까지예요.	My vacation is from July 25 to August 2nd.
397	자리 비우시는 동안 어느 분께 연락드려야 할까요?	Who should I contact during your absence?
398	내가 없는 동안 미즈 리가 내 업무를 맡아 줄 거예요.	Ms. Lee will take care of my business while I'm gone.
399	내가 없는 동안 제인이 내 프로젝트를 맡아 줄 거예요.	Jane will take care of my project while I'm gone.
400	2박 3일간이요.	For two days and three nights.
401	다음 주 수요일에 돌아와요.	I will be back next Wednesday.
402	너무 바빠서 휴가를 못 내요.	I'm too busy to take holidays.
403	유급휴가가 있어요.	I get paid-vacations. · paid-vacation(s) 유급 휴가

34 업무 ①

일정 및 문제 확인하기

예문듣기

업무 일정 파악하기

🎧 34-1.mp3

404	그거 끝냈나요?	Did you get it done?
405	보고서는 어떻게 되어 가요?	How's your report coming along?
406	지금까지는 잘 되고 있습니다.	So far so good. / So far everything looks fine. / So far we are on the right track.
407	지금까지는 별 문제 없는 것 같습니다.	So far, there doesn't seem to be any problems.
408	반 정도 진행했습니다.	We've done about half of it. / About half of it. / I'm about 50% done. / We are halfway there. / It's about halfway done.
409	4분의 1 정도 마쳤습니다.	We are about 25% done. / We've done about a quarter of it.
410	언제 끝나겠어요?	When do you expect it to be over?
411	수요일까지 끝내겠습니다.	It will be done by Wednesday.
412	이 보고서를 금요일까지 끝내겠습니다.	I will be done with this report by Friday.
413	내일까지 이 보고서를 마치겠습니다.	I will have this report done by tomorrow.
414	목요일까지 꼭 완성되도록 하겠습니다.	I'll make sure it will be done by Thursday.
415	목요일까지 끝내도록 최선을 다하겠습니다.	I will make every effort to get it done by Thursday.
416	이 보고서가 언제까지 필요하십니까?	When do you need the report by?
417	오늘 퇴근하기 전에 보고서를 제출하세요.	Turn in the report before you leave today. / Finish the report by COB today. • COB 업무 종료(the close of the business의 약어)
418	보고서입니다.	Here is the report.
419	써야 할 보고서가 있어요.	I have a report to write.

420	다시 확인해 주시겠어요?	Would you double-check it? · double-check 다시 한 번 확인하다
421	빨리 해치우겠습니다.	I will make short work of it. I will finish it as quick as a wink. · make short work of ~을 재빨리 해치우다
422	이 프로젝트에 대한 기간 연장이 필요합니다.	We need an extension for this project. · extension (기간의) 연장
423	이것을 한 달 안에 끝내는 것은 거의 불가능해요.	It is almost impossible to finish this in a month.
424	완성하려면 보통 두 달은 소요됩니다.	It normally takes 2 months to complete.
425	시간 연장을 요청해도 될까요? 이것을 끝내려면 일주일이 더 필요합니다.	May I ask for an extension? I need one more week to finish this.
426	프로젝트를 연기해야 할지도 몰라요.	We may have to put off the project.
427	프로젝트가 무기한 연기되었습니다.	The project has been put off permanently. · permanently 영구히
428	새로운 계약에 진전을 보이고 있나요?	So, are we making progress with the new contract?
429	재계약 단계는 어떻게 되어가고 있죠?	So, how's the re-signing process coming along? · re-sign (계약을) 경신하다
430	모든 것이 잘 돌아가게 하기 위해 밤낮으로 일하고 있습니다.	We are working day and night to make sure everything goes well.
431	전 과정은 3년 정도 소요될 것으로 예상합니다.	We project the entire procedure to take about three years. · project 예상하다, 추정하다

문제 상황 파악하기

🎧 34-2.mp3

432	큰 문제가 있어요.	We are in deep trouble. / This is problematic. · problematic 문제가 있는, 문제가 많은
433	제가 예상한 것보다 더 심하군요.	This is worse than I expected.
434	그들은 뭐가 문제이지요?	What is the problem with them? / What is wrong with them?
435	그들과 연락이 되지 않아요.	I can't get a hold of them. / They are not answering our call.
436	저희 지금 거의 일주일째 아무 진전이 없어요. 아무 생각도 없고요.	We have been stuck for almost a week now. We have no idea.

437	제가 나중에 그분에게 전화를 드려서 뭐가 잘못됐는지 꼭 알아볼게요.	I will make sure I call her later and figure out what went wrong.
438	아만다 씨, 어떻게 이렇게 망쳐놓을 수가 있죠?	How can you possibly mess up this terribly, Amanda?
439	모르겠습니다. 죄송합니다. 하지만 저는 최선을 다했습니다.	I don't know. I'm sorry, but I really tried my best.
440	이메일에서 보듯이 진행 방법은 아주 명확하게 설명되었습니다.	The procedure was explained very clearly, as you can see from the email.
441	당신은 그냥 내 지시를 따르기만 하면 됐어요.	All you had to do was to follow my instructions.
442	제가 지시사항을 잘못 읽은 것 같습니다.	I must have misread the instructions.
443	이것은 전적으로 제 책임입니다.	This is entirely my fault.
444	이 프로젝트가 우리 팀한테 얼마나 중요한지 알고 계시죠?	You know how important this project is to our team, don't you?
445	다시는 이런 일이 없도록 하겠습니다.	I promise that it will not happen again.
446	알겠어요. 그 말을 믿어보지요. 가서 일 보세요.	Alright. I'm going to count on those words. You may get back to work.　　　　• count on ~을 믿다

면담하기

 34-3.mp3

447	드릴 말씀이 있어요.	I would like to have a word with you. / A word with you. / I have something to tell you. / There is something I need to say to you.
448	얘기 좀 나눌 수 있을까요?	May I have a word with you? / Can I talk to you now, please? / Could we talk? /
449	왜 불렀는지는 알고 있겠죠?	I think you know what this is about.
450	요즘 당신 근무 성적이 좋지 않군요.	You aren't doing very well these days.
451	시정하세요.	Work it out.
452	신입사원 여러분이 어떻게 지내는지 확인하고 싶었어요.	I just wanted to check how you newcomers are doing.
453	본인 업무에 힘든 점이 있는 분 계신가요?	Does anyone have any concerns with your tasks? 　　　　• concern 걱정, 염려

35

업무상 도움 주고받기

업무상 도움 주고받기

예문듣기

도움 주고받기

 35-1.mp3

454	서류 작성하는 것 좀 도와주시면 안 될까요?	Would you mind helping me with the paperwork?
455	저 대신 처리 좀 해 주시겠어요?	Could you fill in for me? • fill in 대신 잠깐 일을 봐주다
456	이것을 어떻게 편집하는지 알려드리죠.	Let me tell you how to compile this. • compile (여러 출처에서 자료를 따와) 편집하다
457	이 양식은 이렇게 작성하시면 됩니다.	This is how you fill out this form.
458	언제든 질문해 주세요.	Feel free to ask me any time.
459	이게 도움이 되길 바라요.	I hope this helps.
460	이거 한 번만 더 시도해 보죠.	Let's try this one more time. / Okay, one last shot. • shot 시도
461	이것을 한 번만 더 시도하게 해 주세요.	Let me try this one more time.
462	점심시간 후에 시간이 나니 그때 도움을 드리겠습니다.	I'm off the hook after lunch, so let me give you some help then. • off the hook (책임·위험 등)에서 벗어나
463	점심을 먼저 먹고 힘 좀 채워서 다시 이것에 대해 이야기합시다.	Let's go grab lunch first and talk about this again after fueling up.
464	저와 함께 검토해 줬으면 하는 계약이 몇 건 있습니다.	I have a few contracts I'd like for you to look over with me.
465	당신에게 소개해 주고 싶은 업체가 있습니다.	We have a contractor that we would like for you to meet. • contractor 계약자, 도급업자
466	저희 법무팀은 항시 준비되어 있습니다. 시간은 언제가 좋으시죠?	Our legal team is available anytime. When is good for you?

심부름 부탁하기

467	오는 길에 커피 좀 가져다줄래요?	Could you get me a cup of coffee on your way?
468	오는 길에 보고서 좀 가져다줄래요?	Could you get me the report on your way?
469	상사가 점심으로 샌드위치를 원하시네요.	The boss wants some sandwiches for lunch.
470	의자 3개 더 가져오세요.	Go get three more chairs.
471	미스터 리는 저녁으로 스테이크를 원하네요.	Mr. Lee wants some steak for dinner.
472	접시를 2개 더 가져오세요.	Go get two more plates.
473	이것을 40장 복사해 주세요.	Make 40 copies of this.
474	이 보고서를 3부 복사해서 팀장들에게 나눠주세요.	Make three copies of this report and give them to the team managers.
475	라이언과의 약속은 취소해 주세요.	Cancel the appointment with Ryan.
476	마케팅부의 미스터 김에게 이걸 전해주세요.	Give this to Mr. Kim in marketing.

예문듣기

36

업무 ③

행사 및 회식 참석하기

행사 및 교육

🎧 36-1.mp3

477	9월 14일에 회의가 개최됩니다.	The conference will be held on September 14th.
478	5월 1일 양평에서 워크숍이 열립니다.	The workshop will be held on May 1st in Yangpyeong.
479	워크숍 신청을 하셔야 합니다.	You should sign up for the workshop.
480	20시간 교육을 마쳐야 합니다.	You have to fulfill 20-hours of training.
481	오리엔테이션이 있을 거예요.	There will be an orientation.
482	교육을 받아 보는 게 어때요?	Why don't you take the training? / I think you should join the training.
483	이번 교육은 의무교육입니다.	This training is mandatory. / You must participate in this training. / Everyone should participate in this training. • mandatory 의무적인
484	안내책자와 전단지를 준비해야 해요.	We need to prepare booklets and information leaflets.
485	참석자 수는 500명입니다.	The number of attendees is 500 people. • attendee 참석자
486	모든 사람들을 위해 충분한 의자를 준비해야 해요.	We need to prepare enough chairs for all of the people.
487	미스터 김이 문에서 안내를 해 주세요.	Mr. Kim can usher people at the door. • usher 안내하다
488	아만다가 신입사원들을 강당으로 안내해 주세요.	Amanda can usher newcomers into the hall.
489	미란 씨가 행사 진행을 맡을 거예요.	Miran will emcee the event. • emcee 진행을 하다: 엠시, 진행자
490	다과를 충분히 준비하세요.	Prepare enough refreshments. • refreshments 다과

91	세미나는 언제 하죠?	When is the seminar? / When will the seminar be held? / What time is the seminar?
92	점심 이후에 바로 세미나가 시작됩니다.	The seminar will be held right after lunch. / There will be a seminar right after lunch.
93	세미나가 어디에서 열리지요?	Where is the seminar held? / Where's the seminar at? / Which room is reserved for the seminar?
94	국제 비즈니스 포럼이 싱가포르에서 열립니다.	An international business forum will be held in Singapore.
95	저는 오늘 오전에 고객을 만나야 해서 오후에나 포럼에 참석할 수 있을 겁니다.	I won't be able to attend the forum until the afternoon because I have to meet my clients this morning.
96	오늘 오후 일정은 어떻게 되나요?	What's on the schedule for this afternoon?
97	1시부터 3시까지 비즈니스 포럼이 있을 겁니다.	There will be a business forum from one to three.
98	어디 보자. 오후에는 세션이 2개가 있네요. 첫 번째 세션은 1시부터 3시까지고, 두 번째 세션은 3시부터 5시까지입니다.	Let me see. There are two sessions in the afternoon. The first session is from one to three, and the second one is from three to five.
99	세션 중간에 10분 휴식을 가질 거예요.	We will have a 10-minute break between sessions.
00	주제가 뭔가요?	What'll it be about?
01	협상 능력을 증진시키는 법에 관한 거예요.	It'll be about how to improve your negotiating skills.
02	제가 내일 세미나에 참석을 못할 것 같은데요. 어떤 내용인지 알려주실 수 있나요?	I'm afraid I won't be able to join the seminar tomorrow. Could you tell me what I will be missing?
03	안철수 씨가 기업가 정신에 대한 특별 강연을 하기로 되어 있어요.	Cheol-su Ahn is going to deliver a special lecture on entrepreneurship. • entrepreneurship 기업가 정신
04	이렇게 좋은 기회를 놓쳐서는 안 돼요!	Don't miss out on such a nice opportunity!
05	오늘 열린 세미나 3개 모두 참석하셨나요?	Did you attend all three sessions today?
06	특별 초청 연사의 강연은 제가 생각했던 것보다 훨씬 인상적이었어요.	The lecture by the special guest speaker was way more impressive than I thought it would be.

507	전 세계의 지속 가능한 개발에 관한 세미나는 아주 인상적이었어요.	The seminar on global sustainable development was very impressive.
		• sustainable (환경 파괴 없이) 지속 가능한
508	저는 세계적으로 저명한 경제학자들을 만나서 정말 영광이었습니다!	I was so honored to meet some of the most renowned economists in the world!
		• renowned 유명한, 명성 있는

회식 및 야유회

 36-3.mp

509	오늘 저녁 회식을 합니다.	We will have a business dinner tonight.
510	회사 야유회 신청하세요.	You should sign up for the company outing.
		• outing 여행, 야유회
511	점심은 각자 챙겨오는 것 잊지 마세요.	Don't forget to bring your own lunch.
512	간식거리 챙겨오는 것 잊지 마세요.	Don't forget to bring some refreshments.
513	돈을 걷어 탐의 생일 선물을 삽시다.	Let's chip in to buy a birthday gift for Tom.
		• chip in 돈을 조금씩 내다
514	추첨 경품이 있을 겁니다.	We will have raffles. • raffle (기금 모금을 위한) 복권
515	다음 주 월요일까지 (참석 여부를) 회답해 주세요.	Please RSVP me by next Monday.
		• RSVP (초대장에서) 회답 주시기 바랍니다 (프랑스어에서 유래)
516	저희 모임을 연기해야 할 것 같네요.	We will have to postpone our gathering.

업무 ④

프로젝트 및 제품 설명하기

예문듣기

프로젝트 설명하기

🎧 37-1.mp3

517	새로운 프로젝트 잘 하고 있어요?	How is your new project treating you?
518	최상의 결과를 내기 위해 우리 팀은 열심히 일하고 있어요.	Our team is working hard to get the best results.
519	우리는 지금 중요한 프로젝트를 진행하고 있어요.	We're currently working on an important project.
520	누가 담당하게 되나요?	Who will be in charge?
521	그 프로젝트를 맡아 주시겠어요?	Can you take charge of the project?
522	저도 그러고 싶지만, 지금 다른 프로젝트를 여러 개 진행하고 있어서요.	I'd love to, but I'm in the middle of several other projects right now.
523	우리는 진행 사항을 보고해야 합니다.	We must report on our progress.
524	우리는 이번 주까지 이 프로젝트를 마쳐야 해서 시간 및 금전적으로 여유가 없습니다.	We're pressed for time and money to finish this project by this week. • be pressed for ~에 쫓기다

제품 소개하기

🎧 37-2.mp3

525	저희 회사는 시장에 신제품을 출시했습니다.	We've launched a new model into the market.
526	이번 시즌 신제품이 날개 돋친 듯 팔리고 있습니다.	This season's new line of products is selling like hot cakes.
527	그들의 매출이 정말 인상적이었습니다.	Their sales figures were really impressive.
528	우리 제품은 특히 젊은 아시아 여성들에게 어필합니다.	Our goods appeal particularly to young Asian women.
529	저는 이 제품을 적극 추천합니다.	I highly recommend this product.
530	이 제품은 몇 가지 특징이 있습니다.	This product has some special features.

531	이 제품의 가장 유용한 특징 중 하나는 에너지를 절약할 수 있는 디자인입니다.	One of the most useful features of this product is its energy-saving design.
532	이 제품은 다양한 색깔로 나옵니다.	This comes in a wide range of colors.
533	이 제품의 품질을 보증합니다.	We guarantee its quality.

시장 상황 설명하기

🎧 37-3.mp3

534	요즘 매출이 부진합니다.	Sales are sluggish now. • sluggish 부진한
535	매출을 늘리기 위한 최고의 방법이 뭐지요?	What are the best ways to increase our sales?
536	시장이 마침내 회복세로 돌아섰습니다.	The market has finally made the turn to recovery.
537	주가가 지난주에 반등했습니다.	The stock prices rebounded last week. • rebound (가격 등이) 반등하다
538	이 업계는 경쟁이 매우 치열합니다.	The competition in this industry is very cut-throat. • cut-throat 경쟁이 치열한
539	앞으로 어떻게 될지 잘 모르겠습니다.	I don't know what the future holds for us.
540	이 시장에서 손실을 만회하기 위해서 우리는 대담해야 합니다.	We need to be bold in order to recoup losses in this market. • recoup 되찾다, 만회하다
541	최근에 시장의 변동이 무척 심합니다.	The markets have been so volatile lately. • volatile 변덕스러운, 불안한
542	아직 상황이 좋아진 것은 아닙니다.	We are not out of the woods yet. • out of the woods 위험[곤란]에서 벗어나
543	경기가 나아지고 있다고 생각하시나요?	Do you think the economy is getting better?
544	올해에는 이윤을 내기를 바래 보죠.	Let's just hope we turn a profit this year. • turn a profit 이익을 내다

·

업무 관련
전문 표현

전화 받기부터 회외, 협상, 출장까지 전문적인 비즈니스
상황을 13개 주제로 분류하여 필요한 문장을 찾아서 쓸
수 있도록 했습니다. 실제 비즈니스에서 발생할 수 있는
구체적인 상황들에 그때그때 적용할 수 있는 필수예문으
로 어떤 상황도 능숙하게 처리하는 비즈니스의 달인이 되
어 보세요.

38

전화 업무 ①

전화 걸고 받기

예문듣기

전화 받기

🎧 38-1.mp3

545	여보세요. 김자영입니다.	Hello, this is Ja-young Kim speaking.
546	여보세요. 영업부 존 에반스입니다.	Hello, John Evans, Sales Department.
547	여보세요. 인사부 스티븐 리입니다.	Hi, this is Steven Lee in Human Resources. ・ human resources 인사부
548	여보세요. 홍콩 본사의 자니 첸입니다.	Hello, this is Johnny Chen from headquarters in Hong Kong. ・ headquarters 본사
549	오피스 서플라이즈 사의 조지 존스입니다.	George Jones here with Office Supplies.
550	김자영입니다. 무엇을 도와드릴까요?	Ja-young Kim speaking. How can I help you?
551	네, 접니다.	This is he. / Speaking.
552	저는 카터입니다.	This is Mr. Carter.
553	여보세요. ABC 회사의 김철수입니다.	Hello, ABC Company, Chul-soo Kim speaking.
554	여보세요. 카터 씨 사무실의 안젤라입니다.	Hello, Mr. Carter's office, Angela speaking.
555	여보세요. 고객 서비스부 서윤입니다.	Hello, this is the Customer Service Department, Seo-yoon speaking.
556	여보세요. 퍼스트 내셔널 은행에 전화 주셔서 감사합니다.	Hello, and thank you for calling First National Bank.
557	무엇을 도와드릴까요?	How can I help you? / What can I do for you? / What can I help you with today?
558	존입니다. 뭘 도와드릴까요?	This is John. What can I do you for?
559	여보세요, ABC 회사입니다. 어떻게 도와드릴까요?	Hello, ABC Company. How can I be of assistance?
560	여보세요. 전화 주셔서 감사합니다. 어떻게 도와드릴까요?	Hello and thank you for calling. How can I help you today?

561	여보세요. 전화 주셔서 감사합니다. 전화를 어디로 연결해 드릴까요?	Hello and thank you for calling. How can I direct your call?
562	누구시지요?	Who's speaking? / Who's calling, please? / May I ask who's calling, please? / Sorry, you are…? / Who is this?
563	어느 회사에서 연락 주시는 거죠?	Which company are you from?
564	무슨 일 때문에 그러시죠?	Can[Could] I ask what it's about? / May I ask what this is about? / May I ask what this is in regards to? / To what is this pertaining?　　• pertaining to ~에 관계된

전화 걸기

565	저는 RK 서울 지점의 오달수라고 합니다.	This is Dal-su Oh calling from RK Seoul branch.
566	저는 런던에서 전화 드리는 진입니다.	This is Jean, calling from London.
567	실례합니다만, 방금 전화했던 사람입니다.	Excuse me, this is the person who was just on the phone. / I just called a minute ago. / I was just on the phone with you.
568	자영 씨 좀 바꿔주세요.	Ja-young, please. / Is Ja-young there? / Can I speak with Ms. Ja-young Lee, please?
569	경리부의 스티븐 박과 통화할 수 있을까요?	May[Could] I speak to Steven Park in the finance department?
570	스티븐 있나요?	Is Steven there? / Is Steven in?
571	존 에반스 씨 좀 바꿔주시겠어요?	Could I speak with John Evans, please?
572	고객 서비스부 부탁합니다.	Customer service division, please.
573	산드라 씨 전화 맞나요?	Is this Sandra's line?
574	전화 주셨다고 해서요.	I'm returning your call. / I heard that you called.
575	어제 저와 통화하셨던 분입니까?	Are you the same person I talked to yesterday?
576	통화하려고 몇 차례 전화했었습니다.	I've tried to get in touch with you several times.
577	그분 소개로 전화 드려요.	He referred me to you.
578	미스터 임을 대신하여 전화 드립니다.	I'm calling on behalf of Mr. Lim.
579	그분과 직접 통화했으면 합니다.	I'd like to speak to him directly.

39 전화 업무 ②

전화 연결하기

예문듣기

전화 연결 부탁하기

🎧 39-1.mp3

580	담당자에게 연결해 주시겠습니까?	Could you please transfer my call to the appropriate person? / May I talk to someone in charge?
		• transfer (전화를) 연결해 주다
581	과장님에게 연결해 주시겠습니까?	Could you transfer me to the manager? / Would it be possible to transfer my call to the manager? / Could you put me through to the office of the manager? • put A through to ~에게 A를 연결하다
582	내선번호 4567로 연결해 주세요.	Extension 4567, please. / Put me through to extension 4567, please. / Could you transfer me to extension 4567?
583	인사부의 제니 리 씨에게 연결해 주시겠습니까?	May I be connected to Jenny Lee of the human resources department?
584	부사장님 방으로 연결해 주시겠습니까?	Can I please have the office of the Vice President?
585	부장님실이나 그분 비서에게 연결해 주시겠어요?	Could you please put me through to the office of the General Manager or his assistant?
586	내선번호 476, 산드라 왕 씨 부탁합니다.	Extension 476, Sandra Wong, please.

전화 연결하기

🎧 39-2.mp3

587	잠시만 기다려주세요. 연결해 드리지요.	One moment please. I will put you through.
588	전화를 연결해 드리겠습니다. 끊지 마시고 기다려 주세요.	I will transfer your call to him. Please stay on the line. / Please hold the line while I transfer you. / One moment while I transfer your call. / I'm putting you through now, please hold.
		• stay on the line 수화기를 들고 기다리다(=hold on)

589	고객 서비스부에 전화를 연결해 드리겠습니다.	Let me transfer you to our customer service desk.
590	기다려 주세요. 삐 소리 후에 마이크에게 연결해 드리겠습니다.	Hang on, please. I will put you through to Mike after the beep.
591	과장님을 바꿔 드리겠습니다.	Let me get the manager to talk to you.
592	여기에 이종수라는 분이 두 분 계세요.	We have two Jong-su Lees here. ❶ 이름 뒤에 -s를 붙이면 동명이인을 뜻합니다.
593	그 이름으로는 두 분이 계십니다.	There are two individuals by that name.
594	두 분 중 어느 분과 통화하길 원하시는지요?	Which of the two individuals by that name do you wish to speak to?
595	미스터 리, 2번으로 전화 왔습니다.	Mr. Lee, you have a call on line 2.
596	그분의 내선번호를 아세요?	Do you know his extension number?
597	누구라고 말씀 드릴까요?	Who shall I say is calling, please?
598	네, 재닛 씨 전화 맞습니다.	Yeah, this is Janet's line.

전화 연결이 안 될 때
🎧 39-3.mp3

599	죄송합니다만, 지금 자리에 안 계십니다.	I'm sorry, she's not available right now. / I'm sorry, she's not in the office right now. / I'm sorry, he's not at his desk right now.
600	죄송합니다만, 이번 주에는 회사에 안 나오십니다.	Sorry, he's away from the office this week.
601	죄송합니다만, 회의 중이십니다.	I'm sorry, he's in a meeting.
602	죄송합니다만, 막 나가셨습니다.	Sorry, you just missed her.
603	죄송합니다만, 출장 차 밀라노에 가셨습니다.	I'm sorry, he is in Milan on business.
604	내선 연결이 잘못된 것 같네요.	I think I have the wrong extension.
605	죄송합니다만, 내선 연결이 잘못된 것 같네요. 존 에반스 씨와 통화하려고 하는데요.	Sorry, I think my call was transferred to the wrong extension. I'm trying to get a hold of Mr. John Evans. ・get a hold of ~와 연락하다
606	죄송합니다만, 부서 연결이 잘못된 것 같네요. 제품 담당 책임자이신가요?	I'm sorry, I think I have the wrong office. Is this the product manager? ・product manager 제품 담당 책임자
607	기다리시게 해서 죄송합니다.	Sorry to keep you waiting. / Sorry about the wait.

608	오래 기다리게 해서 죄송합니다. 조금 더 기다려 주실 수 있나요?	I'm sorry it's taking so long, could you please hold a little longer?
609	제가 도움을 드릴까요?	Can I help you perhaps?
610	도움이 될 만한 다른 분이 있나요?	Is there anyone else who could help you?
611	다른 분과 통화하시겠어요?	Would you like to speak to someone else?
612	지금 통화 중이시네요.	I'm afraid his line is busy. / I'm afraid Mr. Kim's line is busy.
613	죄송합니다만, 아무도 전화를 안 받네요.	I'm sorry, but no one is answering.
614	556-3022번으로 직접 전화하시면 됩니다.	You can call him directly at 556-3022.

상담원 및 자동 응답

🎧 39-4.mp3

615	저희 수신자 부담 번호로 전화하세요.	Just call our toll-free number.
		• toll-free number 수신자 부담 전화 번호
616	비밀번호를 누르세요.	Please enter your PIN.
		• PIN 비밀번호(= personal identification number)
617	비밀번호를 누르신 후 이용 가능한 선택 메뉴를 들으십시오.	Key in your PIN and listen to the menu of options available.
618	회원으로 가입하거나 카탈로그를 신청하시려면 오늘 수신자 부담 번호로 전화 주세요. 1-800-555-0000	To become a member or to request a catalog, call this toll-free number today: 1-800-555-0000.
619	여섯 자리 숫자를 입력해 주세요.	Please key in any 6-digit number.
620	2번을 눌러주세요.	Please press number 2.
621	상담원 연결은 주 7일 9시부터 5시까지 가능합니다.	Our staff is available from 9 to 5, seven days a week.
622	저희 상담원들은 월요일부터 금요일 정상 업무 시간에 상담이 가능합니다.	Our staff is available for consultation Monday through Friday during normal business hours.

40

전화 업무 ③

용건 말하기

예문듣기

40
용건 말하기

전화 건 목적 말하기

🎧 40-1.mp3

623	문의하신 것에 관하여 전화 드렸습니다.	I am calling about your inquiry.
624	당신의 서울 방문에 관하여 전화 드렸습니다.	I am calling about your visit to Seoul.
625	지난 주에 논의했던 합작 투자에 대해 전화 드렸습니다.	I am calling about the joint venture we discussed last week.
626	요청하신 추천서에 관하여 전화 드렸습니다.	I am calling about the recommendation letter you asked for.
627	전화 회의 일정에 관한 것입니다.	It's about the teleconference schedule.

• teleconference (원격) 화상 회의

628	제이슨이 전화해 보라고 하더군요.	Jason told me to call.
629	그냥 확인 전화입니다.	It's just a confirmation call.
630	회의 일정을 확인하려고 전화 드렸습니다.	I called you to confirm the meeting schedule.
631	귀사의 서비스에 관해 전화 드렸습니다.	I'm calling about your service. / I'd like to ask a few questions about your service. / I'm calling for information regarding the services you offer.
632	귀사의 서비스에 관한 제 질문에 답변해 주실 수 있는 분과 통화할 수 있을까요?	Can I please speak to someone who could answer my questions regarding your service?
633	우리의 다음 회의에 관하여 간단한 문의사항이 있습니다.	I just have a quick question regarding our next meeting.
634	내일 약속 확인 차 전화 드렸습니다.	I'm calling to confirm our appointment tomorrow.
635	지난달에 저희에게 배송된 주문품에 관해 전화 드렸습니다.	I'm calling in regards to an order that was shipped to us last month.
636	존, 저희 신제품을 당신 직원들에게 소개하고 싶은데요.	John, we'd like to introduce our new product line to your staff.

637	그분과 약속을 잡으려고 전화했어요.	I am calling to set up an appointment with him.
638	여쭤보고 싶은 게 있어서요.	There's something I'd like to ask you.
639	당신께 확인하고 싶은 게 있어서요.	There's something I'd like to check with you.
640	우리 회의를 취소하려고 전화했습니다.	I am calling to cancel our meeting.
641	그분 일정을 이메일로 보내주실 수 있을까 해서요.	I was wondering if you could email me his schedule.
642	견적서를 이메일로 보내주실 수 있을까 해서요.	I was wondering if you could email me your quotation.
643	그것을 저에게 팩스로 보내주실 수 있을까 해서요.	I was wondering if you could fax it to me.
644	제안서가 어떤 내용인지 말씀해 주시겠어요?	Could you tell me what the proposal is about?
645	보내주신 자료에 관해 전화 드렸습니다.	I'm calling about the data you sent me.

전화를 잘못 걸었을 때

🎧 40-2.mp3

646	죄송합니다. 제가 잘못 걸었네요.	Sorry, wrong number. / Oh, I've got the wrong number, sorry. / I must have gotten a wrong number.
647	미안합니다. 제가 잘못 걸은 것 같네요. 447-5523번 맞습니까?	I'm sorry, I seem to have reached the wrong number. Is this 447-5523?
648	죄송합니다만, 저는 그 업무 담당자가 아닙니다.	Sorry, but I'm not the person in charge of that.

통화가능 여부 확인하기

🎧 40-3.mp3

649	지금 통화 괜찮으세요?	Are you busy? / Is this a good time to call? / Are you available to talk right now? / Can we talk now?
650	제가 다시 전화 드려도 될까요?	Can I call you back? / Can I get back to you? / Would it be okay if I called you back another time?
651	제가 바로 다시 전화 드려도 될까요? 지금 통화 중이어서요.	Can I call you right back? I'm on another call.
652	다음 주에 다시 전화 드려도 될까요?	Is it okay if I call you back next week?

653	지금 좀 정신이 없는데 내일 다시 전화 드려도 될까요?	Oh, I'm swamped. Can I get back to you tomorrow? • swamped 눈코 뜰 새 없이 바쁜
654	다음에 다시 전화 드릴까요?	Should I call you back at another time?
655	언제가 (통화하기) 좋으세요?	When is a good time for you?
656	제가 방해가 된 건 아닌지요?	Am I interrupting anything?
657	통화하기 괜찮은 시간이신지 모르겠네요.	I was wondering if this is the right time to call.
658	간단히 말씀해 주세요.	Please try to cut it short.

통화 연결이 어려울 때

🎧 40-4.mp3

659	통화 중이네요.	It's busy.
660	계속 전화 드렸었어요.	I tried to get a hold of you.
661	통화 한 번 하기 정말 어렵네요.	It's so hard to get a hold of you.
662	왜 이렇게 오래 통화 중이었지요?	Why was your line busy for such a long time?
663	왜 이렇게 전화를 늦게 받아요?	What took you so long?
664	너무 늦게 전화 걸어서 죄송해요.	I'm sorry to call you so late.
665	그는 지금 몹시 바빠요.	He's extremely busy at the moment.
666	지금은 통화가 좀 어려워요.	I can't really talk right now.
667	전화상으로 말씀 드리는 힘들어요. 이메일로 보낼게요.	It's hard to talk over the telephone. I will email it to you.
668	전화로 설명하기에는 너무 복잡해요. 이메일로 보내 드릴게요.	It's too complicated to explain on the phone. I will email it to you.

41 전화 업무 ④

부재중 메시지 남기기

예문듣기

부재중 메시지 남기기

🎧 41-1.mp3

669	메시지를 남길 수 있을까요?	May I leave a message for her? / Can[Could] I leave a message with you? / Would it be possible to leave a message for her?
670	제가 전화했다고 전해 주시겠어요?	Would you tell her I called? / Could you tell her that I called?
671	그분에게 저한테 전화 좀 해달라고 해주시겠어요?	Could you please ask him to call me back?
672	러닝 인스티튜트의 프랭크 임에게 전화 좀 해달라고 전해 주시겠어요?	Could you tell him to call Frank Lim at The Learning Institute?
673	5분 후에 다시 전화 드리지요.	I will call you back in five minutes.
674	그럼 다시 전화 드리겠습니다.	I will call him back then.
675	제가 5분 후에 다시 전화하겠다고 좀 전해 주시겠어요?	Can you tell him that I'll call him back in five minutes?
676	혹시 그에게서 전화가 오면, 저한테 전화 좀 해달라고 해주시겠어요?	If he happens to call you, would you have him phone me?
677	한국 시간으로 오후 3시에 제게 전화해 달라고 전해 주시겠습니까?	Would you tell her to call me back at 3 p.m. Korean time?
678	그분에게 이메일을 보냈다고 전해 주세요.	Please tell him that I emailed him.
679	그분이 언제 돌아오실지 아세요?	Do you know when she will be back? / How soon do you expect him back? / What time do you expect him back?
680	혹시 모르니 전화번호 좀 주시겠어요?	Could I have your phone number just in case?
681	전화 주신 분은 누구시지요?	Who am I speaking to? / With whom am I speaking? / May I ask who this is?

682	전화 주신 분의 이름과 전화번호 좀 주시겠습니까?	Can I get your name and phone number, please? / Could I take your information, please?
683	오달수입니다. 철자가 D-A-L-S-U 그리고 O-H예요.	It's Dal-su Oh. It is spelled D-A-L-S-U and O-H.
684	저는 케리 송입니다. 제 이름 철자는 key의 K, E, R 두 개와 Y입니다.	This is Kerry Song. My first name is spelled K as in key, E, two Rs, and Y.
685	제 이름은 지나입니다. girl의 G랑 i, 대문자 N, 소문자 a죠.	My name is Gi-Na. "G" as in girl, "i," capital "N," and lower case "a."
		❗ 철자만 불러서 헷갈리는 경우, 철자를 정확히 전달하기 위해 다른 단어의 철자를 이용해 설명합니다.
686	제 이름은 자영입니다. Jack의 J랑 a, 대문자 Y, 소문자 o, u, Nancy의 n, golf의 g죠.	My name is Ja Young. "J" as in Jack, "a," capital "Y," lower case "o," "u," "n" as in Nancy, "g" as in golf.
687	제 전화번호는 지역번호 918-557-0100입니다.	My number is area code nine one eight, five five seven, oh one oh oh.
		❗ 전화번호를 말할 때 숫자 0은 zero 또는 oh라고 읽습니다.
688	제 이메일 주소는 tslim@hongkongsecurities.co.kr입니다.	My e-mail address is "T," "S," lim at Hong Kong Securities dot "C," "O" dot "K," "R."
689	제 이메일 주소는 seongyoon.lim@unitedfront.co.kr입니다.	My e-mail address is seongyoon dot lim at united front dot "C," "O" dot "K," "R."
690	도움 주셔서 감사합니다.	Thanks for your help. / Thanks a lot.

부재중 메시지 받기 🎧 41-2.mp3

691	점심식사 하러 잠깐 나가셨어요.	She just stepped out for lunch. / He is out for lunch.
692	회의 하러 잠깐 나가셨습니다.	He just stepped out for a meeting.
693	그는 업무 차 자리를 비우셨어요.	He is away on business.
694	출장 중이십니다.	He is on a business trip.
695	지금 회의 중이십니다.	He is at the meeting now.
696	곧 돌아오실 겁니다.	He will be back soon.
697	한 시간(쯤) 후에 돌아오실 겁니다.	He will be back in an hour. / She will be back in an hour or so.
598	그분은 오늘 하루 종일 외근이십니다.	He is out of the office all day today.

699	담당자가 지금 자리에 안 계시네요.	The person in charge isn't here at the moment. / He is not available at the moment. / She is not in.
700	지금 잠시 고객들과 나갔는데요. 몇 시간 후에 돌아오실 겁니다.	She just stepped out with her clients. She'll be back in a couple of hours.
701	방금 퇴근하셨어요.	He's gone for the day just now. / He's left for the day just now.
702	메시지 남기시겠어요?	May[Can] I take a message? / Would you like to leave a message? / Do you want to leave a message? / Would you like her voice mail? • voice mail 음성 메시지 녹음 장치
703	돌아오시는 대로 꼭 메시지 전해 드리겠습니다.	I'll make sure she gets the message as soon as she gets here.
704	메시지 남겨주시면 사무실에 돌아오시는 대로 꼭 전해 드리겠습니다.	If you'd like to leave a message, I'll make sure he gets it as soon as he's back in the office.
705	잠시만요. 볼펜 좀 가져올게요.	Hold on a minute. Let me grab a pen. • grab 붙잡다, (급히) ~하다
706	메시지를 전달해 드리겠습니다.	I will make sure she gets this message. / I will pass your message to him. / I will let her know.
707	전화 왔었다고 전해 드릴게요.	I will tell him that you called.
708	5분 후에 다시 전화 주시겠어요?	Could you call us back in five minutes?
709	그분 핸드폰으로 직접 전화하실 수 있어요. 번호 알려드릴까요?	You can call him directly on his cell. Do you want his number?
710	그분 핸드폰 010-4444-5555로 연락하시면 됩니다.	You can reach him on his cell phone at 010-4444-5555.
711	그분의 음성 메시지로 연결해 드릴까요?	May I connect you to his voice mail? / Would you like to be connected to his voice mail to leave a message?
712	그분의 음성 메시지함에 직접 메시지를 남기셔도 됩니다.	You can leave a message directly on his voice mail.
713	삐 소리가 난 후에 메시지를 남겨 주세요.	Please leave a message after the beep[tone].
714	나가 계신 동안 미스터 박한테서 전화가 왔었어요.	Mr. Park called you while you were out.

42

음성 메시지 남기기

예문듣기

부재중 자동 응답

🎧 42-1.mp3

⁷¹⁵	안녕하세요. 저는 AAA 사의 김자영입니다.	Hi, this is Ja Young Kim calling from AAA Company.
⁷¹⁶	안녕하세요. 어드밴티지 회계 회사의 이성윤 사무실입니다.	Hello, this is the office of Seong Yoon Lee with Advantage Accounting Company.
⁷¹⁷	안녕하세요. 연구개발부 존 에반스의 음성 사서함입니다.	Hi, you've reached the voice mail box of John Evans in the R&D Division.
⁷¹⁸	안녕하세요. AAA 생명보험사의 부사장실입니다.	Hello, you've reached the office of the Vice President at AAA Life Insurance.
⁷¹⁹	안녕하세요. 퍼스트 내셔널 은행의 인사부입니다.	Hello, you've reached the Department of Human Resources at First National Bank.
⁷²⁰	저는 지금 전화를 받을 수 없습니다.	I'm sorry I can't take your call right now. / No one is available to answer your call at the present time.
⁷²¹	지금 외근 중이어서 전화를 받을 수 없습니다.	I am currently out of the office and unable to answer your call.
⁷²²	카터 씨는 출장 중이며 3월 10일 수요일에 돌아오십니다.	Mr. Carter is away on business, but will be back on Wednesday, March 10.
⁷²³	저는 6월 15일 월요일부터 6월 18일 목요일까지 휴가입니다.	I will be on vacation from Monday, June 15 to Thursday, June 18.
⁷²⁴	오늘은 8월 10일 금요일입니다. 근무 중이지만, 자리에 없거나 다른 전화를 받고 있습니다.	Today is Friday, August 10th, and I am in the office, but either away from my desk or on another line.
⁷²⁵	삐 소리 후에 성함과 연락처, 간단한 메모를 남겨 주시면 최대한 빨리 전화 드리겠습니다.	Please leave your name, telephone number, and a brief message at the sound of the tone, and I will call you back as soon as possible.

726	귀하의 전화는 소중합니다. 성함과 자세한 메시지를 남겨 주시면 시간 나는 대로 바로 전화 드리겠습니다.	Your call is very important to me. If you'd like to leave your name and a detailed message, I will return your call at my first opportunity.
727	외출 중에는 음성 사서함을 확인하지 못하지만, 메시지를 남겨 주시면 돌아오자마자 제가 전화 드리겠습니다.	I will not be checking my voice mail while I'm away, but if you leave a message, I will get back to you upon my return.
728	삐 소리 후에 메시지를 남기시거나, 다음에 다시 전화 주세요.	Please leave a message at the tone, or call back at a later date.
729	저희 영업시간은 월요일부터 금요일 오전 8시부터 오후 6시까지입니다. (이 시간대에) 다시 걸어 주세요.	Our office hours are Monday through Friday, 8 a.m. to 6 p.m. Please call again.
730	상담원과 통화하려면 0번을 눌러주세요.	To speak to the operator, press zero.
731	고객 서비스 관련 사항은 97번을 눌러 주세요.	For customer service related issues, press nine seven.
732	즉시 도움을 받기 원하시면 제 비서 낸시 존스와 통화할 수 있도록 우물정자와 0을 누르세요.	If you require immediate assistance, please press pound and then zero to speak to my assistant, Nancy Jones. ❶ '우물정자'를 영어로는 pound key 혹은 hash key라고 합니다.
733	급하신 용무라면, 제 핸드폰 010-5570-3761로 전화주세요.	If this is an emergency, you may call my cell phone at oh-one-oh, five five seven oh, three seven six one.
734	제가 없는 동안 도움이 필요하시면, 내선번호 4576을 눌러 제 일을 대신 맡고 있는 미스터 정에게 연락하세요.	If you require assistance during my absence, please contact my stand-in[back-up], Mr. Jung, at extension four five seven six. • stand-in 대리인 (잠시 동안 남의 일을 대신하는 사람)
735	관심 가져 주셔서 감사합니다. 담당직원을 곧 연결해 드리겠습니다.	Thank you for your interest. One of our representatives will be with you shortly.
736	감사합니다.	Thank you. / Thank you for calling.
737	곧 통화 나누겠습니다.	I look forward to speaking with you.
738	좋은 하루 보내세요.	Have a great day.

음성 메시지 남기기

 42-2.mp3

| 739 | 안녕하세요, 존. 운영부의 사라예요. | Hi, John! This is Sarah from the Operations Division. |
| 740 | 오피스 서플라이즈 사의 조엘 베이커입니다. | This is Joel Baker with Office Supplies Unlimited.
• Unlimited 무한 책임 회사 |

741	안녕하세요. 비즈니스 전문가 아시아 협회에서 전화 드렸습니다.	Hi, I'm calling from the Asian Society of Business Professionals.
742	카터 씨. 원격 교육 유나이티드에서 전화 드리는 조나단 강입니다.	Mr. Carter, this is Jonathon Kang calling from Distance Learning United.
743	저희에게 검토하라고 보내주신 서류 중 하나에 대한 간단한 질문이 있습니다.	I have a quick question regarding one of the documents you sent us for review.
744	6월 8일 월요일에 저희에게 주문하신 것에 관해 전화 드렸습니다.	I'm calling in regards to an order you placed with us on Monday, June 8.
745	저희 기록을 업데이트하기 위해 모든 회원 분들 께 연락드리고 있습니다.	We are in the process of contacting all our members to update our records.
746	이번 가을에 홍보할 특별 할인에 관해 이야기 나 누고 싶습니다.	I'd like to talk to you about a special offer we're promoting this fall.　　• offer (보통 짧은 기간 동안의) 할인
747	카터 씨. 당신만 대답할 수 있다고 들은 확장 학 습 프로그램에 대해 질문이 있습니다.	Mr. Carter, I have a question on extended learning programs that I am told only you can answer.
748	이 메시지를 받으시면 바로 전화 주시겠어요? 제 내선 번호는 5573입니다. 감사합니다!	Could you call me as soon as you get this message? My extension is five five seven three. Thanks!
749	최대한 빨리 제게 405-6963으로 전화 주세요. 감사합니다.	Please give me a call as soon as possible at four oh five, six nine six three. Thank you.
750	제 사무실 922-8981이나 핸드폰 010-783-2200으로 전화하시면 됩니다. 전화 기다리겠습니다.	You may reach me at my office, at 922-8981 or on my cell phone, at 010-783-2200. I look forward to talking with you.
751	이 건에 대해 다시 전화 주시면 감사하겠습니다. 제 번호는 622-5537입니다. 감사합니다. 즐거 운 하루 보내세요.	I would appreciate your call back on this matter. My number is 622-5537. Thank you and have a good day.
752	사무실에 돌아오시면 다음 주에 다시 전화 드리 지요.	I will call again next week when you are back in the office.
753	출장에서 돌아오시면 연락 주세요.	Give me a buzz when you get back into town. / Give me a ring when you get back into town.　　• give ~ a buzz ~에게 전화하다
754	연락을 안 주셔서 무슨 문제가 있는지 궁금합니 다. 연락 주세요.	I haven't heard back from you and was just wondering if there are any problems. Please let me know.
755	카터 씨. 이 문제에 관해 꼭 통화해야 합니다. 가 급적 빨리 연락 주세요.	Mr. Carter, it is essential that I speak with you regarding this issue. Please contact me as soon as possible.

| 756 | 전화를 안 주셔서 걱정이 됩니다. 이 메시지를 받으시면 저희에게 연락 주시겠어요? | We're concerned that we haven't heard from you. Could you call us back when you get this message? |
| 757 | 직접 통화를 하기 전까지는 주문이 지연된다는 것을 알려드리려고 전화 드렸습니다. 연락 주세요. | I just wanted to let you know that your order will be delayed until we speak with you personally. Please give us a call. · personally (다른 사람을 통하지 않고) 직접 |

43 전화 업무 ⑥

통화 문제 해결하기

예문듣기

이해하지 못했을 때

🎧 43-1.mp3

758	뭐라고 하셨죠?	Pardon? / Beg your pardon? / What was that?
759	죄송합니다만, 못 알아들었어요.	I apologize, but I didn't quite catch that. / Sorry, I didn't understand you.
760	다시 한 번 말씀해 주시겠습니까?	Could you repeat that, please?
761	천천히 다시 한 번 말씀해 주시겠습니까?	Could you repeat that for me slowly, please?
762	좀 천천히 말씀해 주시겠어요?	Could you slow down a bit? / Could you speak slower? / Do you mind slowing down a little bit? / Would you slow it down, please?
763	죄송합니다만, 천천히 말씀해 주시겠습니까?	I'm sorry, could you speak more slowly, please? / I'm sorry, but could you slow down a little?
764	이해가 잘 안 되네요, 천천히 말씀해 주시겠습니까?	I'm having a hard time understanding. Could you speak slowly, please?
765	제가 잘못 이해한 것 같군요.	I might have misheard you. · mishear 잘못 (알아)듣다
766	죄송합니다만, 마지막에 말씀하신 요지를 이해하지 못했어요.	I'm sorry. I didn't understand that last point you made.
767	그게 맞습니까?	Is that correct?
768	제가 제대로 이해한 거 맞나요?	Am I understanding you correctly? / Do I have that correctly?
769	네, 맞습니다.	Exactly. / Yes, that's correct. / You got it. / Yep, that's it.
770	네, 알았습니다.	I understand. / I got it. / Yes, thanks. I have it now. / Okay. I've got that now. / I see. Thank you.

771	잘 안 들려요.	I can't hear you well.
772	들렸다 안 들렸다 해요.	Your voice goes on and off. / You are breaking up.
773	잡음이 너무 심해요.	There's too much static. / I am getting too much static. • static (수신기의) 잡음
774	못 알아듣겠어요.	I can't understand you well.
775	잘 들리세요?	Can you hear me? / Can you hear my voice? / Can you hear me clearly? / Am I coming in clear?
776	좀 크게 말씀해 주시겠어요?	Would you speak a little louder? / Would you speak up, please?
777	다시 한 번 말씀해 주시겠어요?	Would you repeat that once more, please?
778	지금은 잘 들립니까?	Can you hear me better now?
779	잘 들려요.	You are coming in all right.
780	다른 사람 목소리도 들리는군요.	I hear another party too. / I hear other people. / I can hear somebody talking. / I hear someone else talking on the same line.
781	제 전화기가 제대로 작동하지 않네요.	My phone is not working properly.
782	이 전화는 불통이네요.	This line is dead.
783	주변이 시끄러워서 잘 안 들려요.	I can't hear with all that noise.
784	여전히 잘 안 들리네요.	Well, it's still not clear. / Well, not so clearly.
785	연결 상태가 좋지 않네요.	The connection is pretty bad. / I have a really bad connection. / I'm sorry, but the connection is terrible.
786	혼선이 되었나 봐요.	There's some interference on the line. / The line seems to be mixed up. / I guess the lines are crossed. • interference 혼선
787	전화가 끊어지면 어느 번호로 통화가 가능할까요?	What number can you be reached at in case we are disconnected?
788	끊으시면 제가 다시 전화 드릴게요.	Please hang up, and I'll call you back.
789	끊고 다시 걸어 주시겠어요?	Would you please hang up and call me back? / Do you mind hanging up and calling me back? / Why don't we hang up and I will call you back?
790	이메일 주시면 제가 다시 전화할게요.	Please email me, and I'll return your call.

| 791 | 이 번호로 연결이 안 됩니다. | I can't get through to this number. / |
| 792 | 아무도 안 받아요. | No one's answering. |

휴대폰 관련 표현

43-3.mp3

793	휴대폰을 무음으로 해 주세요.	Please put your cell phones on mute. / Please put your cell phones on silent.
794	휴대폰을 진동이나 무음으로 해 주세요.	Please put cell phones on vibrate or on silent mode.
795	휴대폰을 비행기 모드로 설정하세요.	Set the phone to airplane mode.
796	소리를 작게/크게 해 놓으세요.	Set your volume on low/high.
797	휴대폰 배터리가 다 돼 가네요.	I'm running out of battery on my cell phone.
798	배터리가 거의 없어요.	My battery is so low.
799	연결 상태가 좋지 않네요.	The reception is really bad.
800	통화를 오래 못해요. 지하철이거든요.	I can't talk for long. I'm on the subway.
801	문자 보내겠습니다.	I will text you. / I'll send you a text message.
802	저는 일반 요금제가 아니에요.	I don't have a regular plan.
803	와이파이가 잡히네요.	It has Wi-Fi.
804	영상통화 합시다.	Let's have a video chat.
805	인터넷 접속이 안 되네요.	I can't get access to the Internet.
806	제 휴대폰이 느리네요.	My phone is lagging. • lag 뒤처지다, 꾸물거리다
807	제 폰 카메라는 8백만 화소입니다.	My phone has a 8 megapixel camera. • megapixel 백만 화소
808	저는 로밍서비스를 원치 않아요.	I don't want roaming.
809	저는 로밍을 사용하고 있어요.	I am using the roaming service.

통화 종료하기

43-4.mp3

| 810 | 지금 어디 좀 가봐야 해서요. 통화 즐거웠습니다. | I have to go now. It's been nice talking to you. |
| 811 | 죄송합니다만, 지금 회의에 가야 해서요. 전화 주셔서 감사합니다. | I'm sorry, I have a meeting to go to now. Thanks for calling. |

812	실례합니다만 약속이 있어서요. 연락 드릴게요.	You'll have to excuse me now, I've got an appointment. I'll be in touch.
813	미안합니다만 다시 전화 드려야겠네요. 통화 즐거웠습니다.	Sorry, I'll have to call you back. Good talking to you, though.
814	지금 가봐야 하는데, 곧 뵙기를 고대하겠습니다.	I need to go, but I look forward to meeting you soon.
815	얘기 나누어서 즐거웠어요.	It was good to talk to you.
816	다시 이야기 나눠서 좋았습니다.	Good to talk with you again.
817	그때 봐요.	I will see you then.
818	안녕히 계세요.	Bye for now.
819	또 이야기 나눠요.	Talk to you soon. / I will talk to you again. / I'll check back with you soon.
820	그 일이 끝나면 전화 주시겠어요?	Why don't you call me when it's over?
821	꼭 전화 주세요, 알았죠?	Make sure you call me, okay? / Be sure to call me, okay? ❶ 명령하는 말로 들릴 수 있으니 가까운 사이에만 사용하세요.
822	곧 전화 주시기를 고대하겠습니다.	I look forward to hearing from you soon on the phone.
823	의문 나는 게 있으면 언제든지 연락 주세요.	If you have any other questions, feel free to call.
824	무척 오래 통화했네요.	We talked for so long.
825	이렇게 오래 붙들고 있어서 죄송해요.	Sorry for keeping you for so long.
826	제가 시간을 너무 많이 뺏었네요.	I've taken up too much of your time. / I shouldn't have tied you up so long. • shouldn't have p.p. ~하지 말았어야 했다
827	일하시는데 방해해서 미안합니다.	Sorry for keeping you away from your work.
828	이만 끊을게요.	I'd better go. / Time to go.
829	전화 주셔서 고마워요.	Thank you for calling. / I appreciate your call.
830	자주 연락해요.	Let's keep in touch. / Please call again. / Let's not lose contact. / Let's not lose touch.
831	그럼 3일에 여기서 뵙지요.	Then I'll see you here on the third.
832	모든 것이 결정되면 다시 전화 드리지요.	When it's all set, I will call you back.

44 전화 업무 ⑦

약속 잡고 변경하기

예문듣기

약속 잡기

 44-1.mp3

833	부장님과 약속을 잡고 싶은데요.	Could I set up a meeting with the general manager? / I'd like to schedule a meeting with the general manager.
834	가능하다면 영업부 직원과 약속을 잡고 싶은데요.	I'd like to arrange a meeting with the sales staff if possible.
835	가능한 빨리 전 직원과 회의를 잡고 싶은데요.	I need to request a meeting with all personnel as soon as possible.
836	만나 뵙고 싶은데요.	I'd like to arrange a meeting with you. / Can you meet with me?
837	만날 약속을 정할까요?	Shall we make an appointment to meet?
838	이 문제에 관해 조만간 만나 뵙고 말씀 나누는 게 좋겠죠?	Would it be beneficial to meet up soon regarding this matter?
839	회의를 잡아서 더 자세히 이야기 나눕시다.	Let's schedule a meeting to discuss it further.
840	후산 국왕을 알현할 수 있을까요?	Would it be possible to have an audience with King Hussan?　• audience 접견, 알현 ❗ 왕족, 고위층, 성직자 등과 만남을 요청할 때 쓰는 격식 있는 표현입니다.
841	무엇에 관한 회의인지 여쭤 봐도 될까요?	Can I ask what this meeting is about? / May I ask what this is in regards to?
842	회의의 목적이 뭐죠?	And what's the purpose of the meeting? / What should I say is the reason for the meeting?
843	저희 프로젝트 전화회의가 다음 주 월요일, 8월 20일 오전 10시 정각으로 잡혀 있습니다.	Our project teleconference is scheduled for next Monday, August 20, at 10 a.m. sharp.

844	다음 주에 저희 사무실로 방문해 주실 수 있나요?	Will you be able to come visit our office sometime next week? / Is it okay with you to come visit our office next week? / I was wondering if you can stop by my office next week. / Is it possible to visit us next week? • stop by 들르다
845	그렇지 않아도 회의 때문에 연락을 드리려던 참이었어요.	As a matter of fact, I was about to get in touch with you for the meeting.
846	사실 이번 주에 시간이 되시는지 궁금해서요.	Actually, I was wondering if you would be free anytime this week.
847	사실 직접 만나 뵙고 이 건을 논의하고 싶었습니다.	As a matter of fact, I wanted to discuss the matter in person with you first.
848	그쪽 일정에 맞출게요.	I will arrange my schedule to fit yours. / I will accommodate your schedule. • accommodate (의견 등을) 수용하다. (환경 등에) 맞추다
849	우리 회의 날짜를 선택해 보세요. 생각하고 계신 날짜가 있으십니까?	I will let you choose the date of our meeting. What date do you have in mind?
850	언제가 좋으세요?	What is the most convenient time for you? / When's a good time to meet? / What's your schedule like? / When would you like to meet? / What day would suit you? / When do you want to hook up? • hook up 만나다. 일정을 정하다
851	언제가 좋으신지 알려 주세요.	So tell me when would be good for you. /
852	몇 시가 좋을까요?	What's a good time for you? / What time would suit you best? / What's the best time for you?
853	잠시 제 일정 좀 확인해 보죠.	Hold on, let me check my schedule. / Let me just check my calendar. / One moment please while I check my schedule. / Hang on just a minute while I look that up in my diary.
854	다음 주 괜찮으세요?	Would next week be possible? / Are you available next week?
855	당신이 편한 시간대로 잡지요.	Let's set up a time at your convenience. • at one's convenience ~의 편한 시간으로, ~가 편리한 때에
856	오후 3시 어떠세요?	How does 3:00 p.m. sound to you?

857	내일 정오 어떠세요?	What about tomorrow at noon?
858	내일 모레는 어떠세요?	How about the day after tomorrow? / Is the day after tomorrow okay? / What do you say to the day after tomorrow?
859	다음 주 화요일 오후 2시는 어떠세요?	How about next Tuesday at 2 p.m.?
860	주중 오후 5시 이후는 모두 괜찮아요. 그쪽은 요?	I'm available every weekday after five p.m. How about you?
861	다음 달 오전 중으로 어때요?	What about sometime next month in the a.m.? • in the a.m. 오전 중에
862	오전이 좋으세요, 오후가 좋으세요?	Do you prefer mornings or afternoons?
863	오전이 더 좋아요. 오전 11시 어떠세요?	I prefer morning. What about 11 a.m.?
864	4시쯤에 시간 있으십니까?	Will you be free at about four?
865	다음 주 화요일 첫 일정으로 하죠.	Let's make it next Tuesday, first thing in the morning.
866	내일 2시에 오실 수 있겠습니까?	Could you come over tomorrow at two?
867	금요일 오후 괜찮으세요?	Is Friday afternoon all right with you?
868	다음 주 목요일 괜찮겠습니까?	Would next Thursday be okay?
869	일정 좀 확인해 보죠. 9월 5일, 다음주 수요일이 좋겠네요.	Let me check my calendar. Next Wednesday, that is September 5th, will do.
870	그날 회의 끝나고 점심을 같이 하시죠.	We can have lunch together after the meeting then.
871	오늘 3시가 좋겠어요.	Three o'clock today sounds good.
872	월요일 좋습니다. 몇 시쯤으로 생각하고 있으세 요?	Monday is fine. What time did you have in mind?
873	좋습니다.	That sounds good. / That's good with me. / I can do that.
874	죄송한데, 그땐 바빠요.	I'm sorry, I'm busy then.
875	월요일엔 안 돼요.	I can't make it on Monday. / No, I'm sorry. Next Monday is difficult.
876	다음 주는 안 돼요. 제가 사무실을 비워서요. 그 다음 주는 어떠세요?	Next week is no good; I'll be out of the office. How about the following week?
877	5시는 힘들겠어요. 다른 시간으로 제안해 주시 겠어요?	Five o'clock won't work for me. Can you suggest another time?

878	일단 정하지 말고, 제 스케줄 좀 알아보고 연락 드릴까요?	Can we leave it open and I'll contact you when I figure out my schedule?
879	오늘은 일정이 꽉 차 있어요.	I'm really booked today.
880	미안한데 내일은 안 됩니다.	I'm afraid tomorrow's bad for me. / Sorry, but tomorrow isn't good. / Tomorrow's bad.

❶ 부정적인 내용을 전달하거나 정중히 거절할 때는 I'm afraid~(유감입니다만~)로 시작하는 것이 자연스럽습니다.

881	죄송합니다만, 이 시간은 불편하네요.	I'm afraid that this time is not convenient for me.
882	편하실 때 전화 주세요.	Just call me at your convenience.
883	편할 때 들르세요.	Drop by at your convenience.
884	아무 때나 편할 때 오세요.	Come by any time you please.

약속 취소 및 변경

🎧 44-2.mp3

885	좀 더 일찍 만날 수 있을까요? 오후 2시 정도로요.	Can we meet a little earlier? Say at about 2 p.m. / Is it okay to make it a little earlier? Say at about 2 p.m.
886	회의에 참석 못할 것 같습니다.	I don't think I can make it to the meeting.
887	중요한 일이 생겨서 죄송하게도 약속을 지킬 수가 없네요.	Something important has come up, so I'm afraid I won't be able to make it.
888	죄송합니다만 시간이 좀 더 걸리겠는데요.	I'm afraid it will take a bit more time.
889	미안하지만 오늘은 곤란하네요.	Sorry, but today isn't good.
890	전화상으로 그것을 처리해야 할 것 같네요.	We may have to take care of it over the phone.
891	죄송합니다만 오늘은 직접 방문할 수 없을 것 같네요.	I'm sorry, but I can't visit you in person today.
892	죄송합니다만 월요일은 안 되겠네요. 화요일 괜찮으실까요?	I'm afraid I can't make it on Monday. Would Tuesday be okay?
893	죄송해요. 일이 생겨서 우리 미팅 일정을 다시 잡아야겠네요.	I'm sorry, something has come up and I'm going to have to reschedule our meeting.
894	우리 약속을 18일로 변경해야겠어요.	We're going to have to change our appointment on the 18th.
895	죄송해요. 차가 막혀서 오전 회의에 못 가게 됐어요. 회의를 오늘 오후로 미뤄도 될까요?	I'm sorry, I'm stuck in traffic and can't make our morning meeting. Can we put it off until this afternoon?

896	목요일은 결국 어려울 것 같네요. 일정을 다시 잡을 수 있을까요?	I'm afraid that Thursday won't be possible after all. Can we reschedule?
897	세미나가 취소되었습니다.	The seminar was cancelled.
898	날짜가 바뀌었나요?	Did the date change?
899	죄송한데 오늘 오후 회의에 참석 못할 것 같아요.	I'm sorry I won't be able to make the meeting this afternoon. / I regret to inform you that I won't be able to attend the meeting this afternoon.
900	죄송합니다만, 카터 씨가 이번 금요일에는 시간이 안 되실 것 같아요.	I'm sorry, Mr. Carter can't make it this Friday.
901	이렇게 번거롭게 해 드려 죄송합니다.	I'm sorry for having to bother you like this.
902	처리해야 할 급한 일이 생겼어요.	I have an emergency to deal with.
903	약속을 다시 잡는 게 너무 힘드실까요?	Would it be too much trouble to reschedule our appointment?
904	대신 5시 어때요?	Shall we say at 5 instead?
905	죄송한데 약속을 변경해야 할 것 같아요.	I'm afraid that I have to change my appointment.
906	제 약속을 3시로 변경해도 될까요?	Could you change my appointment to 3 o'clock?
907	괜찮으시다면 일정을 다음 주로 변경하고 싶습니다.	If at all possible, I would like to reschedule for the following week.
908	죄송합니다만 회의를 취소해야 할 것 같습니다.	I'm afraid we may have to cancel the meeting.
909	회의를 무기한 연기해야 할 것 같네요. 제가 언제 만날 수 있을지 모르겠어요.	We're going to have to delay our meeting indefinitely. I don't know when I'll be able to meet.
910	미안합니다만 회의를 연기해야 할 것 같습니다.	I'm sorry, but we may have to postpone the meeting.
911	일정을 언제로 다시 잡을까요?	When can we reschedule?
912	불편을 끼쳐 죄송합니다만, 조금 일찍 오실 수 있을까요?	I'm very sorry for your inconvenience, but would you come a little earlier?
913	미리 알려 주셔서 감사합니다.	Thanks for letting me know way ahead of time.
914	어차피 아무 구체적인 계획도 세우지 않았어요.	We didn't make any specific plans anyway.
915	그럼 11월 중으로 회의를 연기할까요?	Would you like to postpone the meeting until sometime in November then?

916	무슨 일이 생기면 미리 연락을 드리겠습니다.	If something comes up, we will let you know ahead of time.
917	회의가 두 번이나 취소가 되었는데, 회의를 정말 하긴 하는 건지 확인하고 싶네요.	Our meeting has been cancelled twice, and I just want to make sure that I'm still on your agenda.
918	다시 한 번 불편을 끼쳐 드려 죄송합니다.	Once again, I apologize for any inconvenience. / Once again, I'm sorry for the inconvenience.
919	이번 스케줄 변경으로 불편을 끼쳐 드려 죄송합니다.	I apologize for any inconvenience created by this schedule change.
920	이해해 주시길 바랍니다.	I hope you understand.

회의 ①

회의 시작하기

예문듣기

인사하고 시작하기

🎧 45-1.mp3

921	여러분, 안녕하세요. 들어와서 앉으세요.	Hello, everyone. Please come in and have a seat.
922	모두 앉읍시다.	Let's have a seat, everyone.
923	올해의 첫 총회입니다.	This is our first general meeting of this year.
924	모두 환영합니다.	Welcome all.
925	여러분 모두 환영해요. 앉으시죠.	Welcome, everyone. Please have a seat.
926	회의에 참가해 주신 모든 분들께 감사의 마음을 전합니다.	I would like to thank you all for attending this meeting.
927	오늘 회의에 참석해 주셔서 감사합니다.	Thank you for attending today's meeting. / I appreciate your coming to the meeting today. / I am grateful for your attendance. / Your visit is appreciated.
928	갑작스러운 통보에도 와 주셔서 감사합니다.	Thank you for coming here on short notice.
929	시간 내어 와 주셔서 감사합니다. 서로 인사를 나누면서 시작합시다.	Thank you for taking the time to be here. Let us start by saying hello to each other.
930	참석하신 모든 분들의 이름을 한 분씩 호명하겠습니다.	Let me call out the names of all attendees.
931	멀리 두바이에서 방문해 주신 카불 씨 정말 감사합니다.	Thanks a lot, Mr. Kabul, for visiting us all the way from Dubai.
932	따뜻하게 맞이해 주셔서 감사합니다. 이번 회의에 참석하게 되어 기쁩니다.	Thank you for your warm welcome. It's my pleasure to join this meeting.
933	오늘 긴급회의에 참석해 주셔서 감사합니다.	Thank you for attending today's emergency meeting.
934	자, 회의를 시작합시다.	Okay, let us begin this meeting. / Let us get the ball rolling and start the meeting.

* get the ball rolling 개시하다, 잘 시작하다

935	처음 만나는 자리이니 자기소개를 하면서 시작합시다.	Since this is our first-time gathering, let us start by introducing ourselves.
936	구체적으로 들어가기 전에 제 소개를 하겠습니다.	Let me introduce myself before we go any further.
937	저를 처음 본 분들이 계실 텐데, 저는 볼트론 주식회사의 CEO 김광수라고 합니다.	For those of you who have never met me, my name is Kwangsu Kim. I am the CEO of Baltron Inc.
938	새로 오신 분들이 보이는군요.	We have some new faces.
939	그분들을 위해 지난번 회의 안건에 관한 유인물을 가져다 드리죠.	Let me get the handout on the last meeting's agenda for them.
940	오늘 이 회의에 처음 오신 분이 다섯 분 계십니다. 그들도 환영해 주시죠.	We have five newcomers attending this meeting today. Please welcome them as well.
941	제 소개는 이것으로 충분할 것 같고요. 먼저 이 회의에 참석하지 못한 분들의 사과의 말씀을 전해드립니다.	Well enough about me. Firstly, I would like to mention the apologies of people who were not able to make it to the meeting.
942	몇 분이 회의에 참석하지 못한 것에 대해 사과의 말씀을 전하셨습니다. 그분들 성함은…	A few people have sent their apologies to me for not being able to be at this meeting and they are…
943	먼저, 우리의 안건을 보면서 시작합시다.	First of all, let us start by looking at our agendas.
944	여러분, 좋습니다. 앞에 있는 유인물을 살펴보시기 바랍니다.	Okay, everyone. Please take a look at the handout in front of you.
945	오늘 다룰 사항이 많습니다. 회의의 목적을 살펴봅시다.	We have a lot of things to cover today. Let's go over our meeting objectives.
946	저희 회사에 대해 알게 되는 좋은 기회가 될 것이라고 생각합니다.	I'm sure it will be a good chance to learn about our company.
947	회의에 오신 것을 후회하지 않으실 거라고 장담합니다.	I'm positive that you won't regret coming to the meeting.
948	회의 내용이 저희 회사에 대한 어떤 이미지를 심어줄 거라고 확신합니다.	I'm certain that the contents of the meeting will give you some picture of our company.
949	제 말을 믿으세요. 회의에 참석하신 보람이 있을 것입니다.	Trust me. The meeting will be worth attending.
950	오랜만에 회의를 하네요.	It's been a while since we had our last meeting.
951	창의적인 생각이 흐르도록 합시다.	Let us keep our creative juices flowing here.

952	안건이 여러분 앞에 있습니다. 지금 그것을 상세히 살펴보시기 바랍니다.	You all have the agenda in front of you. I would like you all to look at that carefully right now.
953	안건이 회의 자료집에 들어 있습니다. 자료집을 열면 제일 먼저 보이실 겁니다.	A copy of the agenda is included in your meeting information package, and it will be the first thing you see when you open your package. • information package 자료집
954	앞에 높인 책자의 첫 번째 페이지를 펼치시면 회의 안건이 보이실 겁니다.	If you open your booklet that is in front of you to the first page, you will be able to see the agenda for the meeting.
955	앞에 보이는 시간표를 엄격하게 지킬 것이라는 점을 주의해 주십시오.	Please take note that we will be strictly adhering to the time schedule as seen in front of you.
956	시간표 변경은 없을 예정이니 시간을 엄수해 주십시오.	There will be no deviation from the time schedule, so please be punctual. / We will be sticking to the agenda strictly, so please be on time. • deviation 일탈, 탈선
957	두 시간짜리 세션이 2개 있는데, 첫 번째 세션 이후 오찬 한 시간이 있겠습니다.	There will be two 2-hour sessions with an hour lunch break after the first session.
958	안건은 다음과 같이 진행됩니다. 연사당 2시간짜리 토론 2개가 있고, 그 사이에 한 시간 동안 점심시간이 있습니다.	The agenda is laid out as follows: two 2-hour discussions per speaker and an hour lunch break in between.
959	의사일정의 초반에 제가 서론을 말씀드리고, 이어서 조넥스 사 회장님이 두 시간 동안 진행해 주십니다. 그리고 점심식사를 한 후 M&A 전문가가 또 2시간을 진행합니다.	First on the agenda is my introduction, followed by the CEO of Zonex for two hours, then lunch, and then the M&A specialist for another two hours.
960	스미스 씨가 회의 의사록을 기록하고 내일 오후까지 모든 참석자에게 이메일로 보내드릴 예정입니다.	Mrs. Smith will be taking the minutes of the meeting down, and she will email it to everybody by tomorrow afternoon. • minutes 회의록
961	의사록 기록을 위해 자원해 주실 분 계십니까?	Would anybody like to volunteer to take down the minutes?
962	잭, 오늘 회의의 의사록을 기록해 주실 수 있어요?	Jack, is it possible for you to do the minutes of the meeting today?
963	정확히 오후 3시 반에 회의를 종료하겠습니다.	We will be finishing the meeting promptly at 3:30 p.m. / The meeting will be finished officially at 3:30 p.m. / We are scheduled to end at exactly 3:30 p.m.
964	다음 한 시간 정도 진행됩니다.	We are here for the next hour or so.

965	처음 10분 동안에는 저희가 지금까지 해 온 것을 살펴보도록 하지요.	Let us spend the first 10 minutes to look at what we have done so far.
966	두 발언자 모두 연설 마지막 30분 동안에만 질문을 받겠습니다. 따라서 질문은 그때 해 주시길 바랍니다.	Both speakers will only allow questions in the last half hour of their talk. So, please keep your questions until such time.
967	회의의 전반적인 개요를 알려드리겠습니다. 첫 번째 발언은 미스터 장이, 그리고 오찬 후에는 미스터 파커 씨가 맡아 주시겠습니다.	Let me give you the general outline of the meeting. First up is Mr. Chang, and after lunch is Mr. Parker.
968	그러니까 회의가 오전 10시 시작이 맞죠?	So the meeting starts at 10 a.m., right?
969	시작에 앞서, 이것들에 관해 잠시 브레인스토밍 할까요?	Before we begin, shall we brainstorm on them for a while?
970	우선, 회의를 마치면 바로 다이아몬드룸에서 오찬이 열릴 예정이오니 이 점 숙지하시기 바랍니다.	To begin with, I'd like to call your attention to the luncheon which will be held at the Diamond Room right after this meeting.
971	질문 있으시면 중간에 편하게 말씀해 주세요.	Please feel free to interrupt me if you have any questions.
972	오늘 앤을 대신하여 케빈 플랜더스가 참석합니다.	We have Kevin Flanders with us standing in for Anne. / Kevin Flanders is filling in for Anne today. / Since Anne cannot be here, Kevin Flanders is taking her place today. • stand in ~를 대신하다; 대역 • fill in 대신 일을 봐주다
973	누가 회의를 진행하나요?	Who is going to run it today? / Who is leading the meeting? Who is presiding over the meeting? / Who is chairing the meeting? • preside over ~의 사회를 보다 • chair 의장을 맡다
974	이렇게 한 번에 다 같이 모이기가 쉽지 않습니다.	It is not easy to get together at once like this.
975	벌써 오후 3시군요. 브라이언 씨 없이 시작하는 게 어떨까요?	It's already 3 p.m. Why don't we start without Brian?
976	브라이언 씨는 오늘 회의를 들어야 하는 핵심 인물들 중 한 명인데요.	Brian is one of the main members who needs to hear today's meeting.

46 회의 ②

주제 및 연사 소개하기

주제 소개하기
🎧 46-1.mp3

977	무엇에 관한 회의인가요?	What is it about this time? / What is the meeting for? / Why do we have a meeting?
978	오늘 왜 모였는지 아시는 분은 아실 겁니다.	Some of you would know why we are here today.
979	오늘 왜 이 자리에 모였는지 잘 아시죠?	Okay, you know why we're here today.
980	오늘 우리는 두 가지 주제에 관해 토론합니다.	We have two key topics to discuss today.
981	이 회의는 우리의 신규 사업 계획에 관한 것입니다.	This meeting is about our new business plans. / This meeting is concerning our new business plans. / This meeting is regarding our new business plans.
982	우리의 주된 목적은 B사와 Z사의 합병에 관해 토론하는 것입니다.	Our main objective is to discuss the merger between B and Z.
983	이번 회의는 합병 동안 치룰 절차를 살펴보기 위해 소집했습니다.	This meeting was called to look at procedures to be taken during the merger.
984	이번 회의의 목표는 합병의 세부사항을 검토하는 것입니다.	The aim of this meeting is to go over the details of the merger.
985	우리의 신규 프로젝트의 진행 상황을 보고하고자 오늘 회의를 소집했습니다.	We've called for today's meeting to report our progress in our new project.
986	두바이 프로젝트의 진행상황을 토의하기 위해 이 회의를 소집했습니다.	I've called this meeting to discuss the progress on our Dubai project.
987	이 회의의 또 다른 목적은 우리가 직면한 문제점들에 대해 논의하는 것입니다.	Another purpose of this meeting is to discuss the problems we've encountered.
988	오늘 회의의 목적은 우리의 신규 프로젝트를 소개하는 것입니다.	The purpose of today's meeting is to introduce our new project.

989	평상시 하던 주중 안건 대신 오늘은 좀 다른 것을 논의하고 싶습니다.	Instead of our usual weekly agenda, I'd like to discuss something else today.
990	회의는 신제품에 대한 것인 것 같아요.	I guess the meeting is about the new product.
991	회의는 매출 분석에 관한 것이라고 들었어요.	I heard the meeting will be on the sales analysis. / As far as I know, it is on the sales analysis.
992	공지에 따르면 회의는 매출 분석에 관한 것이랍니다.	According to the notice, the meeting will be on the sales analysis. / The announcement says it's about the sales analysis.
993	모두 생각을 나누고 매출을 증진시킬 방안을 모색해 봅시다.	Let's share ideas and find ways to boost up our sales. • boost up 향상시키다
994	매출에 관해서는 신규 고객이 필요합니다.	As for our sales, we need new clients. / With respect to our sales, we need new clients. / As far as our sales are concerned, we are in great need of new clients.
995	새로운 영업 전략을 소개할 겁니다.	They will be introducing new sales strategies. / They will be bringing in new sales plans. / This meeting will present new sales skills.
996	우리는 이 회의를 해결책으로 보고 있습니다.	We see this meeting as a solution.

연사 및 참석자 소개하기

🔊 46-2.mp3

997	오늘 초청 연사 한 분을 모셨습니다.	We have a guest speaker today.
998	오늘은 특별 게스트가 참석하셨습니다.	We have a special guest today.
999	시작에 앞서, 시간 관리에 대한 특별 강연을 해 주실 개츠비 씨를 맞이해 볼까요?	Before we begin, shall we welcome Mr. Gatsby, our special lecturer on time management?
1000	시작에 앞서, JJ 그룹의 최고경영자이신 로빈슨 씨를 큰 박수로 맞이해 볼까요?	Before we begin, shall we give a big hand to Mr. Robinson, the CEO of JJ Group?
1001	더 이상 지체하지 말고 첫 발언자인 Zonex 사의 미스터 장을 환영합시다.	Well, without any further delay, let's welcome our first speaker Mr. Chang from Zonex Ltd. / Okay, before we get behind schedule, here is the CEO of Zonex, Mr. Chang.
1002	연구 개발팀의 제이크 씨께서 자세히 설명하실 것입니다.	Please let Jake from the R&D team explain the details to us.

47

회의 ③

본론으로 들어가기

예문듣기

회의 본론 들어가기

🎧 47-1.mp3

1003	자, 그럼 본론으로 들어갈까요?	Alright, let's get down to business, shall we?
1004	어디서부터 이야기할까요?	Where do you want to start?
1005	제인, 토론을 진행해 주시겠어요?	Jane, would you like to get this discussion underway? / Jane, would you like to introduce this discussion point? / Jane, would you like to start the discussion off?
1006	지난 회의의 의사록을 살펴보면서 시작합시다.	Let's begin[start] by reviewing the minutes from our last meeting. / Let's open with the minutes from the last meeting. / Let's get this meeting underway by reviewing the notes from last time.
1007	지난번 회의에서 논의했던 것을 모두 기억하셨으면 좋겠네요.	I hope everyone recalls what we discussed in our last meeting.
1008	지난번 회의에서 우리 소프트웨어에 대해 이야기했습니다.	We talked about our software at our last meeting.
1009	지난번 회의에서 생산 비용을 줄이기 위해 다음 분기에 무엇을 해야 하는지에 대해 논의했습니다.	At our last meeting, we discussed what we should do next quarter in order to decrease production costs.
1010	저희는 새로운 안건에 대한 회의를 시작할 준비가 되었습니다.	We are ready to start the meeting regarding the new agenda.
1011	안건이 꽉 차 있기 때문에 지금 시작하는 것이 좋겠네요.	We have got a very full agenda, so we'd better get started now.
1012	약간의 수정이 필요했던 계약서 마지막 부분부터 시작하는 게 어떨까요?	Why don't we start with the last part of the contract that needed some modifications?

1013	중요한 사항들로 넘어가도록 합시다.	Please, let's move on to the important things. / Shall we continue to move on to the important things?
1014	지금 그 문제를 더 논의해야 한다고 생각하지 않습니다.	I don't think we should discuss it further now.
1015	이 건은 나중에 다루도록 합시다.	Let's deal with this case later. / Why don't we take care of this case later?
1016	조만간 이 문제를 다루지 않으면 안 됩니다.	Sooner or later, we have to deal with the problem.
1017	그건 그쯤 해두고 다른 문제로 넘어갑시다.	Let's leave it at that and go on to another issue.
1018	다른 주제로 넘어가기 전에 질문 없습니까?	Are there any questions before we move to another topic?
1019	제가 여기 최종안의 인쇄본을 가지고 있습니다.	I have the printed final draft right here. • final draft 최종안
1020	여기 있는 분들은 모두 벌써 이메일을 통해 내용을 다 검토했습니다.	Everyone here already went over the information via email.
1021	발표에 집중하도록 하죠.	Now, let's focus on the presentation. / Now, let's concentrate on the presentation. / Now, let's pay attention to the presentation.
1022	세부사항에 관해 업데이트해 드리겠습니다.	I'll update you on the details.
1023	점심시간에 기초적인 것들에 대해 요약해 드리겠습니다.	I'll brief you on the nuts and bolts at lunch time. • nuts and bolts 기본, 요점
1024	제가 절차를 설명하는 동안 편하게 질문해 주세요.	Please feel free to ask any questions while I explain the procedures.
1025	이해가 안 되면 편하게 물어봐 주세요.	Please feel free to ask me if you don't understand.
1026	우리의 목표를 잠시 살펴보도록 하죠.	Let's briefly go over our goals.

설명하기 & 논의하기

47-2.mp3

| 1027 | 해결책에 대한 얘기를 시작하기 전에 그 문제들에 대해 상세히 알려 주실 수 있을까요? | Would you mind detailing the problems before we begin to talk about solutions? / Could you detail the problems before we begin to talk about solutions? |
| 1028 | 여러분 대부분은 우리 계획의 문제점들에 대해 이미 소식을 들었을지도 모릅니다. | Most of you might have been already informed of the problems in our plan. |

1029	모두 앞쪽의 스크린을 봐주세요.	Everyone please take a look at the screen ahead.
1030	그래프에서 보시다시피 지난 분기의 매출 수치가 7% 줄었습니다.	Looking at the graph, you can see that sales figures for last quarter fell seven percent.
1031	저는 당면한 상황을 잘 알고 있습니다.	I'm aware of the situation at hand. • at hand (시간 · 거리상으로) 가까이에 있는
1032	시장점유를 강화하기 위해 더 노력해야 한다는 것을 알고 있습니다.	I'm conscious of our need to put more effort into strengthening our market share.
1033	미래 개발을 위한 기회가 아직 많기 때문에 다 놓친 것은 아닙니다.	There are still plenty of opportunities for future development, so all is not lost.
1034	이 프로젝트를 이끌고 있는 저희들은 이 기회를 놓쳐서는 안 된다고 믿습니다.	Those of us heading this project really do think that it is an opportunity we don't want to miss. / Those of us in charge of this project believe that we should not let this opportunity pass us by. • head 이끌다, 책임지다
1035	나머지 시간은 이 문제에 대해 공개토론을 하도록 하겠습니다.	I would now like to use the remainder of our time for open discussion on this issue.
1036	저희 부서에 그것을 처음 시행함으로써 제 계획을 증명하도록 해주십시오.	Please allow me to prove my plan by implementing it to my department initially. • implement 시행하다
1037	제가 고객들에게 샘플을 보내도록 해주십시오.	Please allow me to send some samples to the customers.
1038	이것은 연구 개발팀에서 만들어 낸 그 상품의 많은 견본들 중 하나입니다.	This is one of the many prototypes of the product that the research and development team has created. • prototype 원형, 시제품
1039	돌아가면서 자료를 분석합시다.	Let's go around and analyze the data.
1040	돌아가면서 서로의 의견에 대해 논평하도록 합시다.	Let's take turns to comment on each other's ideas.
1041	우리에게 부족한 게 무엇인지에 대해 이야기해 봅시다.	Let's talk about what we're lacking.

제안하기

🎧 47-3.mp3

1042	또 하나 제안해 드리지요.	Let me make another suggestion.
1043	잠시 현실적으로 생각해 봅시다.	Let's be realistic for a second.
1044	결과가 나올 때까지 두고 봅시다.	Let's wait and see how it turns out.

1045	잠시 상황을 지켜보지요.	Let me see what happens.
1046	귀추를 보고 결정하지요.	Let's see how things turn out before we decide.
1047	타당한 제안입니다.	Your suggestions do make some sense.
1048	당신의 제안은 그럴듯하군요.	Your suggestions are plausible.

• plausible 타당한 것 같은, 그럴듯한

1049	고려해 볼 만한 가치가 있는 제안입니다.	Your suggestions are worth considering.
1050	긴급회의 소집을 제안합니다.	I suggest that we call an emergency meeting.
1051	우리는 다른 방법을 제안해야 합니다.	We have to propose a different method.
1052	존의 의견에 대해 할 말이 있는 분 계세요?	Does anyone else have something to say about John's idea?
1053	우리의 첫 번째 시도가 실패하였으니 우리는 다른 방법을 제안해야 합니다.	Our first attempt failed, so we have to propose a different method.
1054	이것은 복잡한 문제이기 때문에 우리는 더 많은 선택사항들을 제안해야 합니다.	Since this is a complex matter, we have to propose more opinions.
1055	우리는 협상을 제안해야 합니다. 그렇지 않으면 이 프로젝트를 놓치게 될 것입니다.	We have to propose a negotiation, or else we are going to lose this project.
1056	이게 최선의 방법은 아니지만, 우리는 임시방편으로서 이것을 계획해야 합니다.	Although this is not the best idea, we should plan this as a temporary option.
1057	우리는 이것을 기회로서 계획해야 합니다.	We should plan this as an opportunity.
1058	그런데 말이죠, 수익을 어떻게 나눌지에 관해서 논의해야 합니다.	By the way, we should discuss how to share the profits.
1059	또 다른 좋은 선택으로 광고가 있습니다.	Advertising is another good option.
1060	광고에 대해 생각해 봅시다.	Now we would like to think about advertising. / Let us focus on advertising.

48

의견 묻고 나누기

예문듣기

의견 주고받기

🎧 48-1.mp3

1061	이 합병 건에 대한 당신의 의견은 무엇입니까?	What is your opinion on this merger deal?
1062	우리는 이 사업을 계속할 수 있을까요?	Can we continue this project?
1063	그것에 대해 왜 그렇게 부정적인가요?	Why are you so negative about it?
1064	이 문제에 대한 긍정적인 해결 방책은 전혀 낼 수 없는 건가요?	Can't you come up with any optimistic solutions for this matter?
1065	나는 이 프로젝트가 성공할 거라고 믿어요.	I believe this project will succeed.
1066	토니, 이런 종류의 프로젝트에 참여해 보신 적이 있지요?	Tony, you have worked on these kinds of projects before. / Tony, you have some experience in this area. / Tony, you have some knowledge in this area.
1067	무슨 권한으로 그런 말씀을 하십니까?	What is your authority for that statement?
1068	그 모든 정보를 어디에서 입수했나요?	Where were you able to get all the data?
1069	그의 의견은 보수적입니다.	His views are conservative.
1070	제 말의 취지는 그런 게 아닙니다.	Well, that's not what I mean.
1071	뭐라고 말씀 드려야 할까요?	What should I say?
1072	적절한 표현이 생각나지 않네요.	I cannot find the proper expression.
1073	얘기하자면 길어요.	It's going to be a long story.
1074	그건 좀 모호한 것 같네요. 무슨 뜻인지 명확하게 설명해 줄래요?	That seems a little vague. Can you clarify what you mean? • vague 모호한
1075	그건 큰일인 듯합니다.	That seems like a great deal.
1076	그건 엄청 많은 일인 것 같네요.	That seems like an awful lot of work.
1077	결정 짓기에는 너무 일러요.	It's too early to make up our mind.

1078	피드백을 해 주세요.	Give me some feedback.
1079	제가 잠깐 끼어도 되겠습니까?	May I interrupt? / May I please cut in here? / Could I please make a comment on that?
1080	제가 하려던 말이 아직 안 끝났습니다.	I haven't finished what I was saying. / Could you please let me finish?
1081	잠깐만요. 괜찮으시다면 제 얘기 좀 끝낼게요.	Wait a minute. If you don't mind, I'll just finish what I was saying.
1082	잘 듣고 있습니다.	I'm all ears.
1083	계속하세요.	Go ahead.
1084	좋은 시작이군요. 더 의견 없으신가요?	That is a good start. Any more ideas? / That is amazing. Keep going guys. I like what I am hearing.
1085	흥미로운 의견이군요. 의견을 좀 더 들어보죠.	That is an interesting idea. Let's have some more.
1086	제가 말한 것 알아들으셨나요?	Did I make myself clear?
1087	그의 견해를 타진해 보지 그러세요?	Why don't you sound out his view? • sound out (의향·기분 등을) 타진하다, 떠보다
1088	언제쯤 우리가 이 계약을 확정지을 수 있을까요?	When do you think we could seal this contract? • seal 확정짓다
1089	너무 앞질러 생각하지 맙시다.	Let's not get ahead of ourselves. • get ahead of oneself 생각이나 행동이 너무 앞질러 가다
1090	하지만 그 점에 대해 아직 말할 단계가 아니라고 생각합니다.	But I don't think we are ready to talk about that yet.
1091	미안하지만 너무 앞질러 가고 싶지 않습니다.	I'm sorry, but I want to make sure that we don't get ahead of ourselves.
1092	속단하지 맙시다.	Let's not jump to conclusions.
1093	말이 쉽지 하기는 어렵습니다.	It's easier said than done.
1094	생각보다 힘듭니다.	It's harder than you think.
1095	보기만큼 쉽지 않아요.	It's not as easy as it looks. / It's harder than it looks.
1096	안 될 겁니다.	That won't work.
1097	그건 상관 없어요.	It doesn't matter. / It makes no difference.

1098	노력할 만한 가치가 없습니다.	It's not worth the trouble. / It's not worth it.
1099	이 상품을 위해 어느 시장을 겨냥해야 한다고 생각합니까?	What is your opinion regarding the target market for this product? / What market do you believe we should be targeting for this product?
1100	이 불황에 수익을 내는 것이 가능하다고 생각하세요?	Do you think it's possible to make a profit in this recession?
1101	만일 이것이 만족스럽지 않으시면 다른 방안을 고려하시겠습니까?	Would you consider another option if this one does not satisfy you?
1102	좋은 계획을 세운 것 같습니다.	It looks like we have a nice plan.
1103	다음 단계는 무엇이죠?	What's the next step[point]? / What's our next move? / What's next on the agenda?

의견 제시 및 설득하기

🎧 48-2.mp3

1104	솔직히 말씀 드리면	To be quite honest with you, / To be frank with you, / Frankly speaking,
1105	직접적으로 말씀 드리자면	To be blunt with you,
1106	새로운 계획을 생각해 내야 해요.	We have to come up with a new plan.
1107	생각이 떠올랐어요.	An idea struck me.
1108	팀워크를 강화해야 한다고 생각합니다.	I think we should strengthen our team spirit.
1109	제 생각에 최우선 순위는 최고의 선택사항을 고르는 것이어야 합니다.	In my opinion, the first priority should be to choose the best option.
1110	문제의 요점은 지연된 프로젝트라고 생각합니다.	I feel that the crux of the problem is the delayed projects.
1111	컴퓨터 시스템을 다시 온라인화하는 것이 최우선 순위여야 합니다.	The first priority must be to get the computer system back online.
1112	회사가 확장하는 것은 매우 좋은 생각이라고 봅니다.	I think it's a great idea that the firm is expanding.
1113	사장님께서 퇴직하시는 것은 매우 안 좋은 생각이라고 봅니다.	I think it's a terrible idea that the CEO is resigning.
1114	당신의 계획을 재고하시기를 권해 드립니다.	I'd recommend that you rethink your plan.

1115	그 제안을 받아들이길 권해 드립니다.	I'd recommend that you accept the offer. / I'd suggest that you accept the offer. / I'd advise that you accept the offer.
1116	장기적인 관점에서 생각할 때 이 회사 주식을 사두는 것은 훌륭한 투자입니다.	If you take the long term view, buying stock in this company is an excellent investment.
1117	우리는 그들에게 우리의 한계를 이해시켜야 합니다.	We have to get across our limitations to them. • get across to (의미가) ~에게 이해되다
1118	한번 시도해 보는 것도 괜찮겠군요.	Maybe we should give it a try.
1119	인정하건대 아직 개선의 여지가 있습니다.	Admittedly, there is still room for improvement.
1120	매번 컴퓨터를 새로 포맷하는 것 대신에 IT 전문가를 채용하면 어떨까요?	What if we hire an IT guy instead of reformatting the computer every time?
1121	네, 그 점은 맞습니다. 하지만 이 상품은 이 시장에 좀 더 적절합니다.	Yes, you're right about that one; however, I believe that this product is more suitable to this market.
1122	아마 이번에는 좀 더 신중하게 시장 조사를 할 겁니다.	Perhaps this time we will do our market research more carefully.
1123	타겟으로 삼기에 유리한 시장인 것 같아요.	I think that would be a great market to target. / I believe that would be a lucrative market to be involved in. / I think that would be a very productive consumer group to service. • lucrative 수익성이 좋은
1124	이 사항에 대해 논의할 것이 아직 많습니다. 하지만 안타깝게도 지금은 거기에 시간을 더 쓸 수가 없네요.	There is a lot more to discuss on the issue, but unfortunately we can't spend much more time on it now.
1125	이 제품의 출시가 실행 가능한지를 결정하기 위해서 소비자 동향에 관한 정보를 구해야 합니다.	In order to determine whether it is viable for us to launch this product, we need to get information on consumer trends. • viable 실행 가능한
1126	저는 이 도시의 혼잡과 환경오염을 줄이기 위한 노력으로 철도시스템을 재정비하고 확충하는 데 더 투자할 필요가 있다고 생각합니다.	I believe that the city needs to put more money into upgrading and expanding our rail system in an effort to reduce congestion and pollution in the city. • congestion 혼잡
1127	지금 그 얘기는 안 하는 게 어떨까요? 모든 것에는 때와 장소가 있는 법이니까요.	How about we not talk about that right now? There is a time and place for everything.
1128	이것은 단지 제 사견이에요.	This is only my personal opinion.
1129	제 생각에 첫 번째 단계는 한 달을 넘지 말아야 합니다.	In my opinion, phase one should take no longer than one month.

1130	제 견해로는 두 번째 단계에서 세 가지 작업을 완수해야 합니다.	From my perspective, phase two should accomplish three things.
1131	제 견해로는 처음부터 그 거래에 사인하지 말았어야 했습니다.	From my perspective, we shouldn't have signed the deal in the first place.
1132	제 견해로는 대부분의 다른 대행업체는 우리의 요구를 수행할 만한 전문기술이 없습니다.	From my perspective, most other agencies don't have the expertise to handle our request.
1133	제 견해로는 비용을 줄여야 합니다.	From my perspective, we should reduce the cost.
1134	언제 공장을 열 수 있다고 생각하십니까?	When do you think we would be able to open the plant?
1135	시장 분석의 결과를 언제 받을 거라고 생각합니까?	When do you think we'll get the results of the market analysis?
1136	우선 두 팀은 관계를 형성할 필요가 있습니다.	We need our two teams to build a relationship first.
1137	언제쯤 투자의 수익을 볼 수 있을까요?	When could we begin to see a return on investment? • return on investment 투자 수익률
1138	3~5년 뒤에 수익을 볼 수 있을 겁니다.	We could see a return in three to five years.
1139	많은 세부사항을 풀어 나가야 하지요.	We have a lot of details to work out.

49

회의 ⑤

동의하고 반대하기

예문듣기

동의하기

🎧 49-1.mp3

1140	동의합니다.	I'm in favor of that. / I agree with that. / I'll support you on that. / My point exactly. / I'm for that. / Absolutely.
1141	전적으로 찬성입니다.	I'm completely in favor of that.
1142	제 말이 그 말입니다.	That's what I was saying. / Yes, that backs up my point.
1143	좋은 의견이십니다.	You have a point.
1144	일리가 있는 말이군요.	That makes sense.
1145	그 정도가 타당할 겁니다.	That's about right.
1146	그렇게 하세요.	Go ahead.
1147	그렇게 하세요.	Please do.
1148	그거 좋은 생각이군요.	I think it's a brilliant idea.
1149	그런 측면은 전혀 생각해 보지 못했습니다.	I never thought about it from that angle.
1150	당신 의견은 제 의견과 비슷하군요.	Your opinion is similar to mine.
1151	좋은 결정이라고 확신해요.	I bet it is a good decision.
1152	정 그렇다면 말리지 않겠어요.	If you insist, then I won't press you to stop it.
1153	반대의사 전혀 없습니다.	I have absolutely no objections.
1154	당신 판단에 맡기겠습니다.	I will leave you to judge for yourself.
1155	모든 것은 당신 결정에 달려 있어요.	Everything depends on your decision.
1156	결정 잘하셨어요.	I applaud your decision.
1157	원하시는 대로 결정하세요.	You decide whatever you want.

1158	저는 이 타결 조건의 수정 사항을 지지합니다.	I support that revision of the terms of agreement.
1159	이 합병을 지지합니다.	I'm for this merger.
1160	우리는 제대로 가고 있어요.	We are on the right track.
1161	당신의 제안을 그가 받아들이도록 하겠습니다.	I will get him to accept your offer.
1162	여기 계신 모든 분들은 제 의견에 동의하실 것이라고 믿습니다.	I'm sure everyone in this room agrees with me.
1163	왜 그렇게 느끼시는지 이해합니다.	I understand why you would feel that way.
1164	하지만 도전해 볼 만한 계획이라고 장담합니다.	However, I can assure you that it is a plan worth trying.

· assure 장담하다, 확언하다

반대하기

🎧 49-2.mp3

1165	새로운 계획에 반대하시는 분 있나요?	Does anyone object to the new plan?
1166	반대합니다.	I don't agree with you. / I'm against that. / I have to say no to that.
1167	전적으로 반대합니다.	I really can't accept that. / I'm completely against that.
1168	그건 불가능해요.	That's out of the question.
1169	그건 좋은 생각이 아닙니다.	That's a bad idea.
1170	이건 찬성할 수 없어요.	I don't like the sound of this.
1171	그건 말이 안 돼요.	It doesn't make any sense.
1172	당신은 그걸 잘 이해하지 못하는군요.	You are not getting it right.
1173	중요한 점을 놓치신 것 같군요.	I think you missed an important point.
1174	엄격히 말하면 그건 정확하지 않아요.	Strictly speaking, that is not correct.
1175	글쎄요.	I am not sure about that.
1176	상황에 따라 다르죠.	It depends.
1177	글쎄요, 물론 그게 무엇이냐에 달렸죠.	Well, it depends on what it is, of course.
1178	당신이 하는 방식을 참을 수가 없군요.	I can't put up with your way of doing things.

· put up with 참다, 견디다

273

1179	제가 틀린 것일 수도 있지만, 아직도 이해가 안 되네요.	I may be wrong, but I still don't get it.
1180	말씀하신 것을 알겠지만 상황이 천천히 바뀌고 있어요.	I see your point, but things are slowly changing.
1181	그럴 수도 있겠지, 저는 안 믿어요.	That could be so, but I don't buy it.
1182	부분적으로 동의하지만, 위험 부담이 감당하기엔 너무 큽니다.	I partly agree to that, but the risks are too much to handle.
1183	부분적으로 동의하지만, 100% 동의는 아닙니다.	You have my partial agreement, but I wouldn't guarantee it 100%.
1184	이렇게 말씀 드려 죄송합니다만, 그 프로그램을 중단해야 합니다.	I feel sorry to say this, but the program has to stop. / I regret to inform you that the program has to stop.
1185	하시는 말씀 이해합니다만, 저는 동의하지 않습니다.	I understand what you're saying, but I don't agree with that. / You have a point, but I don't agree. / I respect your point of view, but I have to object to that.

50 / 회의 ⑥

회의 종료하기

예문듣기

질의응답시간 갖기

🎧 50-1.mp3

1186	신상품 출시에 대한 추가 의견 있습니까?	Does anyone have any further comments on the launch of our new product?
1187	지금 시점엔 없습니다, 고맙습니다.	Not at this stage, thanks. / Not at the moment, thanks. / No, nothing more at present, thanks.
1188	저희 결정에 대한 마지막 의견 있으십니까?	Do you have any last comment on our decision?
1189	오늘 일정을 마치기 전에 다른 질문 없습니까?	Are there any questions before we finish for the day?
1190	결론에 뭔가 덧붙이고 싶으신 분 계신가요?	Does anyone want to add anything to our conclusion?
1191	질문이나 문의사항, 추가할 사항이 있는 분들은 지금 말씀해 주십시오.	If anyone has any questions, concerns, or something to add, please do so now.
1192	아니요. 더 추가할 사항 없습니다. 감사합니다.	No, I think everything's been covered. Thanks. / No, I have nothing new to add. Thanks. / No, I don't have anything more to contribute. Thanks.
1193	마지막 의견이나 견해 감사히 받겠습니다.	Any last comments or concerns will be appreciated.
1194	시간이 괜찮고 가능하시다면 질문이 하나 더 있습니다.	I have another question, if possible, and if you have time.
1195	추가 비용을 상세하게 설명해 주시겠습니까?	Could you elaborate on the additional costs?
1196	경쟁업체에게 거래를 뺏겼다는 말씀이신가요?	Are you saying that you lost the deal to a competing firm?
1197	저희가 책임지지 않을 거라는 뜻인가요?	Does that mean we won't be in charge?

• elaborate 자세히 설명하다

275

1198	상황이 어떻든 간에 이것은 부적절하다는 것을 모두 이해하십니까?	Does everyone understand that this is inappropriate no matter what the circumstances?
1199	괜찮으시다면 개인적인 것을 여쭤봐도 될까요?	Can I ask you something personal if you don't mind?
1200	작은 부탁 하나 드려도 될까요?	Can I ask you for a small favor?
1201	다음 두 질문에 답을 한 뒤 이 회의를 종료하겠습니다.	We'll adjourn this meeting once I answer these next two questions. • adjourn (회의를) 종결짓다, 중단하다
1202	의견이 더 있으시면 주저 말고 저에게 이메일 보내 주세요.	If you have any more ideas, feel free to send them via email. / If you have any more ideas, do not hesitate to send them via email.

결론 정리하기

🎧 50-2.mp3

1203	어려운 결정을 내리셨군요.	You made a hard decision.
1204	달리 방법이 없어요.	There is no other alternative.
1205	결론적으로 향후 5년 동안 대단한 일들을 기대할 수 있을 것입니다.	In conclusion, we should expect great things in the next five years.
1206	이 회의를 통해 우리는 이 문제에 대해 우리가 사실 어떻게 생각하고 있는지 알게 되었습니다.	From this meeting, we found out what we really think about this complication. • complication (상황을 더 복잡하게 만드는) 문제
1207	고심 끝에 이 안건은 급하지 않다고 결정했습니다.	After careful consideration, we decided that the matter is not urgent.
1208	저희는 유급휴가에 관해 결론을 내렸습니다.	We have come to a decision on paid vacations.
1209	보안정책을 상담하기 위해 기술원조센터의 참여가 필요하다고 결론을 내렸습니다.	We came to the conclusion that we need to involve the Technical Assistance Center to consult our security policies.
1210	우리는 모든 각도에서 검토한 결과 중국은 더 이상 개척할 수 없는 포화 시장이라는 결론에 달했습니다.	We looked at it from all angles and decided that China is a saturated market that can no longer be exploited.
1211	네, 만장일치네요. 가결되었습니다.	Okay, it's unanimous. Approved.
1212	이제 모든 안건이 처리되었습니다.	Everything has been settled then.
1213	그 건에 대해서는 저희 사장님과 상의를 해야 합니다.	I need to talk to my boss about the matter.

1214	우리는 기꺼이 편하신 시간대에 방문해서 이 건에 대해 더 논의하겠습니다.	We will be happy to come over and discuss it further at your convenience.
1215	생각해 보시고 연락 주세요.	Take your time and call me when you can.
1216	아무런 결정도 나지 않았어요.	No decision was reached.
1217	결정은 다음 회의 때까지 보류되었습니다.	The decision was deferred to the next meeting. • defer 미루다, 연기하다
1218	이 논의는 다른 회의에서 계속해야 할 것 같습니다.	I think that we will have to continue this discussion at another meeting.
1219	이 문제는 여기서 마치고 다음 항목으로 넘어가야 할 것 같군요.	I think that we will have to leave this point for now and move on to the next item.
1220	끝으로 핵심사항을 기억하시기를 바랍니다.	In closing, I would like you to remember the key points.
1221	진행상황을 주시하고 나에게 계속 업데이트해 주세요.	Keep your eye on the proceedings and keep me updated.
1222	이 건에 대해 나에게 계속 소식 전해 주세요.	Keep me posted on this issue.
1223	뭐든 새로운 진전이 있으면 최대한 빨리 알려주세요.	Let me know of any new developments as soon as possible.
1224	다음 주 중으로 다시 만나 프로젝트 진행 상황을 확인합시다.	Let us meet again sometime next week to check our project progress.
1225	다음 번 회의에서 마케팅 전략들에 대해 토론하겠습니다.	At our next meeting, we will discuss marketing strategies.
1226	다음 회의 일정을 정하며 마무리합시다.	Let's wrap up by scheduling our next meeting.
1227	다음 주 수요일에 같은 장소에서 같은 시간에 또 회의를 하도록 하지요.	Let's have another meeting next Wednesday, same time, same place.
1228	회의를 또 개최하면 알려드리지요.	I will let you know if I hold another meeting.
1229	여러분이 확인해 볼 수 있도록 이메일로 보내질 것입니다.	It will be sent to your email to check.

회의 종료하기

1230	자, 그럼 오늘 회의는 여기서 마치도록 하지요.	Let's wrap things up then. / Okay then, we'll wrap this meeting up now. / Alright, we'll finish up now.

1231	충분히 얘기했으니 회의를 마치도록 합시다.	Enough said. Let's finish the meeting. / End of discussion. Let's finish the meeting. / Nothing to add. Let's finish the meeting.
1232	이것으로 회의를 마치도록 할까요?	Shall we call that a day as far as this meeting's concerned?
1233	더 이상 없으면 이것으로 마치겠습니다.	If that's everything, we can stop here.
1234	이로써 회의를 마무리할 때가 된 것 같습니다.	This will be a good time to conclude our meeting.
1235	이 회의는 우리의 견해를 이해하는 데 아주 도움이 됐습니다.	This meeting was productive in understanding our viewpoints.
1236	초청 연사에게 큰 박수를 보내며 (이 회의를) 종료합시다.	Let's wrap up by giving a big round of applause to our guest speaker.
1237	우리의 실행사항을 검토하며 종료합시다.	Let's wrap up by reviewing our action items. / Let's conclude today by reviewing our action items. / Let's close today's meeting by reviewing our tasks. / Let's finish today with a review of our action items. <div align="right">• action item 실행사항, 조치 항목</div>
1238	2호 회의실에 저희를 위한 오찬이 준비된 것으로 알고 있습니다. 그래서 곧 회의를 휴회하겠습니다. 그런 다음 오늘 안건의 세 번째 항목으로 넘어가겠습니다.	I believe some lunch has been laid out for us in conference room 2; so shortly we'll adjourn there, and afterwards we'll move onto the third item on today's agenda.
1239	5분 쉬도록 할까요?	Shall we take a five-minute break?
1240	5분 휴식 후 다시 시작하겠습니다.	We will resume after a five-minute break.
1241	여기까지입니다.	That's it then.
1242	회의가 잘 끝났습니다.	The meeting was a great success.
1243	참석해 주셔서 감사합니다.	Thank you for coming. / Thank you for being here. / I appreciate everyone being here. / We appreciate your attendance.
1244	바쁘신 중에도 시간 내서 오늘 참석해 주셔서 감사드립니다.	Thank you for taking time out of your busy schedule to participate today.
1245	다음 회의에서 봅시다.	I'll see you at the next meeting.
1246	다음 주에 봅시다.	I'll see you next week.

51 계약 · 협상 ①

협상 개시하기

예문듣기

협상 시작하기

 51-1.mp3

1247	자, 오늘의 토론으로 넘어가서 저는 오늘 성공적인 회의가 되기를 기대합니다.	Well, moving on to today's discussion, I am looking forward to a successful meeting today.
1248	우리 모두는 이 새로운 합작투자가 시작되기를 고대하고 있습니다.	We're all looking forward to getting this new joint venture started.
1249	다뤄야 할 주제가 몇 가지 있습니다. 시작하는 것이 어떻겠습니까?	We have several topics to address, so why don't we get started? • address (문제 · 상황 등에 대해) 고심하다, 다루다
1250	우리는 처리해야 할 많은 문제들이 있습니다.	We have a number of problems that we need to address.
1251	많은 얘기 나누셨기를 바랍니다. 자, 본론으로 돌아가지요.	Hope you talked enough. Now back to business.
1252	좋습니다. 모두 오늘의 본론으로 돌어갈 준비가 되셨는지요?	All right. Are we all ready to get back to our main issue today?
1253	시간이 부족하니 시작하죠.	We are short of time, so let's get started.
1254	시간은 어느 정도 있으신지요?	How much time do you have available to you?
1255	괜찮으시다면 이 협상을 오후 4시 전에 마칠 수 있을까요?	If you don't mind, could we finish this session before 4 p.m.? • session (의회 등의) 회기, 회의
1256	좋습니다. 그럼 우리의 토론으로 넘어가 볼까요?	All right. Shall we move on to our discussion then?
1257	자, 먼저 핵심 사항으로 들어가 볼까요?	Now, shall we get to the key issues first?
1258	좋습니다. 우리 목표를 소개하면서 시작해 볼까요?	Okay, shall we start by introducing our objectives?
1259	자, 그럼 지난 번 보내주신 제안서를 살펴보면서 시작할까요?	So, shall we start by looking at your last proposal?

1260	괜찮으시다면 현재 상황의 개요를 소개하면서 시작해도 될까요?	If you don't mind, could I start by presenting a rundown of our current status? • rundown 설명, 보고, 요약
1261	괜찮으시다면 먼저 귀사의 프로젝트 일정을 알려주실 수 있을까요?	If you don't mind, could you present your project schedule first?
1262	괜찮으시다면 제 비서가 저와 함께 이 회의에 참석해도 될까요?	If you don't mind, could my assistant attend this meeting with me?
1263	귀사의 상품 정보를 검토해 보았습니다.	We have reviewed the information on your product.
1264	기계를 구입하는 것에 큰 관심이 있습니다.	We are very interested in buying a machine.
1265	가장 먼저 처리하고 싶은 것은 대금 결제 연체 건입니다.	The first thing I would like to address is the issue of late payments. ❗ 가장 먼저 우선순위를 두어야 하는 사항을 언급할 때 The first thing I would like to ~를 사용하면 유용합니다.
1266	필요하다면 이 부분들에 관해 논의하고 협상할 수 있기를 바랍니다.	I hope that you are able to discuss and negotiate these areas if necessary.
1267	좀 전에 제안하셨듯이 덤핑요금에 대한 우리의 요구사항부터 시작해 봅시다.	As you suggested earlier, let's begin with our requirements for the dumping charge.

협상 안건 소개하기

 51-2.mp3

1268	우리 모두 알다시피 우리는 공감대를 찾기 위해 모였습니다.	As we are all aware, we are here to find some common ground. • common ground 공통점, 공통된 의견
1269	아시다시피 오늘 우리는 우리 협의사항의 대안을 브레인스토밍하기 위해 모였습니다.	As you know, we are here today to brainstorm some alternatives to our agreement. • alternative 대안 • agreement 합의, 동의, 협정 ❗ 격식 있는 자리에서 you know는 다소 무례하게 들릴 수 있으므로 대신 as you know나 as we all know를 사용하세요.
1270	우리가 이루고자 하는 것은 세 가지 주요 부품 공급에 관한 연간 계약입니다.	What we're looking for is an annual contract for the supply of three key components. • component 요소, 부품
1271	우리가 찾고 있는 것은 믿을 만한 계약업체입니다.	What we are looking for is a reliable contractor.
1272	그것은 협상의 주요 사항인 가격, 지불조건, 그리고 품질보증을 다룹니다.	It covers the main areas for negotiation – that is price, payment terms, and quality guarantees.
1273	우리의 안건은 협상의 주요 사항인 갱신 조건과 프로젝트 일정을 다루고 있어요.	Our agenda addresses the main areas for negotiation – that is renewal terms and project schedules.

1274	우리 모두 알다시피 오늘 우리는 우리의 합작 투자사업 협정에 관해 합의에 도달하고자 모였습니다.	As we all know, we are here today to try and reach an agreement concerning our joint venture agreement. • joint venture 합작 투자(사업)
1275	오늘 협상은 당면한 핵심 사항을 다루겠습니다. 다름 아닌 위약 조항입니다.	Today's negotiation will cover the key issue at hand – namely, penalty clauses. • at hand 가까이 있는, 당면한
1276	양측을 위한 가장 적절한 해결책을 내기 위해 이 대안들을 논의해야 합니다.	We should discuss these alternatives to come up with the most suitable solution for both parties.
1277	아시다시피 우리는 귀사의 제공조건을 읽어 보았고 오늘 협상의 안건을 작성했습니다.	Now, as you know, we've read your offer and drawn up an agenda for today. • draw up (세심한 계획이 필요한 것을) 작성하다, 만들다
1278	어떻게 생각하세요?	How does that sit with you?
1279	네, 좋아 보이는군요.	Yes, that seems fine.

52

계약 · 협상 ②

협상 전개하기

예문듣기

협상 들어가기

🎧 52-1.mp3

1280	그럼 귀사의 제안서를 살펴보도록 하죠.	Then let's have a look at your proposal.
1281	그럼 귀사의 가격 제안서를 살펴보도록 하죠.	Then let's have a look at your pricing proposals.
1282	좋아요, 그럼 귀사의 제안에 대한 대안을 살펴봅시다.	Okay then, let's take a look at some alternatives to your offer.
1283	귀사의 제안서는 훌륭해 보여서 우리는 그것을 고려할 준비가 되어 있습니다.	Well, your proposal looks great and we're prepared to consider it.
1284	귀사의 제안서는 그럴 법하군요. 고려해 보겠습니다.	Your proposal is feasible. We will give it some consideration. • feasible 실현 가능한
1285	귀사의 제안서는 고려해 볼 만한 가치가 있더군요. 한번 생각해 보도록 하겠습니다.	Your proposal is worth considering. We will give it some thought.
1286	그것을 하나의 선택사항으로 생각할 준비가 되어 있습니다.	We are prepared to regard it as an option.
1287	좋아요, 그럼 주요 프로젝트의 목적을 논의해야겠군요.	Okay, now we need to discuss the major project objectives.
1288	자, 새로운 절차의 중요 단계를 간단히 설명할 필요가 있습니다.	Now, we need to outline the major steps in the new process. ❗ now는 '자', '먼저'라는 뜻으로 대화를 이어갈 때 자주 쓰입니다.
1289	자, 우리는 발표되어야 할 주요 사항들을 간단히 설명할 필요가 있습니다.	Now, we need to outline the major points which should be presented.
1290	자, 이 벤처 프로젝트의 중요한 이정표를 간단히 설명할 필요가 있어요.	Now, we need to outline the major milestones of the venture project.
1291	당신이 우리와 함께 합작했으면 하는 기술 프로젝트가 있습니다.	We have a tech project that we would like for you to collaborate with us on. ❗ 함께 할 수 있는 사업 영역을 제시하며 공동 사업 기회에 대한 여지를 열어 둡니다.

1292	양측의 통화에 대한 위험 부담 방지책을 고려하는 것은 어떨까요?	How about if we consider hedging our risks against both currencies? • hedge 손실을 막다, 위험에 대비하다
1293	얘기를 빙빙 돌리지 말고 요점으로 들어가요.	Don't beat around the bush. Let's get to the point.

설득 및 양보하기

🎧 52-2.mp3

1294	의견이 어떠신지요?	What did you have in mind? ❗ 협상에서는 내 의견을 말하는 것보다 상대의 의견을 묻는 것이 중요합니다.
1295	무슨 생각을 가지고 계신지 말씀해 주세요.	Tell me what you had in mind.
1296	무슨 생각을 하시는지 말씀해 주세요.	Tell me what you were thinking.
1297	입장이 어떠세요?	What's your position?
1298	이 조건들은 협상 가능합니다.	These terms are negotiable.
1299	그 점은 저희가 해드릴 수 있겠네요.	That seems within our capabilities. ❗ seem(~ 같다)은 확실하지 않은 의견을 말할 때 유용하게 쓸 수 있습니다. • capability 능력, 역량
1300	귀사의 요구를 맞춰드리기 위해 인도 조건은 변경 가능합니다.	The delivery terms are adaptable to meet your needs. • adaptable 융통성 있는, 고쳐 쓸 수 있는
1301	이 조건들은 조절 가능하니까 귀사에서 필요하신 대로 맞춰 드리도록 하지요.	These terms are flexible, so we would be willing to work out a deal depending on your individual needs. ❗ 상대를 배려하는 듯한 표현을 중간 중간에 넣어주는 협상 기법을 기억하세요.
1302	이 인도 조건은 고정된 것이 아니기 때문에 필요하신 대로 기꺼이 맞춰 드리겠습니다.	The delivery terms are not written in stone, so we would be willing to work out a deal depending on your needs. • be written in stone (돌에 새기듯이) 완전히 정해지다
1303	저희 측 예산 범위에 있는 한 그건 문제가 되지 않을 겁니다.	As long as we can stay within budget, it shouldn't be a problem. • as long as(~하는 한)를 사용하여 조건을 제시할 수 있습니다.
1304	공급자가 가격을 너무 많이 올리지 않는 한, 저희는 그들과 파트너 관계를 유지할 수 있습니다.	As long as our supplier doesn't raise prices too much, we can continue to partner with them.
1305	양측의 요구를 충족시키는 합의를 이끌어낼 수 있을 거라고 확신합니다.	I am sure that we can work out a deal to satisfy both our needs.

1306	저희 고객의 허락과 함께 거래를 잘 성사시킬 수 있다고 믿습니다.	I am sure that we can work out a deal with our client's permission.
1307	그건 너무 지나친 것 같습니다.	That seems very unreasonable. • unreasonable 불합리한, 부당한, 지나친
1308	제 입장에서 생각해 보세요.	Put yourself in my shoes.
1309	그것은 견해의 문제입니다.	That's a matter of opinion.
1310	죄송하지만 부차적인 의견 없이는 이 거래를 허가할 수 없습니다.	I'm sorry, I can't approve of this deal without a secondary opinion.
1311	저희의 요구를 계속 무시하시면 저희는 다른 공급자를 선택할 권리가 있습니다.	We reserve the right to choose a different supplier if you continue to neglect our requests.
1312	그 문제에 관해서는 한 치도 양보하지 않을 겁니다.	I will not yield an inch on that matter. • yield 양보하다, 굴복하다
1313	며칠 동안 생각할 시간을 좀 주세요.	Let me think about it for a few days.
1314	모든 계약에 이 요금을 적용시키는 것이 저희의 정책입니다.	It is our policy to apply this fee to every contract. ⓘ 회사의 규정을 제시하며 무례하지 않게 입장을 알리거나 거절할 수 있습니다.
1315	각 문서를 개별적으로 검토하는 것이 저희의 정책입니다.	It is our policy to review each document individually.
1316	말씀하시는 것의 중요성을 알겠습니다.	I realize the importance of what you're saying.
1317	무슨 말씀을 하시는지 알겠습니다.	I can identify with what you're saying.
1318	그 점은 좀 고려해 보겠습니다.	We will give it some consideration.
1319	생각해 보도록 하겠습니다.	We will give it some thought.
1320	그것을 하나의 선택사항으로 생각할 준비가 되어 있습니다.	We are prepared to regard it as an option.
1321	그 점을 검토하겠습니다.	We'll look into this matter.
1322	그럼 주신 제안을 경영진과 확인하겠습니다.	I will confirm your suggestion with upper management. • upper management 고위 경영진
1323	그것은 저희의 자원을 모을 좋은 방법일 겁니다.	That would be a good way to pool our resources. • pool (공동으로 이용할 자금·정보 등을) 모으다

53

계약 · 협상 ③

가격 협상하기

예문듣기

가격 제시하기

🎧 53-1.mp3

1324	가격에 관련된 사항으로 넘어가 볼까요?	Shall we move on to the issue of pricing?
1325	한 가지 질문이 있는데요, 여기 가격 견적에 관해서요.	Just one question though, here on the price quote.
1326	운영비도 여기에 포함되어 있어요.	Management fees are also included here.
1327	저희에게 좋은 가격을 제안해 주셨으면 합니다.	We would need you to give us a good price.
1328	시작에 있어 우리는 귀사가 제안한 가격에 어떤 융통성이 있는지 알아야겠습니다.	Well, to start with, we need to know what kind of flexibility surrounds your proposed price. • flexibility 유용성, 융통성
1329	옵션A는 월정액 4,500달러로 모든 기술 컨설팅과 시장조사를 위해 실시하는 고객 설문조사를 포함합니다.	With Option A, there is a fixed monthly fee of $4,500 for all technical consulting and customer surveys we conduct for market research.
1330	옵션B는 10시간짜리 프로젝트당 $1,500달러를 지불하시는 것이고요.	With Option B, you pay $1,500 per ten-hour project.
1331	우리는 주로 장기적인 프로젝트를 다룰 것이기 때문에 옵션A가 사실 더 경제적이지요.	Option A is actually more economical as we will work mostly on long-term projects.

가격 협상하기

🎧 53-2.mp3

1332	우리가 시장조사를 직접 해보았는데요.	We have done some market research ourselves.
1333	하지만 저희는 귀사의 컨설팅 비용이 좀 비싼 편이라고 생각해요.	However, we figure your consulting fees are a little on the high side.
1334	음, 귀사의 가격이 주요 경쟁사와 비교해서 높은 편이라는 것을 알게 됐어요.	Well, we found your prices to be on the high side compared to your main competitor's.
1335	귀사의 서비스 비용은 약간 비싸다고 생각해요.	Well, we figure your service charge is slightly over the top. • over the top 지나친, 과장된

1336	저희 가격이 조금 비싸다는 말씀이시군요.	So you're saying our price is a bit steep. • steep 너무 비싼
1337	우리 가격이 터무니없다는 말씀이십니까?	So you're saying our price is unreasonable?
1338	저희 상품이 시대에 뒤떨어진다는 말씀이시군요.	So you're saying our products are outdated.
1339	음, 어떤 면에서는 맞는 말씀이긴 하지만, 질적인 면에서 보시기 바랍니다.	Well, that may be true in some respect, but look at it from a qualitative point of view. • qualitative 질적인
1340	음, 어떤 면에서는 맞는 말씀이긴 하지만, 마케팅 측면에서 보시기 바랍니다.	Well, that may be true in some aspect, but look at it from the marketing perspective.
1341	음, 어느 정도 맞는 말씀이긴 하지만, 고객의 관점에서 보시기 바랍니다.	Well, that may be true to some degree, but look at it from the perspective of the consumer.
1342	동의해 드리고 싶습니다. 물론 가격을 약간 내려 주신다면요.	I'm inclined to agree, of course, if you'll only come down a little in price. • be inclined to ~하고 싶어지다
1343	그 조건을 받아들이고 싶네요. 물론 대량구매 할인을 적용해 주신다면요.	I'm inclined to take that offer, of course, if you will give us a bulk discount.
1344	이 계약을 확정짓고 싶습니다. 몇 가지 조건에 더 응해 주신다면요.	I'm inclined to seal this contract, if you'll agree to a few more conditions.
1345	어느 정도의 할인을 제시해 주실 수 있습니까?	What kind of discount could you offer?
1346	5%는 어떻습니까?	How about 5 percent?
1347	10%가 훨씬 좋을 것 같은데요.	Ten percent would be much better.
1348	미안하지만 그렇게는 힘듭니다.	I'm afraid we couldn't manage that.
1349	가격을 좀 내려 주실 방법이 있을까요?	Is there any way we could get a discount? ❗ 일방적으로 가격 인하를 요구하는 것이 아니라 정중하게 물어보는 표현입니다.
1350	할인해 주실 수 있을까요?	Would it be possible to get a discount? / Could you allow us a discount?
1351	그쪽에서 선적비용을 부담하신다면 가격인하가 가능할 것 같습니다.	A discount could be possible if you agree to pay for the shipping costs. / We can give you a discount so long as you can pay for the shipping costs. / Provided that you pay for the shipping costs, a discount is possible. ❗ 항상 조건을 같이 제시합니다. 협상에서 거저 주는 것은 없습니다.

1352	만약 저희 측에서 모든 설치 비용을 댄다면 10% 할인에 동의해 주시겠어요?	Could you agree to a 10 percent discount if we covered all the installation costs?
1353	그래도 10% 인하는 무리입니다. 하지만 그 경우에 8% 인하는 가능할 것 같습니다.	We still couldn't manage a 10 percent discount, but I think we could give you 8 percent in that case.
1354	유감스럽게도 10% 인하는 동의할 수 없지만, 8% 인하는 어떻게 할 수 있을 것 같군요.	I'm afraid we can't agree to a 10 percent discount, but we could manage an 8 percent discount.
1355	안타깝게도 10%는 너무 높아요. 그 경우에 8%는 가능할 것 같네요.	Unfortunately, 10 percent is just too high. 8 percent seems possible in that case.
1356	그럼 확인하자면, 저희가 가격을 8% 인하하면 선적비용을 그쪽에서 부담하시고 설치를 해결하신다는 거네요.	So, to confirm: we will give you an 8 percent discount, but you pay all the shipping costs and handle the installation.
1357	저희가 제안해 드릴 수 있는 최선은 30퍼센트입니다.	The best we could offer you is 30%.
1358	만일 3년간의 예상 판매량을 바탕으로 한 보상금을 지불해 주신다면 15%의 로열티가 가능합니다.	A 15 percent royalty is possible if you agree to pay compensation based on three years of projected sales. • compensation 보상금 • projected sales 예상 판매량
1359	중개수수료와 세금에서 더 절약할 방법이 있을까요?	Are there any other additional savings in brokerage commissions and taxes? • brokerage commission 중개수수료
1360	추가로 비용을 절약할 수 있는 조건을 제시해 주실 수 있을까요?	Are there any other additional savings that you can offer me?
1361	이 시점에서 수수료를 절충할까요?	Shall we compromise our fees at this point?
1362	저희가 보내드린 자료와 견적서를 살펴보셨을 거라고 생각합니다.	I assume you have already gone over the fact sheets and quotes we sent? • fact sheet 자료표
1363	이런 종류의 컨설팅 서비스의 시장가격은 평균 3,000달러입니다.	The market price for this type of consulting service is on average $3,000.
1364	그렇다면 귀사는 시장 평균가격 선에서 생각하고 계신 건가요?	So you're thinking along the lines of the market average?
1365	아마 조금 더는 가능할 겁니다. 하지만 4,500달러는 너무 비싸다고 생각해요.	Maybe slightly more, but $4,500 is way too much, we think.
1366	조금 조정해 주실 수 있을 거라고 생각합니다.	I still think you can trim a little. • trim 잘라내다, 깎다
1367	거기에 컨설팅과 운영비가 다 포함되어 있다는 것을 기억하세요.	Remember, it includes all consulting and management fees.

1368	가격을 너무 깎으시네요.	You're cutting it too short.
1369	왜 4000달러를 더 지불해야 하는지 이해가 안 되네요.	We just do not see the point of paying an extra $4,000.
1370	비슷한 서비스에 왜 50%를 더 지불해야 하는지 이해할 수가 없군요.	We just do not see the point of paying 50% more for the similar service.
1371	왜 상품 한 개당 350달러를 더 지불해야 하는지 이해가 안 됩니다.	We don't understand why we should pay an extra $350 per product.
1372	왜 대량구매 할인이 없는지 이해가 안 되네요.	I don't see why there is no bulk discount offered.
1373	그 견적은 저희의 최저 서비스 비용을 기반으로 한 것입니다.	That estimate is based on our lowest service charge.
1374	저희 견적은 평균 시장가격을 기준으로 한 것입니다.	Our estimate is based on the average market price.
1375	이 견적은 변경 불가능합니다.	This quotation is not subject to change.

• subject to ~될 수 있는

1376	한 개당 450달러 정도로 생각하고 있습니다.	We are thinking about $450 per unit.
1377	저희는 월정액 3,500달러 지불을 생각중입니다.	We are considering paying a fixed monthly fee of $3,500.
1378	시간당 100달러의 서비스 비용 지불을 고려하고 있습니다.	We are considering paying a service charge of $100 per hour.
1379	만일 저희가 여섯 번째 달부터 10퍼센트 할인을 제공하면 어떨까요?	What if we offer a 10% discount from the sixth month on? / What if we offer a 10% discount beginning after six months?
1380	15일 체험 기간을 제공해 드리면 어떨까요?	What if we offer a 15-day trial period?
1381	100개씩 대량구입을 하실 때마다 10퍼센트 할인을 제공해 드리면 어떨까요?	What if we offer you a 10% discount after every 100 units of bulk purchase?
1382	그렇지만 한 달에 10,000달러 이하로 비용을 유지하고 싶어서요.	However, I was looking to keep my costs under $10,000 per month.

❗ 예산 범위를 알려주며 협조를 요청하면 효과적입니다.

• look to 기대하다

1383	하지만 제 예산은 월 2천 달러 이하입니다.	However, my budget is under $2,000 per month.
1384	15% 할인해 드리면 어떨까요?	What would you say to a 15% discount?
1385	사실, 저의 최저선은 10,500달러였으니 이제 그 총액을 확실히 받아들일 수 있겠군요.	In actuality, my bottom line was $10,500, so I'll definitely be able to work with that total.

1386	사실, 저의 최저선은 거의 4000달러였으니 제 안하신 그 가격은 괜찮을 겁니다.	Actually, my bottom line was close to $4,000, so the price you offered will work out well.
1387	좋긴 합니다만, 조금 더 깎아 주실 수 있을 거라고 생각하는데요?	Good enough, but you can lower it a bit further, I guess?
1388	좋긴 하나 조금 내려갈 수 있을 것 같은데요.	Great, but it could go down a bit, I think.
1389	만일 잘 된다면 운영비를 줄여 주실 수 있으시겠지요.	If it works, you can offer us a reduction in management fees.
1390	6개월 임대 계약에 서명하는 것은 어떨까요?	What would you say to signing a six month lease?
1391	그렇게 좋은 제안을 거절한 자신이 없네요.	I don't think I can turn down such a great offer. / I am not sure I could say no to such a good deal.

계약 · 협상 ④

조건 협상하기

예문듣기

조건 협상하기

🎧 54-1.mp3

1392	시작은 좋군요. 우선 조건이 어떻게 되죠?	Well, that's a good start. What are the conditions first?
1393	저희가 그것을 받아들이려면, 몇 가지 추가 조건을 받아주실 수 있는지 여쭤봐야겠습니다.	In order for us to accept it, we need to ask if you can accept some additional conditions.
1394	그런데 저희가 그것을 받아들이려면 우선 저희가 몇 가지 추가 조건을 제시해서 귀사의 피드백을 받을 필요가 있습니다.	However, in order for us to accept it, we need to first present some additional conditions and get your feedback.
1395	그런데 당신의 조건을 고려하기 위해서는 당신이 제 조건에 동의할 수 있는지 확인해야겠군요.	But, in order to consider your offer, I need to be sure you are agreeable to mine.
1396	귀사와 함께하기 위해, 우리가 필요한 것을 귀사가 공급해 줄 수 있는지 묻고 싶군요.	In order to go with your company, we need to ask if you can supply us with what we need.
1397	저희가 드릴 수 있는 최선의 조건은 무료 배송과 설치입니다.	The best we can give you is free shipping and installation.
1398	저희가 해 드릴 수 있는 최선은 유급휴가와 10퍼센트의 급여 인상입니다.	The best we could do is offer a paid vacation with a 10 percent raise.
1399	유지보수와 배송을 추가하는 것은 어떻습니까?	What about adding maintenance and shipping?
1400	배송 일정은 이전과 같을 것으로 예상합니다.	We expect the shipping schedules to be the same as before.
1401	일정에 관해서 말씀 드리자면 저희는 준비되었다고 생각합니다.	As far as the schedule is concerned, I believe we are set.

합의 내용 확인하기

🎧 54-2.mp3

1402	중요 내용을 다시 한 번 검토해 주시겠습니까?	Can you please go over the main point one more time?

1403	그것을 다시 훑어보죠.	Let me just run over that again.

• run over ~을 재빨리 훑어보다

1404	지금까지 동의한 사항을 확인해 봅시다.	Let's confirm what we have agreed to so far.
1405	계약 조건을 다시 훑어보면 어떨까요?	Why don't we run over the contract terms again?
1406	다음으로 넘어가기 전에 세부사항을 요약해 드리죠.	Let me summarize the details before we move on.
1407	내년부터 주요 제품에는 2% 인하를 적용하기로 동의했습니다.	We have agreed to a two percent cut on the main product line from next year.
1408	우리의 계약기간을 6개월에서 1년으로 연장하는 것에 동의했습니다.	We have agreed to extend our contract period from six months to one year.
1409	2년간 연구원들을 교환하기로 타협했습니다.	We have made a deal to exchange our researchers for a period of 2 years.

55 계약·협상 ⑤

계약서 서명하기

예문듣기

계약서 작성 및 검토하기

🔊 55-1.mp3

1410	오늘 달성하고 싶은 사항은 ABC 사와 EGH 사 간의 계약을 확인하고 서명하는 것입니다.	What we'd like to accomplish today is to review and sign the contract between ABC and EGH.
1411	오늘 이 회의의 목적은 모터라이트 사와 AIK 간의 계약을 검토하고 서명하는 것입니다.	The objective of our meeting today is to review and sign the contract between Motors Right and AIK. ・the object of A is to B(동사) A의 목적은 B이다
1412	이야기는 충분히 했으니 계약서에 서명하도록 합시다.	Enough said. Let's sign this contract.
1413	우리의 차이점을 좁혀 계약서 초안을 작성했습니다.	We have narrowed down our differences and came up with a draft of the contract. ・narrow down 좁히다, 줄이다
1414	자, 그럼 1페이지부터 보면서 시작합시다.	Okay, let's start by looking at page one.
1415	시작하기 전에 말씀 드리고 싶은 것이 있는데, 이 서류에서 모터라이트는 공급자, 그리고 AIK 는 공급받는 자로 표기됩니다.	Before we begin, let me note that, in this document, Motors Right is referred to as the Provider, and AIK is referred to as the Providee.
1416	시작하기 전에, 이 계약서에서 암코 사는 공급자로, 카 파츠 사는 공급받는 자로 명시된 점을 주목하셔야 합니다.	Before we begin, it is important to notice that this document refers to Amco as the Provider and Car Parts, Inc. as the Providee.
1417	첫 번째 조항에 계약 조건이 있습니다.	In the first clause, we have the terms of the contract.
1418	첫 번째 조항은 계약 조건을 보여 줍니다.	Article one defines the terms of the contract.
1419	첫 번째 부분에서 계약 조건을 보실 수 있습니다.	In section one, you can see the terms of the contract.
1420	첫 번째 조항에서 보시다시피 계약 조건이 있습니다.	As you can see in the first clause, we have the terms of the contract. ・clause 조항, 항목
1421	두 번째 조항을 보시면 카파츠 사에 대한 요구사항이 정리되어 있습니다.	Looking at article two, you can see that the requirements for Car Parts, Inc. are outlined.

1422	카파츠 사에 대한 요구사항은 제2조에 요약되어 있습니다.	The requirements for Car Parts, Inc. are outlined in article two.
1423	그럼 세 번째 조항으로 넘어갑시다. 여기엔 모터 라이트 사에 대한 요구사항이 있습니다.	Let's move on to section three, then. Here are the requirements for Motor Right.
1424	이 요건은 단순히 우리가 동의한 지불 조건에 관한 것입니다.	These requirements are simply in regards to the payment terms that were agreed upon. • requirement (계약의) 요건, 요구사항, 필요조건
1425	잠시 검토해 보도록 하죠.	Let's take a minute to review them.
1426	지금까지 질문 있으십니까?	Any questions so far?
1427	지금까지는 모든 게 좋아 보입니다.	Everything looks good so far.
1428	이 계약서는 2년간 유효합니다.	The contract will be valid for a two-year period. / The contract will be in effect for two years. • valid (법적·공식적으로) 유효한, 정당한
1429	이 계약은 2년간 유효합니다. 다시 말해 2018년 10월 30일 만기가 됩니다.	The contract will be valid for a two-year period, which means it will expire on October 30, 2018.
1430	이 계약서는 2년이라는 기간 동안 법적 구속력을 유지합니다.	The contract will be legally binding for a period of two years. • binding 법적 구속력이 있는
1431	보시다시피 이 계약은 올해 11월 1일부터 시행됩니다.	You can see that this contract will take effect on November 1st of this year. ❗ 계약의 핵심인 '기간'에 대해 혹시 실수가 없는지 꼭 구두로 확인해야 합니다.
1432	이 계약서는 금년 7월 1일부터 유효합니다.	This contract will be effective beginning July 1 of this year.
1433	계약서는 금년 7월 1일부터 구속력이 있습니다.	The contract will be binding beginning July 1 of this year.
1434	페이지를 넘기시면 네 번째 부분에서는 갱신 및 종결 조건을 설명합니다.	If you turn the page, section four covers the renewal and termination terms. • renewal 갱신 • termination 종결
1435	계약을 종결하려면 양측은 45일 전에 통지해 줘야 합니다.	Both parties must give 45 days' notice for termination of the contract. ❗ 계약 기간 및 종결 방법에 관한 사항을 꼭 짚고 넘어가세요.
1436	어느 측이든 계약을 파기할 경우 45일 전 통보가 필요합니다.	In the case that either party needs to terminate the contract, 45 days' notice is required. • terminate 끝내다, 종료하다

1437	양측이 계약을 종료할 필요가 있을 경우 적어도 45일 전 통보가 필요합니다.	No less than 45 days' notice is required by both parties in the case of a need to terminate the contract.
1438	그것을 문서로 원하세요?	Would you like that in writing?
1439	구두 확인으로 충분합니다.	Oral confirmation will do.
1440	문서를 교환하지 않으시겠습니까?	Why don't we exchange notes?

계약서 수정 및 서명하기 55-2.mp3

1441	제가 바로 문서를 작성해서 30분 후 서명하실 수 있게 해드리지요.	I'll draw up the paperwork right now, and we'll have you sign it in half an hour.
		❗ 계약서를 준비하는 데 소요되는 시간을 미리 알리고 기다려달라고 양해를 구하세요.
1442	제가 바로 문서를 작성해서 오늘 계약에 서명하면 되겠습니다.	I will draw up some paperwork right now, so we can sign the contract today.
1443	서명하실 수 있도록 제가 30분 후에 계약서를 한 부 가지고 돌아오겠습니다.	I will be back in half an hour with a copy of our contract for your signature.
1444	다른 모든 필요 서류를 작성해올 테니, 20분 정도 여기서 기다려 주시겠습니까?	I will draw up all other necessary paperwork, so would you wait here for 20 minutes or so?
1445	초안을 수정합시다.	Let's amend the draft. ・amend (법 등을) 수정하다, 개정하다
1446	계약서에 조건을 몇 개 추가하고 싶습니다.	We would like to add some conditions to the contract.
1447	제가 저희 법인 변호사님께 연락을 드려 이 건을 논의하면 어떨까요?	How about if I contact our corporate lawyer to discuss this issue?
1448	내일 양측이 (계약서를 작성하기 위해) 모이는 것은 어떨까요?	How about if we get our two teams together tomorrow?
1449	저희 쪽 계약 변호사가 이 건에 서명하기 위해 대기 중입니다.	Our contract lawyer is standing by waiting to sign this deal.
1450	좋습니다. 중요한 것을 먼저 해야 하니 계약서에 사인을 해야겠네요.	Okay, so first things first, we need to sign the contract.
1451	다들 계약서를 가지고 계십니까?	Does everyone have a copy of the contract?
1452	다 가지고 있습니다.	Everyone has a copy.
1453	서명하기 전에 다른 질문이나 문의사항 없습니까?	Are there any more questions or concerns before we sign?

1454	다른 쟁점이나 질문이 없다면, 거래를 마무리 짓죠.	If there are no other issues or questions, let's seal the deal.
		• seal the deal 거래를 마무리 짓다
1455	더 이상 질문이 없다면 계약에 서명합시다.	If you do not have any more questions, let us sign the contract.
1456	다른 질문이 없다면 여기에 서명해 주세요.	If there are no other questions, please sign here.
1457	드디어 이 거래를 확정짓게 되었네요.	Finally, we get to seal this deal.
1458	드디어 이 계약에 서명하게 되었네요.	At last, we get to sign this contract.
1459	어디에 서명하죠?	Where do I sign?
1460	이 양식의 아래쪽에 서명하고 날짜를 써 주세요.	Sign and date at the bottom of these forms.
1461	이 줄에 서명하고 날짜를 적어 주세요.	Please sign and date here on the line.
1462	저는 그 밑에 서명할게요.	I'll sign below that.
1463	계약이 성사된 것 같군요.	I think you have yourself a deal.
1464	그 정도면 됐군요.	Fair enough.
1465	좋아 보이는데요.	This looks good to me.
1466	하드카피를 만들어서 우편으로 보내드리죠.	We will make a hard copy and send it to you in the mail.
1467	오늘 오후에 계약서를 이메일로 보내드리도록 하지요.	We will send you a copy of the contract via email later this afternoon.
1468	기록을 위해 한 부를 보관하시기 바랍니다.	You should keep a copy for your records.
1469	귀사 측의 보관을 위해 제가 사본 한 부를 만들게요.	I'll have a copy made for your records.
1470	승인 후에 제가 계약서를 당신의 사무실 주소로 부치겠습니다.	After the approval, I will have the contract mailed to your office address.
1471	오늘 오후까지 보증금을 송금해 주세요.	Please wire us the key money by this afternoon.
		• key money 보증금
1472	보증금은 오늘 오후까지 여기 이 계좌로 송금하시면 됩니다.	You can wire us the key money here to this account by this afternoon.

56

계약 · 협상 ⑥

협상 종료하기

예문듣기

협상 마무리하기

 56-1.mp3

1473	이 자리에서 공감대를 찾을 수 있어서 기쁘네요.	Glad we were able to find some common ground here.
1474	오늘 서로 공감하는 점에 도달해서 기쁘네요.	Glad we have reached some common ground today.
1475	우리의 협상이 좋은 성과를 거두어서 기쁘네요.	I am glad our talk has panned out well. • pan out well 잘 진행되다
1476	거래를 성사시킬 수 있게 되어 기쁩니다.	We are pleased that we've been able to work out a deal.
1477	합의에 이를 수 있게 되어서 정말 좋네요.	I am glad that we've been able to reach an agreement.
1478	이번이 우리의 좋은 사업관계의 출발점이 될 수 있겠네요.	This could be the start of good business relations for us.
1479	귀사와의 좋은 비즈니스 관계를 기대합니다.	We anticipate having good business relations with you.
1480	회의가 아주 성공적이었습니다.	The meeting was a great success.
1481	알찬 회의가 되도록 해 주셔서 감사합니다.	Thanks for making this meeting productive.
1482	오늘 진척이 꽤 있었던 것 같네요.	I feel that we've made some good progress here.
1483	이번 거래는 미래의 이득을 증진시킬 수 있는 좋은 시작점이 될 겁니다.	This deal would be a good starting point to increase our future profits.
1484	저희는 귀사와 함께하는 합작사업을 위한 조건을 타결할 수 있게 되어서 무척 기쁘답니다.	We're very happy that we've been able to negotiate the terms for this joint venture with your company.
1485	또한 양측이 함께할 미래에 관해 무척 기대됩니다.	We're also very excited about our future together.

1486	시간 감사드리고 양사 간에 지속적인 비즈니스 관계를 기대합니다.	I appreciate your time and look forward to continued business relationships between our two companies.
1487	시간 내 주셔서 감사하고 추후에 함께 일하기를 고대합니다.	I appreciate your time and look forward to working with you in the future.
1488	시간 내 주셔서 감사하고 내일 전화 주시길 기대합니다.	I appreciate your time and look forward to your phone call tomorrow.
1489	여러 모로 감사합니다.	Thank you for everything.

계약 조건 변경하기

 56-2.mp3

1490	이메일과 전화 통화로 간략하게 들었는데 추가 비용이 계약에 포함되어야 한다고요?	We heard briefly both via email and over the phone that some additional costs should be added to the contract?
1491	그래서 저희가 방문한 것입니다. 그에 따라 재협상을 할 수 있을까 해서요.	That's why we are here, to possibly renegotiate accordingly.
1492	아직 법적으로 변경 사항을 고려하여 가격을 재협상할 수 있는 상황이라고 생각합니다.	We believe we are within our legal parameters to renegotiate the price considering the changes. • parameter 한도
1493	그건 사실입니다만, 계약은 가격 조건에 있어서 명백했습니다.	That may be true; however, the contract was clear in its price stipulation. • stipulation 조항, 조건
1494	저희는 예산 내로 비용을 유지할 필요가 있습니다.	We are required to stay within our budget.
1495	이번 달 말까지 상세한 배송 계획을 원한다는 것을 추가하고 싶었습니다.	I just wanted to add that we hope to have a detailed delivery plan ready by the end of the month.
1496	저희가 그 점을 수용하려면 당신은 저희의 조건 일부에 동의할 필요가 있습니다.	If we are going to accept it, you will need to agree to some of our conditions.
1497	먼저 그쪽이 저희 조건 일부를 수용할지 알지도 못한 채 그 점을 받아들일 수 없습니다.	We can't accept it without knowing if you will accept some of our conditions first.
1498	우리가 그것을 받아들이려면 몇 가지 조건이 필요합니다.	There will be some conditions involved if we are to accept it.
1499	저희는 즉시 이 문제를 해결하기를 원합니다.	We are eager to resolve this issue immediately.
1500	저희는 세부사항을 논의하기 위해 직접 만나뵙기를 원합니다.	We are eager to meet with you in person to discuss the details.

1501	이 기회를 통해 저희의 입장을 확실히 하고 싶었습니다.	We wanted to take this opportunity to clarify our position.
1502	이 기회를 통해 보쉬 사와 맺은 계약 조건을 재협상하고 싶었습니다.	We wanted to take this opportunity to renegotiate the terms of our contract with Borsh.
1503	저희의 첫 번째 제안에 만족하실 거라고 예상했습니다.	We were anticipating that you would be happy with our first offer.
1504	저희가 계약서에 포함되어 있지 않은 추가 서비스까지 제공해 드리는 점을 고려하면 조금 가혹하다고 생각하지 않으십니까?	Don't you think that's a bit harsh considering we are providing extras not included in the contract?
1505	네, 저희가 소소한 변경사항을 제안했었지요.	Yes, we did propose some minor changes.
1506	저희가 변경사항을 요구했었지요. 그러나 소소한 사항들이었어요.	We did request some changes, but they were minor.
1507	재계약을 하기 위해서는 가격 인하가 필요합니다.	In order to re-sign, we need a discount.
1508	가격 인하에 동의하셔야지만 재계약을 할 수 있습니다.	We can re-sign the contract, but only if you agree to a discount.
1509	다시 한 번 이 계약에 수정을 수용해 주셔서 감사드립니다.	Once again, thank you for accepting this modification to the contract.
1510	이 변경사항이 양측에 도움이 되기를 바랍니다.	We hope this alteration will benefit both parties. • alteration 변경, 고침
1511	서명하실 새로운 계약 조건을 마무리하는 동안 음료나 다과를 들고 계시지요.	Please have a drink or a snack while we wrap up the new contract terms for you to sign off on.
1512	그럼 모든 것이 준비된 것 같네요.	Well, I guess we are all set.

출장 준비하기

출장 ①

예문듣기

항공권 예약하기　🎧 57-1.mp3

1513	뉴욕행 비행기를 예약하려고 전화 드립니다.	I'm calling to reserve a flight to New York.
1514	뉴욕행 항공편이 있습니까?	Do you have any flights to New York?
1515	뉴욕행 항공편을 예약하고자 합니다.	I need to book a flight to New York. / I'd like to make a reservation for a flight to New York. ・ book a flight 항공편을 예약하다
1516	뉴욕행 왕복 티켓을 예약하고 싶습니다.	I'd like to reserve a round ticket to New York. ・ round trip 왕복 여행
1517	뉴욕행 직항 항공편이 있나요?	Do you have a direct flight to New York? / Is there a nonstop flight to New York? / I'd like to know if there is a nonstop flight to New York. ・ direct flight, nonstop flight 직항편
1518	밴쿠버를 경유하여 토론토로 가고 싶습니다.	I'd like to fly to Toronto via Vancouver. / I'd like to stop by Vancouver on the way to Toronto. / The final destination is Toronto with a stop in Vancouver.
1519	뉴욕까지는 요금이 얼마입니까?	How much is the fare to New York? / What's the rate to New York? / How much does it cost to fly to New York?
1520	8월 1일에 떠나서 9일에 돌아올 예정입니다.	I'm leaving on the first of August, and returning on the 9th. / I'm planning to leave on August 1st and return on the 9th.
1521	8월 1일의 좌석 하나와 9일에 돌아오는 좌석 하나 부탁드립니다.	I'd like a seat on the first of August, and another one coming back on the 9th.
1522	그날로 시간은 아무 때나 괜찮습니다.	Any time on that day is fine.
1523	아무 때나 괜찮습니다.	I am good with any time.

1524	7일이기만 하면 어느 항공편이든 괜찮습니다.	Any flight is okay as long as it is on the 7th.
1525	왕복 티켓으로 부탁합니다.	It will be a two-way ticket. / It will be a round trip. / I would like to have a two-way ticket, please. • one-way ticket 편도 티켓
1526	일반석으로 부탁합니다.	An economy class, please. / Economy class will do for me. / I'll go with economy. • first class 1등석 • business class 2등석 • economy class 일반석
1527	대기자 명단에 올려 주실래요?	Can I be on the waiting list? Is there a chance to get on standby? • waiting list 대기자 명단 • standby 대기자
1528	만약의 경우를 대비하여 다음 비행기 대기자 명단에 제 이름을 올려 주시겠습니까?	Can you add my name to the standby list of the next flight, just in case?
1529	항공편을 확인하러 전화 드립니다.	I'm calling to confirm a flight.
1530	항공편 좀 확인하려고요.	I need to confirm my flight.
1531	1273편 예약을 확인하고 싶습니다.	I'd like to confirm my reservation on flight 1273. / I'd like to check the status of my reservation on flight 1273.

탑승수속하기

🎧 57-2.mp3

1532	체크인 좀 하려고요.	I need to check in.
1533	서울행 비행기 체크인하러 왔습니다.	I'm here to check in to my flight to Seoul.
1534	서울행 아시아나 1132 항공편입니다.	Asiana Flight 1132 to Seoul, please.
1535	부칠 가방이 2개 있습니다.	I have two suitcases to check in. / I need to check in two suitcases. / I have two pieces of luggage[baggage]. • luggage, baggage 짐, 수하물
1536	기내로 이것을 가지고 들어갈 수 있나요?	Can I take this on the plane? / Can I carry this with me? / I'd like to take this on board, please. / Can this be my carry-on?
1537	가능하면 통로 쪽 좌석으로 부탁 드려요.	I would prefer an aisle seat if possible. / I'd like an aisle seat, if possible. • aisle seat 통로 쪽 좌석 • window seat 창문석 • center seat 중간석

1538	창가 쪽 자리를 받을 수 있을까요?	Could I have the window seat, please? / Could you book me a window seat please? / Could you make sure that I'm in a window seat?
1539	통로 쪽 자리로 바꿀 수 있을까요?	Could I change my seat to an aisle seat? I'd like to move by the aisle.
1540	이 항공편에서 좌석을 업그레이드해 주실 수 있을까요?	Would it be possible to get an upgrade on this flight? / What are the chances of me getting an upgrade on this flight? / I'd like to get an upgrade if possible.

기내에서

🎧 57-3.mp3

1541	제 자리가 어디지요?	Where's my seat?
1542	제 자리 좀 찾아 주시겠어요?	Can you find my seat, please? / Could you help me find my seat? / Could you tell me where my seat is? / Would you show me where my seat is?
1543	(미안합니다만,) 여기는 제 자리인데요.	I'm sorry, but I think this is my seat. / I think you're in my seat. / You're sitting in the wrong seat.
1544	미안합니다만, 자리를 다시 확인해 보시겠어요?	Excuse me, could you double-check your seat?
1545	(승무원에게) 자리 좀 바꿔 주실 수 있을까요?	Excuse me, but would it be possible to change seats? / Is there any way I can change seats? / Can I request a seat change?
1546	저와 자리 좀 바꿔 주실 수 있을까요?	Would it be possible to trade seats with you?
1547	번거롭게 해드려 죄송하지만 저랑 자리 좀 바꿔 주시겠습니까?	I'm sorry to bother you, but would you consider changing seats with me?
1548	일행과 앉으려고 하는데 저랑 자리 좀 바꿔 주시겠습니까?	Would you mind trading seats with me so I can sit by my colleague?
1549	제 가방 좀 올려 주시겠어요?	Could you put my baggage on the rack? / Please help me with this luggage. / Please put this bag on the shelf. / Could you help me put my stuff on the rack?
1550	맥주로 하겠습니다.	A beer, please. / I'd like a beer.
1551	마실 것 좀 주시겠습니까?	Can I have something to drink?

1552	물 좀 주세요.	I'd like some water, please.
1553	어떤 맥주가 있습니까?	What beers do you have on tap?
1554	저는 치킨으로 주세요.	I will have chicken, please. / I will take the chicken dish. / Chicken, please.
1555	채식주의자용 식단을 부탁해요.	I'd like to request the vegetarian meal service. / I would prefer the vegetarian meal service. / Could you make sure I get the vegetarian meal service? • make sure 확실하게 하다
1556	의자를 좀 올려 주시겠습니까?	Could you put your seat up a little bit?
1557	헤드폰 좀 새 것으로 주시겠습니까?	Could I have a new pair of headphones, please?
1558	헤드폰을 새로 주시겠습니까? 제 것이 안 됩니다.	May I get a new pair of headphones? Mine are not working.
1559	추워서 그러는데 담요 한 장 더 가져다주실래요?	It's quite cold here. Can I get an extra blanket? / I'm cold. Do you have an extra blanket? / Would you get me an extra blanket? I feel cold here.
1560	세관 신고서를 주시겠습니까?	Could you give me the customs declaration card? / May I have the customs declaration card? / Do you have the customs declaration card?

통관 및 세관

 57-4.mp3

1561	일주일간 메리어트 호텔에 머물 예정입니다.	I'm staying for a week at the Marriot Hotel. / I'll be at the Marriot for seven days. / I'm planning to stay at the Marriot Hotel for one week.
1562	이곳에 2주 동안 있을 겁니다.	I will be here for two weeks.
1563	2주입니다.	Two weeks.
1564	제 예정 체류기간은 딱 2주입니다.	My intended stay is only two weeks. • intended stay 예정 체류기간
1565	출장 차 2주간 있을 것입니다.	I'll be here on business for two weeks.
1566	방문 목적이 무엇입니까?	What's the purpose of your stay? / Is there a reason for your visit? / What brings you here? / May I ask for the purpose of your visit?

1567	출장으로 왔습니다.	I'm here on business. / For business. / It's a business trip. / I'm here for work.
1568	신고할 물품이 없습니다.	I have nothing to declare. / I have no goods to declare.
1569	신고할 물품이 있습니다.	I have goods to declare. / I have some things to declare. / These are to be declared.
1570	짐은 이게 다입니다.	This is all I have.
1571	부친 짐은 없습니다.	I didn't check in any baggage.
1572	기내 갖고 탄 가방이 다입니다.	The carry-on is all I have.

공항에서 나가기

 57-5.mp3

1573	제 가방 하나가 없어졌습니다.	I need to report some lost luggage. / I'm missing one of my bags.
1574	없어진 가방을 어디에 신고하나요?	Where do I report lost luggage?
1575	환전은 어디에서 합니까?	Where can I exchange some money?
1576	환전을 좀 해야 하는데요.	I need to exchange some money.
1577	여기가 환전하는 곳인가요?	Is this where I can change my money?
1578	이 도시에 환전할 수 있는 곳이 있나요?	Are there any places in the city where I can exchange currency?
1579	공항 셔틀버스를 타려면 어디로 가야 하나요?	Where should I go to take the airport shuttle bus?
1580	공항 셔틀버스 정거장이 어디에 있죠?	Where is the airport shuttle stop?
1581	공항 셔틀버스는 어디서 타지요?	Where do I take the airport shuttle?
1582	택시 기다리는 곳이 있나요?	Is there a place to wait for a taxi?
1583	택시는 어디서 잡을 수 있나요?	Where do I grab a cab? / Where can I get a taxi?

출장 ②

호텔 체크인하기

예문듣기

호텔 예약 및 체크인하기

🎧 58-1.mp3

1584 (방을) 예약하고 싶은데요.	I'd like to make a reservation, please. / I'd like to reserve a room, please.
1585 방을 예약할 수 있을까요?	Could I book a room?
1586 금연룸이면 좋겠어요.	I would prefer a non-smoking room.
1587 금연룸 있나요?	Do you have any non-smoking rooms available? / Could you give me a non-smoking room?
1588 3일간 머물 예정입니다.	I'll be here for 3 days. / I'll be staying for three days. / I'm planning to stay for three days. / For three days, please.
1589 제 이름으로 예약이 되어 있습니다.	I have a reservation under my name. / I have already made a reservation under my name.
1590 싱글룸이 예약되어 있습니다.	I'm booked for a single room.
1591 조장수라는 이름으로 예약이 되어 있습니다.	I have a reservation for Jang-soo Cho. I should have a reservation in the name of Jang-soo Cho.
1592 조장수라는 이름으로 체크인해 주세요.	Check in for Jang-soo Cho, please.
1593 324호 룸서비스 부탁합니다.	I'd like to order room service for room 324. ❗ 방 번호가 세 자리 수일 때는 three-two-four 혹은 three-twenty four와 같이 읽습니다.
1594 제 방으로 룸서비스를 받을 수 있을까요?	Could I get room service delivered to my suite?
1595 룸서비스 해주시나요?	Do you offer room service? / Does this hotel provide room service?

불편사항 전달하기

1596	(302호) 시설에 문제가 있습니다.	I need to report a maintenance issue in room 302, please. / There is some maintenance issue here.
1597	여기 문제가 있는 것 같습니다.	There seems to be some problem here.
1598	가능한 빨리 누구 좀 보내 주시겠어요?	Can you send someone as soon as possible?
1599	(302호) 세면대에서 물이 샙니다.	I have a leaky sink in room 302. / There is a leakage problem. / My sink is leaking.
1600	세면대가 막혔어요. (물이 안 내려가요.)	The sink is clogged up. / I have a clogged sink. •clog 막히다, 막히게 하다
1601	불이 들어오지 않아요.	The light is not working. / The light bulb is missing.
1602	뜨거운 물이 안 나와요.	The hot water isn't running. / We're not getting any hot water. / No hot water here.
1603	방이 너무 추워요.	This room is too cold. / It's too cold in here.
1604	방이 너무 더워요.	This room is boiling hot.
1605	히터가/에어컨이 작동이 안 되는 것 같아요.	The heater/AC seems not to be working here. •AC 에어컨(= air conditioner)
1606	(열쇠를 안에 두고 나왔는데) 문이 안에서 잠겼어요.	I'm locked out. / I left my keys inside, and the door is locked.

호텔 체크아웃하기

1607	105호 체크아웃 부탁합니다.	Checking out, room 105, please.
1608	자동체크아웃 서비스가 있나요?	Do you offer electronic check out service?
1609	내일 아침 일찍 떠나는데 오늘 밤 체크아웃 가능할까요?	I will be leaving very early tomorrow morning. Can I check out tonight?
1610	신용카드로 결제해도 될까요?	Can I pay by credit card, please? / I'd like to pay via credit card.
1611	카드 여기 있어요.	Here's my card.

305

1612	비용을 나눠서 카드 2개로 결제 부탁합니다.	Can I pay with a separate credit card, please? / Can you split my bill and charge two separate cards? / I'd like to split the bill, if possible.
1613	공항까지 셔틀 서비스를 요청할 수 있나요?	Can I request a shuttle service to the airport? / May I get a lift to the airport?
1614	공항행 셔틀은 언제 출발하지요?	When does the shuttle leave for the airport?

59

길 찾기&교통편 이용하기

예문듣기

길 찾기

 59-1.mp3

1615	지도가 필요한데 어디서 구할 수 있을까요?	I need a map. Do you know where I can get one?
1616	사무실까지 찾아가는 법을 알려주시겠어요?	Can I get directions to your office, please? / Could you give me directions to your office, please?
1617	거기로 가는 가장 쉬운 방법이 뭐죠?	What's the easiest way to get there?
1618	엑스포센터가 어디 있죠?	Where is the Expo Center?
1619	실례합니다, 엑스포센터까지 가는 길을 알려주시겠습니까?	Excuse me, could you tell me the way to the Expo Center?
1620	실례합니다. 엑스포센터를 찾고 있는데요.	Sorry to trouble you. I'm looking for the Expo Center. / Excuse me. I'm trying to find the Expo Center.
1621	이 박물관 찾는 것 좀 도와주실래요?	Can you help me find the museum?
1622	여기로 가면 되나요?	Is this the right way?
1623	여기가 브로드웨이 가는 길인가요?	Is this the street to Broadway? / I'm going to Broadway. Am I on the right track? / Am I on the right road for Broadway? / Is this to Broadway?
1624	길을 잃은 것 같습니다. 지도상으로 여기가 어딘지 짚어 주시겠습니까?	I seem to be lost. Can you point to where we are on the map?
1625	여기가 어디지요?	Where am I? / Where are we? ❗ 동반자가 있는 경우 I 대신 we를 쓰기도 합니다.
1626	길을 잃었어요. 여기가 어디인지 알려 주시겠어요?	I'm lost here. Could you tell me where we are?
1627	저도 여기는 처음입니다.	I'm a stranger here myself. / I'm also new here. / I'm also traveling here.

1628	죄송한데 이해를 못 했어요.	I'm sorry, I didn't catch that. · catch 이해하다
1629	뭐라고요?	I beg your pardon? ❶ 문장의 끝을 올려서 물으면 '뭐라고 하셨지요?'라는 의미로 통합니다.
1630	좀 천천히 다시 말씀해 주시겠어요?	Could you tell me again a little more slowly? / Could you tell me slowly once more?
1631	실례지만 약도를 좀 그려 주시겠어요?	I'm sorry, but could you draw a map for me? / Excuse me. May I ask you to draw a map for me?
1632	잘 이해가 안 되는데 약도를 좀 그려 주시겠어요?	I still don't get it. Could you please draw a map for me?
1633	직진하다가 우회전하라고요?	Did you say straight ahead and then turn right? / Was that straight ahead and then right? / So I go straight ahead and then take my next right?

지하철 및 버스 이용하기

🔊 59-2.mp3

1634	가장 가까운 지하철역이 어디죠?	Where's the nearest subway station?
1635	근처에 버스정거장이 있나요?	Is there a bus stop nearby?
1636	요금이 얼마죠?	How much is the fare? / How much does it cost? / What's the charge? / How much do you charge?
1637	월스트리트에 가려면 어디서 내려야 하나요?	Where should I get off to go to Wall Street? / At what station should I get off to go to Wall Street? / Please tell me where I should get off to go to Wall Street.
1638	포시즌 호텔로 가려면 몇 번 출구로 나가야 하나요?	Which exit should I get out of to get to the Four Seasons Hotel? / If I want to get to the Four Seasons Hotel, which exist should I take? / Which exit is it to the Four Seasons Hotel?
1639	지하철 매표소가 어디 있지요?	Where do we buy tickets for the subway? / Where can I buy tickets for the subway? / Where's the ticket booth?
1640	교통카드 좀 주세요.	Can I have a transit card?

1641	일일 교통사용권 주세요.	Can I have a day pass? ❗ 지역마다 할인율, 환승 여부 등이 다를 수 있으니 미리 확인하는 것이 좋습니다.
1642	월간 교통카드 있습니까?	Do you have a monthly transit card?
1643	샌프란시스코까지 가는 버스표 주세요.	I need a ticket for the bus to San Francisco. / One bus ticket to San Francisco, please. / Can I have a bus ticket to San Francisco?
1644	샌프란시스코행 버스는 어디서 타지요?	Where do I take a bus to San Francisco? / Could you tell me where I should take a bus to San Francisco? / Which way is to the bus terminal to San Francisco? ❗ 고속버스 타는 곳은 terminal이라고 하고, 일반버스 정거장은 bus stop이라고 합니다.
1645	어느 버스가 샌프란시스코로 가죠?	Which bus goes to San Francisco?
1646	샌프란시스코로 가려면 몇 번[어느 버스]을 타야 하나요?	What bus number do I catch to go to San Francisco? / What number should I catch to go to San Francisco? / Which bus should I take for San Francisco?
1647	(버스 기사에게) 이 버스는 공항에 갑니까?	Do you go to the airport? / Are you heading to the airport? / Does this bus go to the airport? / Is this a bus to the airport?
1648	다음은 무슨 역이죠?	What is the next stop? / What stop is next? / What's the name of the next station? / Could you tell me what the next station is?
1649	여기가 어디죠?	Where are we? / What stop are we at?

기차 및 선박 이용하기

🎧 59-3.mp3

1650	예매소가 어디 있나요?	Where is the booking office? / Where can I book for a seat? / How can I reserve a seat? / Where do I go for ticketing? · book 예약하다 (= reserve)
1651	프랑크푸르트행 기차표 주세요.	I need a ticket to Frankfurt, please. / Can I have a ticket to Frankfurt?
1652	프랑크푸르트행 일등석표 한 장 주세요.	I'd like one first class ticket to Frankfurt.

1653	오늘 프랑크푸르트로 가는 기차가 있나요?	Do you have any trains headed to Frankfurt today?
1654	이거 급행열차인가요?	Is this an express train? / Is this non-stop? • non-stop 중간에 쉬지 않는, 직행의
1655	다음 열차는 몇 시에 있나요?	What time is the next train? / When's the next train? / When does the next train leave? / When can I catch the next train? / How long before the next train?
1656	이 기차에는 흡연구역이 있나요?	Does this train have a smoking car? / Are there special cars for smoking?
1657	여기가 흡연칸인가요?	Is this a smoking car?
1658	이 기차에는 침대칸이 있나요?	Does this train have a slumber couch? / Is there a sleeping car on board? / Does this train have a sleeping car? • slumber couch 침대칸
1659	뉴욕행 기차는 몇 번 승강장에서 출발하나요?	On which platform does the train for New York leave? / On which platform does the train for New York depart? / Which track is for New York?
1660	더블린까지 가는 다음 여객선 티켓 한 장 주세요.	I would like one ticket for the next ferry to Dublin, please.
1661	더블린행 야간 여객선 객실 하나 주세요.	I need one cabin on the overnight ferry to Dublin. • cabin (배의) 객실
1662	더블린까지 가는 일반 왕복표 주세요.	I'm going to need a standard roundtrip ticket to Dublin.

렌터카 이용하기

 59-4.mp3

1663	차를 렌트하고 싶은데요.	We'd like to rent a car, please.
1664	일주일간 차를 렌트해야 합니다.	I need to rent a car for the week.
1665	경차를 렌트할 수 있을까요?	Do you have any economy cars available for rent?
1666	잭 리 이름으로 (SUV를) 예약해 두었습니다.	I have a reservation for Jack Lee. / I reserved an SUV for Jack Lee. / You should have a reservation for Jack Lee.

1667	고급 세단을 빌리고 싶은데요.	I'd like to request a luxury sedan car. / I'd like a luxury sedan if you have one.
		· luxury sedan 고급 세단

1668	소형차가 있나요?	Do you have any compact cars? · compact car 소형차

1669	자동차 보험을 들고 싶어요.	I'd like to be insured, please. / I need car insurance. / I want to buy insurance.

1670	차를 어디에 반납할까요?	Where do I return the car? / Where do I drop off the car? / Where are your drop off stations located?

1671	차를 여기에 반납해야 하나요?	Do I have to return the car here?

1672	렌터카에 문제가 있습니다.	I need to report a problem with my rental car. / I wanted to report that my rental car has a problem. / I have a problem with the car I'm renting right now.

1673	제가 운전하는 차량의 관리 문제를 신고할 게 있어요.	I need to report a maintenance issue with the car I'm driving. · maintenance 유지, 관리

택시 이용하기

 59-5.mp3

1674	택시를 불러 주시겠어요?	Could you call a cab for me? / Can I get a cab? / Can you get me a cab? · cab 택시(=taxi)

1675	이곳으로 바로 택시를 보내 주시겠어요?	Could you send a taxi here immediately?

1676	공항까지 갈 택시가 필요해요.	I need a taxi to take me to the airport, please.

1677	택시 타는 데가 어디예요?	Where can I catch a cab? / Where's the best place to grab a cab? / Where's the nearest taxi stand? / Is there a taxi stand nearby? · taxi stand 택시 승차장

1678	매사추세츠 애비뉴 2450번지에 있는 한국 대사관으로 가야 해요.	I need to go to the Korean Embassy at 2450 Massachusetts Avenue.

1679	한국 대사관으로 가 주세요.	The Korean Embassy, please.

1680	한국 대사관에 어떻게 가는지 아세요?	Do you know how to get to the Korean Embassy?

1681	좌회전해 주세요.	Turn left, please. / Make a left. / Hang a left. / Left, please.
1682	빨리 좀 가 주세요.	Hurry up, please. / Make it quick, please.
1683	제가 좀 늦어서요. 빨리 가 주세요.	I am running late. Please hurry. • run late 지각하다, 늦다
1684	여기서 내려 주세요.	This is it. / Let me get off here. / You can stop here, please. / This is where I get out. / Here, please.
1685	이 근처 아무데나 내려 주세요.	Let me get off anywhere near here, please.
1686	잔돈은 됐습니다.	You can keep the change. / Here's your tip. / Don't worry about the change. / That's for you.

60

출장 ④

쇼핑하기&출장 보고하기

예문듣기

쇼핑하기

 60-1.mp3

1687	이거 얼마예요?	How much is this? / How much does this cost? / How much are you asking for this? ❗ 시장을 제외하고는 대부분 정찰제로 판매하므로 흥정이 안 되는 곳이 많습니다.
1688	이걸로 파란색 있나요?	Do you have this in blue? / Does this come in blue? / Is it available in blue?
1689	다른 것 있나요?	Do you have any others? / Do you have anything else? / May I see some other ones? / Could you show me some other ones?
1690	기념품이 있나요?	Do you sell souvenirs? / Do you know if there are any souvenirs available?
1691	어디에 기념품이 있나요?	Where would I find souvenirs? / Where are souvenirs?
1692	마음에 드는 게 없네요.	I don't see anything I like. / Nothing is catching my eye. / Nothing appeals to me here. / I can't find what I'm looking for. ・catch one's eye ~의 눈길을 끌다
1693	그냥 둘러보고 있습니다.	I'm just looking.
1694	도움이 필요하면 알려드리죠.	I will let you know when I need your help.
1695	먼저 한번 둘러보고 싶네요.	I would like to just look around first.
1696	좀 더 둘러볼게요.	I'll take another look around. / I'll shop around a little more. / I need to look around more shops.

313

1697	우선 좀 둘러볼게요.	Let me take a look around first.
1698	둘러보고 다시 올게요.	Let me come back after I look around.
1699	가격을 비교해 보고 다시 올게요.	Let me compare prices and come back.
1700	이거 계산해 주세요.	I'd like to pay for this. / Can you please ring this up? / Could you ring this up? <div align="right">• ring up 계산하다 (금전 등록기 소리가 따르릉 울리는 데서 유래)</div>
1701	이거 어디에서 계산하죠?	Where can I pay for this?
1702	이걸로 주세요.	I'll take this one. / I'll get this one. / This one, please. / I'd like to buy this one, please.
1703	둘 다 주세요.	I will take them both. / I will have both.
1704	카드로 계산하지요.	I'll pay by credit card. / I'll charge it to my card. / Let me pay it with my card. / Charge it, please.
1705	카드 받으시나요?	Do you take credit cards?
1706	여기 카드 있습니다.	Here's my card.
1707	현금으로 계산하지요.	I'll pay by cash.
1708	할부로 구입할 수 있어요?	Can I pay in installments? / Do you have an installment plan? / May I purchase this in monthly installments? <div align="right">• installment 분할, 할부, 할부금 cf. monthly installment 월부</div>
1709	3개월 할부로 구입할 수 있나요?	Can I pay on a 3-month installment plan?

출장 후 보고하기

 60-2.mp3

1710	(모두를 위해) 기념품을 사왔습니다.	I brought everyone some souvenirs. / I brought you a little something. / I got you all some trinkets on my trip. <div align="right">• trinket 값싼 작은 장식품, 기념품</div>
1711	출장에서 방금 돌아왔습니다.	I just got back from a business trip. / I'm back to work. / Back to work! / I'm finally back.
1712	지출보고서에 교통비는 어떻게 청구할까요?	How do I claim transportation fees on my expense report?

1713	입출금 내역서에 교통비는 어디에 넣을까요?	Where do I report transportation fees on the statement? • statement 입출금 내역서
1714	'상세 내역' 부분에는 무엇을 기재해야 할까요?	What do I need to write in the "details" field?
1715	출장 중 발생한 경비는 누구에게 보고하나요?	To whom do I report all my expenses incurred during the trip?

쇼핑하기&출장 보고하기